上海城记

CIVILIZATION *OF* SHANGHAI CITY

徐锦江
著

中国出版集团 東方出版中心

图书在版编目（CIP）数据

上海城记 / 徐锦江著. —上海：东方出版中心，
2023.2
ISBN 978-7-5473-1979-6

Ⅰ. ①上… Ⅱ. ①徐… Ⅲ. ①城市道路－史料－上海
Ⅳ. ①K925.1

中国国家版本馆CIP数据核字（2023）第008803号

上海城记

著　　者　徐锦江
责任编辑　张馨予
封面设计　付诗意

出版发行　东方出版中心有限公司
地　　址　上海市仙霞路345号
邮政编码　200336
电　　话　021-62417400
印 刷 者　上海盛通时代印刷有限公司

开　　本　890mm×1240mm　1/32
印　　张　13
字　　数　268千字
版　　次　2023年7月第1版
印　　次　2023年7月第1次印刷
定　　价　68.00元

目录

第三章　文化记忆

第四章　城市更新

第五章　空间生产

CIVILIZATION
OF
SHANGHAI CITY

代序

研究是为了身临其境地还原历史

Q1 徐老师您好，上海有64条永不拓宽的马路，为什么您一直钟情于研究愚园路呢？

一直有人问我这个问题，为什么如此起劲地研究愚园路，首先因为我原来住在这条路上，对这条路特别有感情，慢慢地把这条路作为打开上海、了解城市的一种方式，经历了从自发、自为到自觉的意识过程，以抓地力非常强、触摸历史肌理和汗毛的方式切入，可以让我们身临其境地感受历史。我一直在想：如果把10条路、20条路、30条马路，甚至100条马路还原出来，可能离还原整个上海的历史也不远了。无数条路的分量累积起来就是上海的重量。

当然，就我个人而言，愚园路于我也是个玩具，每个人的一生其实都有钟情的玩具，没有什么玩具能比一条路更好玩。愚园路不仅可以成为我的“学术玩具”，还可以真实地在这条路上吃喝玩乐，还可以找到许多有共同兴趣的玩伴一起玩。所以我走过愚园路时会说：逛你千遍也不厌倦，逛你千遍还有未识处，这就是愚园路这个玩具的魅力，她既在生活之中，又在生活之外。

Q2 作为普通市民我们其实一直不太了解越界筑路地区的概念，也是从您的著作里才慢慢地粗略了解了越界筑路地区的历史，您能简单给我们介绍一下这个重要概念吗？愚园路还有其他特点吗？

越界筑路顾名思义，就是越过租界筑的路。上海过去讲“老三界”，华界、公共租界、法租界，一般搞历史研究的都非常了解，都有专门的史来研究，但越界筑路的面积超过公共租界本身的面积，甚至接近两个租界面积之和，堪称“准第四界”，可人们对越界筑路地区的研究却非常薄弱。熊月之先生曾说过，上海的越界筑路是中国有租界城市独一无二的现象，其他城市有越界筑路，但是没有最后不划进租界的越界筑路地区。

愚园路第一个非常重要的特殊点就是它地处越界筑路地区。因为这个特点衍生出很多故事。中共地下党在愚园路上活动频繁，从早期的《布尔塞维克》编辑部到潘汉年的谍报工作。抗战时期，各国的情报人员也将此地视为“乐土”，军统特务暗杀和76号绑架，在这一区域屡见不鲜，比如大年初一维新政府外交部长陈箓在家被军统暗杀甚至搅动了历史。愚园路还是汪伪的老巢，1136弄、749弄，还有现在拆掉的668弄，俗称三条“汉奸弄”。汪伪时期，汪伪高官和主要机构，包括汪日密约全部在愚园路1136弄里谈判并完成最后签署。农工民主党、民革的众多领导人也都住在愚园路上，民盟的很多重要会议都在愚园路上的联安坊里面召开，那里现在还有一幢“民盟楼”。邓演达组织第三党准备起事，在愚园坊里搞干部培训时被抓走了。宋庆龄为了这个事情，专门跑到蒋介石那里去，最后也没能把邓演达给救出来。解放战争期间中共地下党上海局机关旧址，上海局书记刘晓、副书记刘长胜、上海市委书记张承宗都住在愚园路上。

除了越界筑路，愚园路的第二个特点是弄堂文化。我把愚园路全部兜遍了，只有宏业花园里面还残存着几排石库门形制的房子，四明别墅里后排房子有些石库门的意味。但沿路弄堂基本以新式里弄为主，居住的人口一般以职员和中产家庭为主。军阀、寓公、金丝鸟，买一栋房产做投资的也有。大宅子都嵌套在弄堂里面。很多有钱人的花园别墅洋房在愚园路的弄堂深处，侧弄、支弄、弄底，所谓“弄堂深深深几许”，这是非常奇特的现象。

愚园路的第三个特点是街区商业。这里原来是居住区，所以它的商业不同于南京路、淮海路，是配套的街区商业，一个人可以在愚园路上完成生老病死整个一生。我们这个城市不仅是游客的城市，还应该是居民的城市，你不能一直用游客的眼光来看待城市，更加重要的是要用居民的眼光来考量城市。研究一条路的历史可以给到我们这样的启发。

愚园路的第四个特点是“沪西歹土”，汪伪时期，愚园路上开了好多赌场、夜总会、舞厅，日本宪兵在这里活动，工部局巡捕房管辖沿路建筑，汪伪76号特务在这里横行霸道，形成了非常复杂的警权交错，三管三不管。那个时候，很多人不敢在这个地方待下去，因此就搬走了，张元济忍痛割爱愚园路附近的自建别墅就是一例。

Q3 徐老师，我们知道世界各地都有很多张爱玲迷，但是愚园路除了张爱玲之外还有许多其他非常重要的文学流派的代表人物，您能给我们整体梳理介绍一下吗？

从文学的角度来说，愚园路的确是一条文学中的马路。这条路可以寻找到从“鸳鸯蝴蝶派”到“新感觉派”，从林语堂、茅盾、张爱玲、一直到王安忆的《长恨歌》、金宇澄的《繁花》、小白的《封锁》，孙甘露的《千里江山图》，都在愚园路上写就或写到了愚园路。“鸳鸯蝴蝶派”的周瘦鹃在愚园路上的文元坊住了很久，“新感觉派”主力施蛰存的北山楼在岐山邨。张爱玲的爱林登公寓就在愚园路常德路拐角上，她就读的中学圣玛利亚女中在愚园路西边接壤的长宁路上，现在是来福士广场。张爱玲同周瘦鹃是有过交集的，张爱玲的成名与周瘦鹃有关。张爱玲的作品要发表，她母亲当时就找人给她写了一封推荐信，她拿了这封推荐信到 608 弄 94 号找周瘦鹃。周瘦鹃从楼上跑下来，这个人不仅头发没有，连眉毛也没有，大热天也戴了一顶帽子、一副墨镜。张爱玲请周瘦鹃到爱林登公寓里去喝茶，张爱玲与姑姑一起接待了他。她的《沉香屑·第一炉香》是在周瘦鹃主编的《紫罗兰》上发表的，张爱玲就此一炮打响。根据张爱玲作品拍摄的《色戒》，李安导演的，最后王佳芝上了黄包车以后，电影里面说“到福开森路”，但你去看张爱玲的原著，里面写的是“到愚园路”。

Q4 徐老师和我们聊了许多愚园路的概况和历史风貌，那么作为普通人，我们如何才能更好地去了解和读懂愚园路呢？您有什么好的方式方法提供给我们吗？

我是记者出身的学者，所以我的研究还是希望能够跟现实生活紧密联系，我觉得可以用众筹的方式，激发市民一起来研究这条路，在行走中阅读这部大书。我从中总结了“五步法”：第一步叫“荡马路”，走走看看逛逛，你可以看到建筑的立面和外观，感受整体的历史风貌。第二步叫“穿弄堂”，很多人生活在上海，但实际上活动半径非常有限，小时候父母总是教育“不要野到人家弄堂里去”，人家弄堂，你自己的弄堂，是有界限的。但实际上很多上海的味道，需要通过穿弄堂才能感知到。第三步叫“进客堂”，登堂入室，很多建筑不进去，就不能感受到居住在里面人的生活场域，不能欣赏到建筑内部的细部。第四步叫“听故事”，没有故事，建筑都是冷冰冰的，建筑是因为人居住在里面才具备了意义，人物和故事给了它温度。第五步叫“有感悟”，前面四步走过后，要有感悟。通过走读感悟上海的近现代历史、城市的发展史，还有建筑演变史、弄堂文化和市民社会的发育史，当然还有感悟人生，通过阅读马路，阅读建筑中的传奇人物，就可以把人生看得很淡定、很通透。

我的研究方法可以概括成“三文一野”，第一个“文”是“文物”，上海城区的近现代文物不在地下而在地上，百年优秀历史建筑、老树都是文物。第二个“文”是“文献”，包括文字记载、影像资料等，我的主要来源是档案馆、文史馆、图书馆三馆，以及地方志、回忆录、市区建筑档案、房地产信息中心的图纸等，中文资料之外，还要开发其他语种的资料。第三个“文”是“文化老人”，现在健在的文化老人可能还能回忆起1949年前后的亲身经历，如果再往前，就很难了。所谓“野”是指“田野调查”，我认为，在城市里穿街走巷就是一种田野调查方式。我现在最苦闷的是原始档案不开放，譬如最简单的一栋房子的建造年代，因为涉及法律问题，图纸不对外开放。其实，档案对相关的学者开放，很多问题就可以迎刃而解。包括旧上海公安局的档案，很多还没有解密。有时候拿到一份原始文档，放到烂熟于心的系统中，就会成为研究上的大突破。

Q5 徐老师，这个问题是替许多您的读者和愚园路迷询问的：您今后在愚园路的研究上还会有什么新的打算和计划？

我已经写了三本关于愚园路的书，第一本《愚园路上》实际上是本散文集，其中一个章节写到愚园路，是我研究愚园路的开始。后面出了一本蓝面《愚园路》，这个倒是一本专著，但里面有许多错误。后来又出了一本黄面的《愚园路·百年纪念版》，这本相对来说是三本里最有价值的一本。但历史研究永远没有止境，我又发现里面有许多错误。我现在请人开了一个名叫“愚园路上”的公众号，里面有很多是新文章、新发现，比如捧红梅兰芳的梅党一号冯耿光，原来就住在愚园路通往镇宁路的静园小路。

即将出版的书比较注重学理，接下来还想搞一本通俗的东西，有点像《愚园路导览》，深入浅出，譬如讲讲愚园路10大景观、10大弄堂、10大建筑、10大花园，最值得寻访的地方等等，愚园路的人物，住过的名人，包括走读线路图，全部放在一起，成为一本正本清源的愚园路介绍。在有生之年，可能的话，我还想写一本“愚园路传”，用非虚构文学的方式，从1900年在愚园召开第一届中国国会开始写起，一直写到1949年，结合我现在进行的城市空间和文化研究，通过一条路折射上海史和城市史。

愚园路研究让我感到可以通过这条路身临其境地回到历史的原生态当中。从书本到书本的历史，可能是塑料的历史，结合现场的愚园路研究，使我越来越感觉到仿佛回到了那个呼吸中的历史年代，那个时候真正的生活原来是这样的。每个历史中的人，康有为、邓演达、瞿秋白，完全不是书本里标签化的、概念化的人物，而是活生生的、有血有肉的，与日常生活场景紧密联系在一起不可分的人，就像你和我一样。我熟悉他们的背景、生活、一呼一吸。

从历史的长河看今天，可以发现哪些东西有价值，哪些值得怀念，哪些值得保护，哪些未必像我们想象的那么美好，甚至相反。我的认识完全不同于未进行研究前。那种亲切感，那种深深的眷恋，那种基于理解的同情、那种热爱之情，与你没有研究、对这个城市没有感情，完全是两码事。你认同这座城市，能充满热情的、用主人翁的姿态去介绍这座城市，你就是这个城市的人。你能够认同这个城市的历史和文化，你就是上海人。

（根据“路客”“行家”等相关访谈录修正）

历史溯源

1500 年前的上海中心城区：华亭海

上海，从哪里来？

我们今天所在的上海城区位置，1500 多年前是怎样一个地方，能想象一下吗？有人说是小渔村，有人说是海滩，有人说是湿地，其实都不存在，1500 年前，这里是一片汪洋大海，确切地说，是一片被叫作华亭海的 20 米深的浅海。那么，我们今天所在的这个地方又是怎样从历史中一步步走来的呢，这就要扯远了。地质史上第四纪晚期“全新世”，东海大陆架遭海侵，大约 7000 年前，上海西部地区因地势较高，“全新世”未被海水淹没，真正上海的远古历史，就发生在这片陆地上。这里要特别强调“冈身”的概念，所谓冈身，因其明显高出附近地面而得名。冈身是上海地区的一条重要分水岭，在上海地形上，以古代冈身为界，以西地带包括今天的青浦、松江两区之大部、金山区北部及奉贤、闵行、嘉定诸区的西缘部分，称为淀泖低地，地形上是一片碟形洼地。冈身以东称碟缘高地，为广大滨海平原区，相对西部而言，地势比较高亢，史前古文化遗址大多分布于冈身及冈身以西地区。尽管冈身仅能视为某一特定时期内的海岸线，但作为一处天然的地理坐标，可以参照出这一地区海岸线的偏离、延展等变迁状况。上海地区的海陆格局一直处于复杂的变动之中，其主要趋势，是冈身以东地区千百年来不断被冲击成新的陆地。大约 6000 年前，上海西部高地冈阜就出现了先民的足迹。所以历史学家将冈身认定为上海先民活动舞台的最东端。可以下这样的结论：上海远古文明的中心在冈身以西。

冈身以东广大地区通过捍海塘的变迁分析，由海变陆，经历了一个漫长过程。在冈身以东数十里处陆续发现唐代器物，如在今天上海市区的中山北路、共和新路、广中路、吴中路及浦东白莲泾等地挖掘出唐朝瓷器和其他物品，在严桥一带甚至发现唐代的村落遗址。因为没有发现唐朝以前的出土文物，所以可以确认，今天上海市中心地区最晚是在唐代成陆的，之前即使有零星陆地，也没有很大的人文意义。所以说上海市区所在位置的历史，是从那个时候开始的。崇明岛在唐朝初期才刚刚露出水面。随着陆地东扩，上海的文明中心从冈身以西逐渐转移到冈身以东，直至跨入近代，冈身以东地区成为上海近现代文明中心。关于上海的远古文明，为便于记忆，我把它概括成“二马首尾中崧良”。上海地区的远古文明有四个层面：最早的文化遗址是马家浜文化遗址，距今约 6000 年，以浙江嘉兴马家浜命名，相当于中原地区的仰韶文化，在上海境内青浦县赵巷崧泽村北发现，是上海地区发现的最早的文化。其次是崧泽文化遗址，距今约 5000—6000 年，直接以上海青浦崧泽命名，相当于河姆渡文化三期，上海境内青浦崧泽、福泉山、寺前村等处都有发现。再次是良渚文化遗址，距今约 4000 年，以浙江余杭良渚命名，相当于中原龙山文化，上海境内闵行马桥、金山亭林、青浦福泉山、松江广富林等处发现。良渚实际上是以莫角山台地为中心的一个大型城邑遗址群。莫角山台地可视为整个良渚文化的“首都”。良渚遗址中的原始城邑可视为中国城市的胚胎和起源之一，但还不是严格意义上的城市。上海地区的遗址都在其文化辐射范围内。最近的古代文明是马桥文化遗址，以上海闵行马桥命名，相当于中原夏商时期和西周早期。从良渚文化到马桥文化之间存在缺环和重大差异，所以有专家推测可能有外族迁徙此地，带来新型文化，改变了原来的文化发展道路。

距今 2000 年前的先秦吴越时代，太伯、仲雍南下，创立吴国，越国后起，吴越争霸，上海地区的土著文化和中原先进文化交流融合。后纳入楚国疆域，以春申君黄歇为令尹。自秦到清，上海的行政治理机构沿革是：秦属海盐县治，汉为吴郡，唐设华亭县，元时初属嘉兴路，后升华亭府，翌年改称松江府（下辖华亭、上海二县），北部设嘉定（属平江路，治在苏州）、崇明（属扬州路）二州。明代松江府增设青浦县，嘉定仍经太仓州属苏州府，苏州府与松江府均直隶南京。清朝时上海境域形成了十县一厅（分属苏州府 6 县、太仓直隶州 4 县和川沙抚民厅）的格局。

概括地讲：上海市区成陆于唐朝，成镇于宋朝，建县于元朝（1292 年），筑城于明朝（1553 年），废除海禁于清朝康熙年间（1684 年），1843 年开埠，拆城于民国（1912 年），1927 年成立上海特别市，1930 年改为上海市。逐渐成为近现代城市，形成一市三治三界四方格局（华界、公共租界和法租界，华界又分成闸北和南市，故称）。后经过上海解放（1949 年）、改革开放（1978 年）和浦东开发开放（1990 年），发展成为超大型国际大都市，以迈向全球文明城市为目标。

城市形态：
空间变迁的五个特征

在上海地区近现代历史长河的空间变迁中，有五个特征需要了解和掌握：

一是从青龙镇到上海县的变化。城市发展离不开交通，从水路到马路，从公路到铁路，从地铁动车，到网上高速公路这一质的跃迁，从物理世界的交通到虚拟世界的交通，以及线上线下融合的复合路网，城市交通见证、推动了城市发展。就线下而言，TOD交通发展驱动区域开发的整体性和服务均衡性，已经成为城市和城市群发展的最新模式和国际趋势。上海最早的市镇也是沿着水路河道发展起来的。因为最早的交通线是河运，所以当时还叫松江（即今吴淞江）河道边上华亭县辖下的青龙镇，在唐宋时期成为江南繁华巨镇。但由于经年河道淤塞，加上人工改道，地理面貌发生重大变化，受此影响，青龙镇逐渐式微。而北宋时的上海浦（为时称松江的吴淞江下游南岸的一条河流）则因发展出上海务（收酒税的政府机构，北宋中期成为新兴的商业集市）和上海镇（南宋时期因设市舶司及榷货场而成为巨镇），最终在元朝成为县治。

二是吴淞江和黄浦江的此消彼长。历史上的苏州河属于吴淞江，原来叫松江，后来加了吴字，松字又加了三点水，就变成吴淞江了。吴淞江流经上海市区的这一段，就是苏州河，早年的吴淞江江面非常宽阔，水势浩大，时人形容之为“深广可抵千浦”，就是说它的那个深那个阔，可以抵一千条河流。而早年的黄浦江却水面很窄，而且当时并不叫江，就叫黄浦，浦是入江的支流，时人形容黄浦“阔仅一矢之力”，就是一支箭射出去的距离，非常有限。古人云：沧海桑田须臾改，诚不谬矣。江河湖海都会随着地理变化而变化，河变江，江变河，我们的城市也随着这个变化而变化。吴淞江越来越窄，最终变成了流经市区的苏州河，黄浦则越变越宽，最终变成了今天分隔浦东和浦西的黄浦江，成为上海最主要的水道。青龙镇随吴淞江河道变化而废，上海县则因地处黄浦江边而著。吴淞江跟黄浦江的位置颠倒，此消彼长。成为上海的历史烙印和文化胎记。

顺便普及一些关于上海的基础知识。有人问，上海上海，究竟在哪里？有上海，那有没有下海？其实真有上海浦和下海浦这两条河流。《嘉庆上海县志》曾记载，“上海浦在陆家嘴南，北即下海浦”，也就是说，今天的陆家嘴南北原来有两条叫上海浦和下海浦的河流（浦的意思是通江的河流）。虹口提篮桥附近，还有一个下海庙。但最后上海浦和下海浦都被今天健在的黄浦江冲断吞没掉了。黄浦江就是这样通过大鱼吃小鱼，兼并掉无数条小河才变大的，河流也“物竞天择，适者生存”。而我们的上海县城，就在黄浦江西岸边上诞生了。至于外滩的来历，则是上海人以形成湾的陆家浜为界，将黄浦江上游称为“里黄浦”，下游称为“外黄浦”，里黄浦的河滩又称为“里滩”，外黄浦的滩地自然就被称作了外滩。上海简称“申”和“沪”，是因为战国时上海曾是春申君的封邑，春申君名叫黄歇，黄浦亦名黄歇浦。上海因此得名“申”。而吴淞江江面宽阔，水势浩瀚，晋朝的渔民创造了一种叫“扈”的捕鱼工具，而江流入海处称为“渎”，故松江下游一带称为“扈渎”，后“扈”改为“沪”。“沪”（扈）其实是一种捕鱼捉蟹的工具，即用绳编列竹棚，插在水中的泥沙上，向两岸张开。像一种“机关”，潮上倒伏，潮退立起，让随潮而入的鱼蟹受阻于竹栅，这种利用潮汐涨落原理的蟹簖，可以使渔民们轻松捕捞。唐代文人陆龟蒙曾在《渔具诗》序言中提到：“列竹于海澨（shi，大堤，水边）曰沪”，并专门对“沪”做了解释：“沪，吴人今谓之簖。”

三是传统城市老城厢的变化。老城厢是上海之源，传统县城所在地。上海设县在元代的1292年，这是一个非常重要的时间节点。直到明朝，它跟其他的中国城市差不多，也是一座按传统规制建立的传统城市，如果放到中国大版图上去，它是一个很小的城市，跟长安城、北京城自不能相提并论，也不能和苏州城、杭州城相提并论。因为蒙元时代在攻灭南宋的过程中下令拆掉江南地区原有的城墙，且在以后相当长的时期内禁止修筑城墙。所以最初的上海县城甚至没有围墙。对于这座明清城市，我们既要抑止无限拔高的欲望，也不能不顾历史随意缩小，比较准确的提法是“南吴壮县”（或称“东南壮县”）[1]。因为倭寇和假冒倭寇的海盗经常从海上奔袭，上岸后烧杀抢掠，完全出于军事上的防御用途，上海县在1553年修建了一个圆形的城墙。北方的城市城墙一般都是方的，而上海老城厢却是圆的，当然，经过辽宋金元的中古城市革命和转型，尤其是在江南地区，城市的形态已经突破了天人感应的中轴线里坊制“宇宙城市”模式，但仍然不可避免地保留了一些中国传统城市的礼制，如县城仍然是围绕县衙军署等行政和军事构成性中心建立起来的。除了城门，还有护城河、吊桥、水门等，明代老城厢城墙周长九里，高二丈四尺，有城门六座：东为朝宗门（大东门）、南为跨龙门（大南门）、西为仪凤门（老西门）、北为晏海门（老北门）、东南宝带门（小东门），西南朝阳门（小南门），其中朝宗门、仪凤门、宝带门为水门。城外护城河总长一千六百余丈，壕宽六丈，深一丈七尺，仍有《考工记》的形制痕迹。但随着黄浦江的形成，老城厢街区重心逐渐东移，外溢郭城，尤其是东城外靠黄浦江的城厢十六浦地区兴起，逐渐将上海县城变成了一个襟江通海的港口型城市。今天如果我们去城隍庙，仍会发现有老西门、老北门、小东门、小南门等地名，都是传统城门形态遗留下来的地名，我们讲传统的上海城市，其实就是老城厢。按照中国城市的发展规律，城厢地带往往是经济活跃的

① 语出乾隆《上海县志》［美］林达·约翰逊《上海：一个正在崛起的江南港口城市，1683—1840》中指出：“至少有一项研究表明，1840年之前，上海应该是中国二十大城市之一。”（林达·约翰逊主编：《帝国晚期的江南城市》，上海人民出版社，2005年，第194页）；而出版于1930年代的郁慕侠著《上海鳞爪》则说，“上海本濒海一县治，…未辟租界以前，也不过普通一县治”（民国史料笔记丛刊，郁慕侠著：《上海鳞爪》，上海书店出版社，1998年，第1页），但绝非一个小渔村。

商贸市集所在地，老城厢也不例外。为什么老城厢靠黄浦江那一区域叫十六铺码头？“铺”是基于地方联保联防的一个治安组织，有点像现在的居委会联防队。老城厢分成很多铺，最高的可能是二十三铺。城厢地区是十六铺，客商云集，所以就成了码头的代名词。

这里插一个小故事。最早的外国人到上海来是怎么生活的呢？人都离不开饮食起居，刚来的那些外国人也要找地方住，没有自己造的房子，只能在老城厢里，向中国人租房子住。但官府和一般人家都不肯租给他们，好不容易找了半天，才有一个活络的商人答应将自己的大宅租给他们，但是住下来以后，才发现没见过外国人的当地中国人，基本把他们当动物园的动物看，从早到晚一大群人围在大门口，像看西洋镜似的。因为外国人脸红脖子粗，上海话就叫他们“赤佬”。我们今天的“小赤佬、小赤佬”，其实就是这么叫出来的。中国人天天围观“赤佬”，白天看看也算了，晚上睡觉的时候也来看，客厅里看看也就算了，睡觉的卧室也走进去看。外国“赤佬”吃不消了，吵着要搬出去，中国政府很高兴，本来就希望华洋分居，外国人管外国人，中国人管中国人，井水不犯河水最太平。而适应了现代文明的外国人也不习惯老城的脏乱环境，就用强权的口吻和上海道台商量，要划一块地给他们，他们看中的就是有军舰保护的外滩。从法理上讲租界主权还是中国的，但事实上外国人用永租的方式巧取豪夺了。所以印度是完全的殖民地，而我们一直被称为半殖民地。在现代文明的冲击下，随着南北市的交往频繁，城墙的门越开越多，一些带小字的门即此而来。至民国的 1912 年，南市当地的士绅就自己提出来，干脆把城墙拆掉，让南市和北市连通起来。至 1914 年，上海整个城市从物理空间上就连成一体了，可以说现代文明首先从市政建设上，从城市形态上把整个上海全部给征服了。现代化进程，不仅把苏州河南北连系在一起（苏州河上前前后后一共造了 30 座桥梁），改革开放，尤其是浦东的开发开放，更把黄浦江两岸的浦东浦西也连系在一起了（黄浦江上一共造了 13 座桥梁）。“一江一河”是孕育上海这座城市形态的伟大母亲。需要说明的是：在还处于江南水乡地带和传统城市社会时，上海地区不仅有城墙，城墙内外还密布着泾塘浜浦。在城市现代化进程中，“拆城通衢”“填浜筑路”成为一时之选。阻断南北市交通且臭气熏天的洋泾浜一段一段被填，终于在 1949 年后被彻底填没，许多小河浜更是难逃此变，今天叫什么浜什么泾的皆成了非遗路名。所幸冒险家的魄力和工程条件还没有大到想要填没苏州河。物换星移，今天的城市追求生态文明，倡导人与自然的和谐共生，新天地附近甚至挖了太平湖，滨江 45 公里岸线和滨河 42 公里岸线也纷纷打造亲水平台，证明城市的发展在不同的阶段有不同的诉求，并不能一概而论。

四是源自外滩的租界扩张和现代性发展。1843 年以后，以外滩为起点，开始了第二城，即现代上海城市的建设。我们可以从一些历史照片中清晰捕捉到外滩的变迁。开埠之前外滩正对的江面还是比较凄清的，可能十六铺还热闹些。港口往来的主要是沙船。19 世纪的外滩景象，沿江水面上已经出现许多建筑，但是还没有完全形成今天我们所见到的万国建筑博览群；到了 1930 年代，照片中的外滩已经和现在差不多了，江海关、汇丰银行、沙逊大厦等都已经出现。这时候的小舢板在江面上滑行，人工摇啊摇的，在沿江高楼大厦的对比下，显得非常孤独。延安东路外滩当时有一尊胜利女神雕塑，有两张摄于不同时代的照片展现了它的变化：摄于 1930 年代的照片中女神像是完整的，摄于 1945 年抗战胜利以后的照片中女神像的头却没有了，应该是日据时期毁坏的。

最初的租界是很小的，后来被不断扩充，那么为什么会扩充租界呢？因为太平天国运动、小刀会起义、日本人侵占上海形成的“孤岛”效应等战争因素，很多人就跑到租界里面来避难。从上海人口演变来看：1852 年 54 万、1865 年 69 万、1910 年 128 万、1927 年 264 万、1934 年 348 万、1949 年 545 万。人口剧增，城市内爆，房地产就开始发展起来了，所以说，上海的商业性房地产市场是在战争的炮火中发展起来的。最初造的一大批房子是木板房，后来发展出老式石库门房子、新式石库门房子，再到新式里弄房子、花园里弄、花园别墅、里弄公寓和高层公寓，解放后又出现了苏式板房和工人小区。外国人为了赚快钱，开始拼命地造房子，供不应求，地皮不够，又进一步越界，租界不断地从东往西扩展。西人到上海后，赚了钱后就需要享乐，西俗喜欢跑马赌博。有人先搞了一个小的第一跑马场，房地产开发后地皮涨了，就把原来那个卖掉，再搞第二个，第二个又成了黄金地段，然后再搞第三个。让我们来具体看看外国人是如何通过强取豪夺、圈地建跑马场，一路向西拓展这个现代城市的：1848 年 1 月，英国侨民越过租界范围，在界河（今河南路）以西的地方，向中国业主“永租”了一块相当于当时租界总面积 1/10 大小的卵形土地，辟为跑马场，这就是上海的第一个跑马厅。它的位置在今南京东路以北，河南中路以西，宁波路以南，山西中路以东，占地 80 余亩。1850 年 6 月，第一跑马厅建成不久，股东们就以地位狭小、跑道短、转弯急、灰尘多等为由，决定以此为起点，向南向西扩展一个更大的跑马圈，它的范围大致从丽华公司西首起，越过南京东路，沿河南中路向西南，经山东中路到仁济医院左近，折向西直达西藏中路，向北到大上海电影院一带，转而往东，回进第一跑马厅，穿过其中央到达原起点，这个范围将原来一块实心 81 亩的场地变成了一个扁长的两英里长的跑圈。划在圈外的原有土地，股东们决定卖掉。1853 年，跑马厅股东看到南京路东段地价高涨，趁小刀会起事，时局动乱之际，把原准备卖掉第一跑马厅一部分土地的计划改为全部出卖，易地另建第二跑马厅，在今西藏中路以东、浙江中路以西华联商厦一带，出现了第二跑马厅，由占地约 170 亩、80 英尺宽的跑道组成，现在人们从上海地图上，仍可从芝罘路、六合路、西沿西藏中路，南到北海路、海口路，转向湖北路、浙江中路等曲线中依稀认出第二跑马厅的位置。第二跑马厅建成以后，股东们跟随当时驱驰马车的新风尚，把贯穿第二跑马厅中央的马路向西延长，筑成一条驱车大道，直达静安寺。马路马路，一种说法词源可能就来源于此。使用这条大道的车马都得付费，后因管理困难，收费不足维修之用，于 1866 年移交工部局管理。此路即现在的南京西路，当时叫静安寺路。1863 年，第二跑马厅的最后一块土地出售，但早在 1861 年 5 月，跑马总会的负责人霍格就在盘算在第二跑马厅的西面，隔开一条护界河（今西藏中路）的地方，修建第三跑马厅，霍格等人在得到上海道台同意后，在县衙差役陪同下开始圈地。他们骑着马从泥城桥起，向西再南经芦花荡（今黄陂北路）到周泾浜、洋泾浜交叉点（今工人文化宫所在地），再沿浜回到出发点，圈出 400 多亩土地，最终修建起了直至新中国成立后才收回的第三跑马场。从道路和马路建设来说，租界的不断扩张形成了越界筑路，划入租界，再越界筑路，再划入租界，最终形成老三界（公共租界、法租界、华界）之外，全国城市中独一无二的“准第四界”：广大的越界筑路地区。其界区面积甚至超过公共租界本身，接近两个租界面积之和。

五是上海城市布局结构的南北东西差异。1843 年开埠后，上海逐渐形成了主要以南面港口码头，北面市政基础设施水电煤，以第二产业为主绵延的南北生产线（杨浦一段沿江北上后又向东发展，但总的来说是上海之北。除十六浦和杨树浦这条主干线外，还有陆家嘴、曹家渡、制造局、日晖港等生产型区域），以及以金融、贸易、商业、娱乐等第三产业和居住为主延展的东西生活线。虽然 20 世纪早期美租界也曾向北四川路虹口江湾方向发展过。特别是 1929 年 7 月，南京国民政府和刚成立不久的上海特别市政府雄心勃勃，也试图建造新上海市，打破公共租界与法租界垄断城市中心的局面，为此制定了《大上海计划》，又称《新上海计划》，采取发行市政公债的方式筹集建设资金，计划改建原沪宁、沪杭铁路，将北邻新商港、南接租界、东近黄浦江的地势平坦的江湾一带约 7000 亩土地划为市中心区域，通过建筑道路、市政府大楼和其他公共设施，形成以五角场为中心的蜘蛛网状干支道路系统。全市规划以“新上海”为行政区，市中心和老城厢为商业区，吴淞江及黄浦江岸为商港区，大场、真如一带为工业区，曹家渡、法华、龙华、漕河泾一带为住宅区。各项工程于 1930 年上半年开建，却因“一·二八”淞沪战争爆发而暂时停顿，停战后又开始续建，市政府大楼于 1933 年 10 月 10 日正式落成。市立图书馆、博物馆、体育场，医院、虬江码头、音乐专科学校，5378 平方米建筑面积的 36 幢花园洋房，包括黄兴路等在内的 72 条道路相继建成。然而，1937 年全面抗日战争爆发，“大上海梦”被迫停止。1945 年抗战胜利后，国民政府想重启此计划，“集思广益，奠立基础”，发动多方专业人士历时四年制定了《大上海都市计划》，但有心无力，计划束之高阁，仅对部分道路和建筑进行修缮。《大上海计划》和《大上海都市计划》，是民国时期上海按照孙中山的《建国方略》建设城市的两大龙头项目，对上海经济建设具有重要示范意义。从《大上海计划》到《大上海都市计划》，可以看到上海城市发展中的专业主义。据同济大学诸大建教授介绍：1927 年发起的大上海计划已经很上海，然而 1946 年开始的大上海都市计划更魔都。一是聚集一批海归精英谋划了三四年，规划设想堪比 1944 年的大伦敦规划；二是先后磨出三稿，加上会议记录，一大堆资料却长期“养在深闺人未知”；三是上海后来城市发展印证了它的许多展望和畅想。研制 1927 年的大上海计划，思想缘起和组织实施有很好的三人组，即上海特别市首任市长黄郛、工务局长沈怡和建筑师董大酉；同样地，抗战胜利后搞大上海都市计划也有很好的三人组，即市长吴国桢、工务局长赵祖康、建筑师鲍立克。后者超越前者，是上海城市发展有史以来的第一次思想碰撞和大讨论。《大上海都市计划》的制定采用了集体讨论的方式。普利斯顿大学政治学博士毕业的上海市市长吴国桢，亲任都市计划委员会主任，时任工务局局长、道路专家赵祖康任执行秘书。第一次讨论就确定：计划时期以 25 年为对象，以 50 年需要为准备；计划地区以民国十六年（1927 年）行政院核定市区范围为对象，必要时得超越市区范围以外。此项计划延续至 1952 年，最终该地区被兼并成江湾区[1]。城市北进计划夭折，主因是自“一·二八”事变，尤其是“八一三”事变后，日本人势力勃起，虹口—江湾一带“准日租界”形成。两次战争中日本人蓄意炸毁了已经繁荣起来的闸北华界，阻断了中国人自己设计的现代化进程。尽管1938年12月，日军操纵的伪维新政府内政部也曾炮制《大上海新都市建设计划》，计划由日本恒产株式会社承建总工程，但直到1941年年底太平洋战争爆发，负责此事的伪复兴局除兴建了海军飞机场、空军宿舍等军事和配套设施及一些道路外，成果寥寥[2]。1930年代至1940年代完整持续的城市发展主要是依托两个租界西扩：公共租界沿今南京东路、静安寺路、愚园路、虹桥路发展；法租界沿今淮海路、徐家汇路、徐家汇发展。从公共租界的发展格局看，外滩建筑是权力和地位的象征，大银行大洋行大机构，一定要在外滩有个门面，但真正的功能性交易却是在四川路、江西路，河南路、九江路，广东路、北京路一带，包括很多支路上进行。后外滩地区才是真正的金融贸易区，再向西发展，南京东路新新、大新、先施、永安四大公司构筑起了顶流商业区，从国际饭店金门饭店大光明电影院再往西，现在叫南京西路，当年叫静安寺路，因为西端有个静安寺，门口有口沸井，所以英文名也叫 bubbin well，译成中文就叫涌泉路，但是中国人都叫它静安寺路。沿途有斜桥总会等娱乐场所，直至与愚园路接壤的百乐门，从外滩金融区，到南京东路商业区，福州路文化区，再到南京西路一直延伸到百乐门愚园路的娱乐区，从愚园路再往

① 百度词条，中华人民共和国国史学会参与编辑并审核。

② 钟翀编著：《旧城胜景——日绘近代中国都市鸟瞰地图》，上海书画出版社，2018年，第111页。录有“大上海新都市建设计划鸟瞰图”。

西一直到虹桥路别墅区就是居住区了，城市形态就根据功能规划逐步在发展中形成了空间肌理。愚园路东头的著名建筑百乐门在1933年出现了。现在的静安公园位置原来是一个外国人公墓，按西俗设有可以举行入葬仪式的教堂。上海东西中轴线通到愚园路，再往下就是白利南路（今长宁路）虹桥路了。

了解了上海历史发展的脉络，就可以找到很多规律，比如门牌号码，在租界区，按照公共租界的设计也都有规律可循，以延安东路信号塔为基点，越靠近信号塔一般门牌号码越小。上海中心城区公共租界马路取名的规律是“南北省东西市”，唯有广东路因为将“canton”（广东广州两可）汉译成了广东，造成了误解。而法租界路名往往用人名，如：霞飞路、高乃伊路、福开森路、福煦路等。至于上海人喜欢穿的弄堂，其由稽古：弄是宫中路，堂是庙中路，合称弄堂，“堂”原作“唐”，也写成“衖”。而上海弄堂常被称为什么坊、什么里，可能源起于西汉，唐朝盛行的里坊制度。西汉长安城的住宅区内有许多里巷，据文献记载的长安居民区有160个闾里，如尚冠里、修诚里、建阳里、大昌里等。而坊是唐朝官府将城市居民分区居住，以实行有效管理的城市基本区划单位，形态上就是将城内划分为若干坊，建坊墙围起来，开设坊门，依时启闭，以限制出入。根据这种中国文化的沿用，可印证即便在租界内或越界筑路区内，中国文化的传统基因并没有被磨灭，这些里弄住宅的投资开发商更可能是受中国文化熏陶的中国士商阶层①。

概而言之：上海的城市地标，从1924年的胜利女神纪念碑到1993年落成的陈毅市长塑像，从延安东路气象塔到

① 李孝聪著：《历史城市地理》，山东教育出版社，2007年，第96，15页。

东方明珠广播电视塔，从外滩万国建筑博览群到小陆家嘴的后现代建筑群，深刻反映了上海城市空间形态的变迁过程和空间权力的生产和再生产、支配和再支配过程。上海的城市发展经历了“冈身东西”“南市北市”“北上西扩”和“跨河跨江”几个不同阶段，现在又面临着从跨内河苏州河到环太湖外湖，从跨内江黄浦江到跨外江长江的大都市圈和长三角一体化发展新阶段。

城市意象：空间演进的景观符号

美国学者林奇在《城市意象》一书中提出了“可意象性”概念：“即有形物体中蕴含的，对于任何观察者都很有可能唤起强烈意向的特性。”个体生动、结构鲜明、高度实用的环境意象，可以称作“可读性”，或是更高意义上的“可见性”。“物体不只是被看见，而且是清晰、强烈地被感知[①]。”似乎任何一个城市，都存在一个由许多人意向复合而成的公众意象，或者说是一系列的公共意象。那么，对于上海来说，自开埠以来，可识别可印象的意象特征又是什么呢？我们可以从文献中寻找蛛丝马迹。下面选择一些记录了“初见上海”印象的文本，并略作解码和分析。

① ［美］凯文·林奇著；方益萍、何晓军译：《城市意象》，华夏出版社，2017年7月第2版，第7页。

1840—1950 年代。《王韬日记》记述。

1848 年农历正月，家住江苏甫里（角直）的王韬乘舟前往 100 多里外的上海，探视正在那里授馆（教书）的父亲。王韬在日记中记载：

> 船一入黄歇浦中，气象顿异。从舟中遥望之——浦滨一带，率西人舍宇，楼阁峥嵘，缥缈云外，飞甍画栋碧槛珠帘。—— 然几如海外三神山，可望而不可接也。

此时离开埠仅仅五年，西方资本主义的空间生产力才初露端倪，中国的第一个近代城市社会也还尚未成型，王韬所见，只是 1845 年后在黄浦江边上陆续兴建的第一批洋行殖民地风格的简陋建筑，“仓库和居所同设一处的二层建筑，院落的后部，通常是四五个仓库”，在 1850 年代西洋写实画家的笔下，当年的“浦滨”一带还只是建筑物星星点点的地方。“滩边黄浦路，仅宽二丈”，上海社科院文学研究所研究员叶中强先生分析道：一种从未有过的空间经验突然闯入眼帘，使这位年仅 20 岁的乡村秀才感到炫目惊心。其实所谓“海外三神山”者，固带有一种乡村遭遇城市，本土碰撞西方的震惊感，但也多多少少被敷上了一层文人故作惊叹的修辞色彩。至少在上海开埠后的头十年里，上海近代化的影子仍徘徊在“浦滨”（今外滩）一带。1848 年的王韬在弃舟登陆后，特地前往拜访了地处英租界麦家圈（今山东中路上自福州路至广东路一带）的中国第一个近代出版机构——墨海书馆，在领受了英国伦敦会传教士麦都思的款待后，走出书馆畅目四顾所见到的景象是："北门外虽有洋行，然殊荒寂，野田旷地之余，累累者皆冢墓也。"

开埠后清末的上海。

今天我们借查看 1855 年的上海租界地图可知，王韬当年的住处，正是由英法租界构成的一个方块图形的中心，在其近旁的南北两侧，将延伸出两条先后作为晚清上海城市空间表征的繁华马路——宝善街（今广东路之中段）和四马路（今福州路）以及日后一首著名的竹枝词所描绘的"沧海桑田事易更，最繁华处最心惊，歌楼舞馆销魂地，鬼火当年夜夜明"的地方。而由其立足点直线北向则将崛起一条作为晚清生产场域的标志性马路，时称报馆街的望平街（今山东中路上至福州路至南京东路一段），而当时的北门外，显然是一个被排除在"城市"概念之外的地理位置界定，在指定的界内没有一条像样的路，是一片不适合居住的"荒烟漫草"之地①。特别有意思的是：叶中强先生以王韬日记在上海生活的最后年份记录 1860 年 1 月至 8 月为例，特地进行了统计，此时段共 187 天，王韬外出活动（指业余活动）的日子有 135 天，内中明确记载其"入城"的日子有 70 天，明确记载其"城外"活动的日子为 59 天（有时一天内兼游城内外），不仅"入城"的天数次数要超过行走城外的天数次数，即以逗留时间和心理趋

① 叶中强：《城市空间与晚清上海叙事——从〈王韬日记〉到〈海上花列传〉》，《上海文化》2007 年第 5 期。

归两方面来看，“城内”生活对这位居于租界的“华士”依然有着“城外”无法替代的吸引力。王韬到上海的时间是1848年到1860年，查王韬日记可知，迄于1860年代初，南市老城厢依然是上海社会生活的中心舞台。北门不仅是一个穿越城乡的地理界标，也是一道划分“夷夏”的心理藩篱。北门外的大部分地区仍然是荒寂的野田旷地，累累者皆冢墓也。上海还是一个江南文化为主的中国传统城市。最初发展起来的是宝善街（又称鸦片街，今广东路）。租界虽然被称为十里洋场，其实洋和土是相对的，北市比南市洋，租界里福州路比原先的广东路洋，而后来的南京路又比福州路洋。

1843年开埠后。美国记者欧内斯特·O. 霍塞史话性质的《出卖上海滩》记述：

> 合约缔结之后，第一批到访上海的英国人神气地游逛了嘈杂的街道。他们惊讶的是，护从他们的中国士兵不执武器。相反，他们腰系扇袋，手执长鞭，“显然是出于好意用来开道”。街道都用石块铺砌，又长又窄，但颇为干净。那些供奉着奇怪神像的庙宇，还有一些茶馆，四周有花园、池塘，上海比较殷实的市民在那里喝茶、吸烟。街道两旁挤满了人，攒动着剃发的光头。以一睹洋人为快。一位颇有想法的英国人感叹道，“如果我们以挤在狭窄街道上大批人群的安详、克制、恭顺衡量文明水准的话，中国理所当然首屈一指”。

这批人在一座荒芜的庙里过夜。一些中国人来到庙里，在他们面前坐下，一脸茫然而愉悦地看着他们。英国人请他们喝白兰地，他们很喜欢。英国人给他们镌有维多利亚女王头像的卢比。中国人以半块银元相交换，“这远高于卢比的价值”。最后，县里的一位高品级官员前来拜会洋人，先有皂隶吆喝通报，然后两名差役执鞭开道，沉重的油漆官轿后面“有两个面目可憎的跟班打着大扇”，还有两三人骑着马。虽然这只是纯属客套的新来客与上海旧官僚的第一次邂逅，却预示着他们之间未来的关系：英国人很享受权贵的彬彬有礼，但他们后来报告称，“除了我们，谁有胆量坐在他的面前”。

第二天早上，上尉向该城地方长官道台传话，说有要事急需与他商谈。这位尊贵的大人思忖一番之后，便派了一对轿夫带着一些破轿把他们抬到了道台衙门。半城的居民涌出来看着他们。

道台很客气，但当领事提出要找间房子住时，态度便强硬起来。道台表示抱歉，但上海城里城外确实没有空房。领事抗议也没用，便发了狠话，如果找不到其他居所，就找个大庙扎帐篷，他当过兵，在帐篷里睡过觉。他们离开道台衙门时，中国人放了三声爆竹，算是一种礼敬。

外面有一大群人围观着这些窘迫的外国人，有位穿着体面，披着衬着毛皮外套的中国人走出人群，迎了上来。他向领事作揖行礼，又向翻译麦华佗作揖行礼，然后自报家门说，鄙人姓姚，做生意的。他知道有栋房子洋先生们一定会中意。他们诧异地跟着他来到街内一条大街上的一栋大房子前。姚先生说这房是鄙人的，领事如愿付 400 元租金就可以住进去。他们当场成交，四位白人，领事和翻译，还有医生赫尔、文书司乔生便搬了进去。

这房子确实很大，有 52 个房间，陈设华丽。然而，这房子不大像住宅，当然，还有些让房客不得不忍受的烦心事。楼上没有壁炉，中国仆人对许多事情想不明白，为什么洋人吃得那么多？为什么洋人一定要吃牛肉和牛奶？起初他们还想让洋人喝人奶。同样令人不习惯的还有结队进入餐厅，哼着小调，似乎他们是在搬运成包的生丝或棉花，而不是菜碟餐盘。

洋人入住的房子很快成了全城瞩目的地方。头几天，中国人就像参观博物馆一样来看房子。来参观的有男有女还有小孩，整天在房子里转来转去，看这看那，他们到楼上看白人的生活起居，简直亲密无间、无微不至。看吃饭，看刮脸，看洗脸，看读书，看睡觉。领事不得不使用威胁手段，让姚关上他的大门。姚才只准他的亲戚朋友进来。

1860 年代。日人幕府大臣杉浦让《奉使日记》记述：

六日拂晓，到达扬子江口，江面宽阔，岸无际涯，苍波渺茫。三点抵达吴淞江（陈化成战史之故迹），五点抵达上海，停船下锚，七日上岸，宿于英人客舍……客舍临江而筑，景致尤佳，帆樯烟连，一目千里。望处旗帜随风飘摇，而知通商之盛况。西人设宴招待，席间欢语相接，而觉通信之成果，此江水极深，其岸际竟容那巨舰，据说，碇舶之船约有500艘。

1880年代。日人尾崎行雄《游清纪略》记述：

支流在注入黄浦江的地方有一座木桥，它被称为大桥。大桥的西端沿黄浦江有一座公园，人称元（圆）明园。……从这座大桥出发，有一条长度正好为四公里的大路，路的两旁种着杨柳树，这是一条宽坦的大路，不似我国东海道中仙道那样的凹凸不平，也并不是通往其他大城市的官道，它的长度仅四公里，这是为了供外国人散步用的特地由道台筹款修筑的。……在公园里每天晚上聘请马尼拉的乐队演奏音乐。在郊外修筑散步用的大道，可以想象，西商在清国得到了多大的利益。

过了城门，街衢变得狭窄，横不过六七尺，街道上堆垒着大大小小的石头，虽然完全把泥土掩盖住了，但污物秽品散乱于石路上，稍不注意便有可能弄脏行人的衣服。而且，路两旁的商家都排放着数个大招牌，如同我国的药铺，因此，狭窄的街衢越发显得狭窄。恶臭充斥着街道，同行的人皆掩鼻而行。走不多远，见有一座桥驾于小沟之上，沟的污秽与桥的狭窄，恐怕是生活在我国城市里的人们终身见不到的。[①]

从开埠到甲午海战前的上海。

林奇说：对城市意象中物质形态研究的内容可以方便地归纳为五种元素——道路、边界、区域、节点和标志物。“整体环境具有的并不是一个简单综合的意向，而是或多或少相互重叠、相互关联的一组意象。”[②] 美国记者史话性质的著作出版于1940年，不很严谨，但有一定的史料基础。他用带有讽刺的笔调叙述了第一任英国驻沪领事巴富尔一行甫到上海进入老城厢的所见所闻，以及困难而窘迫的租房居住过程。当时上海传统县城内的景观、地方政府的做派，也算是城里人的居民的日常生活习俗。看得出，此时的上海社会还是按部就班内循环的传统社会，如果没有外国势力的侵入，上海县城的慢生活可以一直风平浪静地过下去。可惜的是，科技所带动的资本全球化进程开始了。接下来我们看到的是日本来使更为真实和直接的描述，如果日本人描述的这些现象是客观的话，那么从林奇所归纳的城市五元素分析，我们不仅可以看到时隔30年不到，19世纪中叶后上海外滩和老城厢在城市基础设施上已产生了巨大差异，还可以看到日本自1868年明治维新以后，已经通过“富国强兵、殖产兴业、文明开化”，全面走上现代化改革的资本主义道路，原来作为向西方学习的样板——“上海”，传统老城厢地区的城市形态，尤其是此时市政基础设施的颓败落伍甚至已为

① 刘建辉著，甘慧杰译：《魔都上海——日本知识人的“近代”体验》，上海古籍出版社，2003年，第15，85页。

② ［美］凯文·林奇著，方益萍、何晓军译：《城市意象》，北京：华夏出版社，2017年，第35，65页。

日人所不屑。我们也因此明白当时老城厢里清醒开明的士绅深受刺激，为什么要一而再，再而三地呼吁打通北面城墙，唯恐落后于现代化的倥偬脚步。仅仅因为进步得慢了，也要挨打。1894 年甲午战争，老大帝国被一千多年来文化上的学生国打败，真正让中国有识之士有了切肤之痛，开始了从戊戌变法到辛亥革命的艰难探索，而上海的城市空间转化毋宁说是一个最直观的表征。

1910 年代，英人克利斯多福·纽小说《上海》记述。

小说主人公，18 岁的丹顿 1903 年孑然一身来到上海海关供职，最后成为著名英商、工部局董事，1949 年后方离开上海。丹顿在船上初次见到上海外滩：

> 在他还没有意识到时，他期待的东西终于露面了，前方亮晶晶的雾霭中隐隐出现了上海城的倩影。首先映入眼帘的是一栋栋高楼的参天身姿，大楼的玻璃窗在阳光下闪出晶莹的反光，接着是起重机尖细坚固的黑色吊臂和船只上那秃树般的桅杆，就在他盯视这座渐渐逼近的城市时，耳际猛然传来汽笛震耳欲聋的低沉吼叫，这时一艘涂有铁锈色条纹的班轮擦过他们的船身，缓缓地向大海驶去。有那么一会儿，丹顿的目光停在了那艘船上沿舷而立默不作声的乘客身上，待船驶过后，他的眼睛又盯住了船尾那面无力地飘动着的俄国旗，和船尾拖出的那条被螺旋桨搅起的污浊江

水，远处另一艘船正在上游转弯，沿着丹顿坐的船的航道驶来，当那船在河道中的一个浮标处慢慢调转船头时，他看到桅杆上一面低垂不动的美国旗。

他们的船慢吞吞地行驶着，终于来到了市中心的江面上。船的右舷，有一座绿茵茵的大公园，背景上衬着一幢幢带有柱廊用大石块砌成的大楼。而左舷是一片肮脏灰暗的贫民窟、工厂和仓库，乱哄哄地挤成一堆。江面上泊满了各式各样的船只——班轮、货轮、煤轮、平底货船、驳船、帆船等等。在这些船只和江岸的隙缝之间，停着许多小船，中国的舢板船凭着船尾的一支橹就能游动自如，码头上传来了持续不断的杂乱声音——叫喊声和号子声，车轮转动声，铁链摩擦声，汽笛声，货物落在岸上或货船上的砰然声。啊，这就是中国，他又感慨道，这感慨一半是兴奋，一半是害怕。①

世纪之初的外滩。

丹顿 1903 年看到的上海依次是海—江—港口—外滩。外滩和上海城，俨然已是一个繁杂嘈切的工业港口城市。除了一栋栋高楼的玻璃窗，印象更深的是起重机的黑色吊臂和船只上的桅杆、工厂和仓库，江面上各式各样的货轮和货船。上海逐渐进入工业化、近代化阶段。

当上海没有外国人的时候，城北面的荒滩处于江、浦交汇之地，是阴阳调和之处，因风水易于安葬，有坟场点缀

① ［英］克利斯多福·纽著，唐凤楼等译：《上海》，上海学林出版社，1987 年，第 3 页。

其间，俨然鬼魂出没之地。这一块滩地坟场，主要为一李姓所有，故称李家场。每年清明节，为赈济滩上的饿鬼孤魂，上海人都请城隍老爷出巡，仪仗侍从、鲜花簇拥，是上海人与祖先、与天地自然沟通的场所。1845 年，英国领事巴富尔根据《土地章程》，从上海道台手里租下了这块滩地。上海人笑话他们，鬼子们天生就喜欢以鬼为邻，然而几十年的工夫，这些“鬼子”居然把外滩建成了烟尘冲天、车马喧嚣的大码头，成了后来上海“十里洋场”的起点。20 世纪中西混杂的近代上海历史就是从外滩起源的。在随后的时间里，随着黄浦江外滩的不断向东拓展和外滩建筑的不断向空中提升，一个生机勃勃的外滩就这样按水平和垂直方向伸展。外滩的许多著名建筑，如汇丰银行、海关大楼，都曾经多次翻建新建。东印度公司的商人都喜欢在海滨河岸建立自己的商铺，他们把东方殖民城市的近水滩涂称为“bund”。上海外滩的 bund 因其鲜明的西方建筑特色，被认为是西方在华势力的象征。①清后期，中国的对外贸易大致上有广州的粤海关和乍浦的浙海关，分别对西洋和东洋（日本）贸易，但是自 1843 年开埠后，仅过了十年，上海的对外贸易量便超过了广州，跃居为紧随加尔各答的东南亚第二贸易港。1857 年出入港的船只数接近 1000 艘，1866 年数量上升到近 3500 艘。

1930 年代，茅盾《子夜》记述。

汽车发疯似的向前飞跑。吴老太爷向前看。天哪！几百个亮着灯光的窗洞像几百只怪眼睛，高耸碧

① 《大上海》，上海教育出版社，1998 年，第 89 页。

霄的摩天建筑，排山倒海般地扑到吴老太爷眼前，忽地又没有了；光秃秃的平地拔立的路灯杆，无穷无尽地，一杆接一杆地，向吴老太爷脸前打来，忽地又没有了；长蛇阵似的一串黑怪物，头上都有一对大眼睛放射出叫人目眩的强光，啵—啵—地吼着，闪电似的冲将过来，准对着吴老太爷坐的小箱子冲将过来！近了！近了！吴老太爷闭眼睛，全身都抖了。他觉得他的头颅仿佛是在颈脖子上旋转；他眼前是红的，黄的，绿的，黑的，发光的，立方体的，圆锥形的，——混杂的一团，在那里跳，在那里转；他耳朵里灌满了轰，轰，轰！轧，轧，轧！啵，啵，啵！猛烈嘈杂的声浪会叫人心跳出腔子似的。

像一枝尖针刺入吴老太爷迷惘的神经，他心跳了。他的眼光本能地瞥到二小姐芙芳的身上。他第一次有意识地看清楚了二小姐的装束；虽则尚在五月，却因今天骤然闷热，二小姐已经完全是夏装；淡蓝色的薄纱紧裹着她的壮健的身体，一对丰满的乳房很显明地突出来，袖口缩在臂弯以上，露出雪白的半只臂膊。一种说不出的厌恶，突然塞满了吴老太爷的心胸，他赶快转过脸去，不提防扑进他视野的，又是一位半裸体似的只穿着亮纱坎肩，连肌肤都看得分明的时装少妇，高坐在一辆黄包车上，跷起了赤裸裸的一只白腿，简直好像没有穿裤子。“万恶淫为首”！这句话像鼓槌一般打得吴老太爷全身发抖。然而还不止此。吴老太爷眼珠一转，又瞥见了他的宝贝阿萱却正张大了嘴巴，出神地贪看那位半裸体的妖艳少妇呢！老太爷的心卜地一下狂跳，就像爆裂了似的再也不动，喉间是火辣辣地，好像塞进了一大把的辣椒。此时指挥交通的灯光换了绿色，吴老太爷的车子便又向前进。冲开了各色各样车辆的海，冲开了红红绿绿的耀着肉光的男人女人的海，向前进！机械的骚音，汽车的臭屁，和女人身上的香气，霓虹电管的赤光，——一切梦魇似的都市的精怪，毫无怜悯地压到吴老太爷朽弱的心灵上，直到他只有目眩，只有耳鸣，只有头晕！直到他的刺激过度的神经像要爆裂似的发痛，直到他的狂跳不歇的心脏不能再跳动！[①]

① 茅盾著：《子夜》，人民文学出版社，2017年。

1930年代的都会上海。

吴老太爷此刻进入的市中心商业区，已经完全是现代性的都市景观，汽车、灯光、摩天大楼、电线杆、交通灯、霓虹灯、噪音，半裸的女人和雪白的大腿，都市的喧哗和骚动，晕眩的感觉，与现在的都市场域已非常接近。捧着《太上感应篇》的吴老太爷的心脏最终受不了了。上海已完全进入到一个商业化的消费主义世界，并形成了自己全球化的城市景观，同时工人阶级的形成，使左翼红色文化也具有很大的影响力。社会学家西美尔在《大都会与精神生活》中曾谈到城市观察的复杂性："都会性格的心理基础包含在强烈刺激的紧张之中，这种紧张产生于内部和外部刺激快速和持续的变化。人是一种能够有所辨别的生物，瞬间印象和持续印象之间的差异性会刺激他的心理。永久的印象，彼此间只有细微差异的印象，来自于规则与习惯并显示有规则的与习惯性的对照的印象——所有这些与快速转换的影像、瞬间一瞥的中断或突如其来的意外感相比，可以说较难使人认识到。这些都是大都市所创造的心理状态”[①] 另一位城市研究学者本·哈莫也谈道：“城市就是现代性本身。关注城市现代性，就是关注普遍的特殊性，就是关注城市生活的错综复杂的连续性，就是关注经验中常常对立的密集性。……现代性不是纯然科幻的平展的世界景观，而是新旧事物摩肩接踵时产生的临时蒙太奇。就是在这种既向前又逆转的摩擦处才能觅得的现代性。”[②] 城市的异质性和反常性，对一些人而言是焦虑的诱因；对于另一些人来说，恰恰是城市的社会混杂性，才使它成为可能和希望的来源。吴老太爷死于对城市的恐惧和焦虑，但他的子孙后代们则在上海这座不夜城里流连忘返。

① 汪民安，陈永国，马海良主编：《城市文化读本》，北京大学出版社，2008年，第132—141页。

② 汪民安，陈永国，马海良主编：《城市文化读本》，北京大学出版社，2008年，第132—141页。

1940年代。一个军人到上海投亲的日记记载。

1946年2月22日星期五。

12点钟，半夜才到上海北站，下车后出站，雇黄包车，皆以夜深不愿去四姨父母倍开尔路（家）。不得已在一食馆吃了一碗300元汤年糕后，一则车子喊不到，二则人家夜深睡觉不便吵扰，又折回车站等候天明，打了几回瞌睡后，醒来三点钟，于是又背了行李，拟步行觅找，出了站，到街上问几次，行人都道该条街道在杨树浦附近，路途甚远，夜深人静，余一人负物独行，两旁店门皆紧紧关闭，毫无行人，颇觉孤单。上海地方很大，房屋泰半为洋楼，隔不远就有电灯，照如白昼。惜夜深不热闹太静寂，不然亦可看看繁华之情形。上海别了已经十多年，以此次故人相逢，感慨无穷。十字路口虽有站岗位置，照着电灯，但并不见到站岗警察，因此问路亦无办法。行人又稀。余单人同了我那铺盖包儿作伴，缓缓行了一阵，瞥见街角来一人影。余疾步近去询问，此人十分和气，允指领去，过了数条大街。见一站岗兵士，向其问之，彼云才来此地，甚不清楚。二人又走，看到数辆人力车，彼代余雇妥一辆，余跨上人力车，向其谢别。彼又介绍，自云在某街经营小贸易，空时过去玩玩，不期在这枯孤的行程中遇到这么一位和蔼好人，真是前世有缘。车夫认得字，拉着我跑得疾步如飞，相信他身体必定很强健腿很强壮的，不像那内地衡阳长沙一带车拖着木屐撑着伞漫步而行，老太爷情景也。约一小时以后便见一路牌，标明为惠民路。车夫告诉我此即倍开尔路，惠民路是新近改的。又问我号数，在车上拿出父亲写来的信，在路灯下看明是397，那车夫替我找，忽发现一“中源酱园”招牌的房子，正是397，那是我别哉快十年慈祥的四姨父母住所，本来即欲叩问聚会，但仔细一想，不该惊动他二老，所以决定等到天明再去叩门。其对门一豆腐店已开了门，在做豆腐了。电灯告诉我那里有光明，我急命车子将行李拿去那边寄放。仍旧坐在那儿等候，付了车钱500，车夫道谢而去。拉车子的能认字，知道找门牌程度可也不错也。豆腐店里买了50元豆腐浆，因为淡的，喝了半碗便没喝了，又向其要了点水，洗洗脸漱口。此时街上仍是所谓鸦雀无声，万声俱寂，唯一的独声打破了四周空气，便是那卖糯米饭者拉风箱的“的嗒的嗒”声儿。我在街上反复徘徊踱步，想唱唱歌、哼哼戏解寂闷，又因伤风嗓子坏不成功，同时，肠胃发警报告诉我昨午只吃一点面包，不够消化，又只得找食物来吃。但是黑漆漆的一条街上，满是门户严闭何处找呢？好不容易瞥见不远有光。姑无论是什么事，暂且试试。天不负饿人，那儿是卖油条烧饼的，问其多少钱一个，他说4000元吧，我吓倒了，而实际上是他们沦陷区人喊惯了假币的数字，折合国币只有20元，如狼吞虎咽般一口气吃了六副油条烧饼，回到豆腐店看其做豆腐，其磨豆腐是电的原动力，其水则来自自来水，不若以前用人力推一瓢瓢的加水须人去照料，上海诚不愧中国第一都市，连磨豆腐亦科学化也。时钟一转，告我六点了，天将明矣。忽排泄器须要排泄，连忙找大便处，可怜九牛二虎之力也找不到，小巷子俱都有小便处无大便处。后本地一老百姓告我详细，才按指点获得目的处，一个清洁洋厕所，但是因为没买厕所看管者的草纸，受其一顿教训，每份资洋15元大洋，怪哉上海地方大便亦需要花钱。

天明叩门，酱园铺有一学徒模样者开门，接见余，问其老板可否姓沈，彼因见余为军人言语畏畏缩缩，不敢直告，经道明余与其老板和老板娘是亲戚后方开大门，久别慈祥的四姨母首次获到聚见，不见则可，一见则是久别后的话滔滔不绝，后四姨父亦见到。他老亦慈和可亲，招待殷勤。酱园乃其独资经营，可见经商毅力手腕经验高强之优长也。幸喜四姨母当了老板娘，姨父母嘱其处耽搁，余以其亲热，亦不顾虑，驻留其府中。闻父亲尚滞沪未回甬，余即欲见父。姨父派了一学生陪去宁波路，余协同由提篮桥上电车外滩下车，找宁波路隆广里万昌号，又见到慈祥叔父阔谈一回后，他老立即带领去北四川路凤姑处，到了后便叩门，来开门者便是久别瑶姐。她已出了嫁，生了孩子，惟不幸姐夫遭了意外丧命。进大门会到父亲后，又拜见年老的伯祖母，既而凤姑自楼上下来，又会见亲长，少不了一番长谈往事。凤姑父陈修德早年服务空军机关，以是凤姑生活素来优裕，因航空界为最高薪之机关。据云上海家庭由其支持电铃、沙发、留声机……一切陈设皆是阔绰，余家族中之光荣，只凤姑能担负之。

抗战胜利后市民的日常生活。

日记是我从旧书摊中买到的。军人日记所记的时间是抗日战争已经结束，解放战争尚未全面爆发，接收大员的腐败行为得到了暂时的遏制，上海市民的生活相对平静温和的时期。日记中写了赶夜，问路、坐车（黄包车和电车）、早餐、上厕、投亲、见父、会戚、迷路等过程。出现的当时物价有：汤年糕（300元）、黄包车钱（500元）、豆浆（50元）、油条烧饼（20元）、上厕所（15元）。日记中出现的社会角色有：指路的好心人、外地来的站岗警察、识字的黄包车夫、开酱园的四姨父和四姨母、父亲、众多亲戚朋友，尤其是凤姑，因为嫁了飞行员。家里有电铃、沙发、电话等现代化设施，引起了日记者的羡慕，引以为家族骄傲，还有对大上海机器磨豆浆的感叹，都可以反映出当时市民的心态。作者尽管是个"丘八"，但是个有一定文化的军人，也是个有当时一般道德水准和小康家庭教养的市民，表现在他因为怕半夜打搅到亲戚，所以不敢贸然上门寻找。日记中还描绘了坐黄包车的感觉、如洋厕买手纸的细节等等，都十分细腻具体，可见初到上海者的印象和窘迫，却又充满了从颠沛流离的当兵生活回到安逸的正常市民生活的幸福感。看了日记，世道人心并不觉得隔阂。卢汉超先生曾评论："在上海，没有什么能像那些比比皆是的弄堂使人能更了解这个城市人们的日常生活了，这些邻里社区是上海绝大多数市民的居家住所。他们不仅仅住在里弄社区，这儿也是他们工作、娱乐、社交以及日常购物之地。总之，弄堂就是这些居民的城市。……里弄才是显示了大部分上海人生活的真正的世界。"

瞬间印象和持续印象有所不同。感官地理和智识地理也有所不同。除了表征性的物质形态为主的意象外，中外文人作家们还在他们的文献中描写到许多更进一步的"上海印象"，枚举如下。

韩邦庆　《海上花列传》（光绪二十年　1894年）

雪香方才打扮停妥，小妹姐带了银水烟筒，三人同行，即在东和兴里弄口坐上马车，令车夫先往大马路亨达利洋行去。当下驰出抛球场，不多路到了，车夫等着下了车，拉马车去一边伺候。仲英与雪香、小妹姐踅进洋行门口，一眼望去，但觉陆离光怪，目眩神惊，看了这样，再看那样，大都不能指明，又不暇去细细根究，只大略一览而已。那洋行内伙计们将出许多玩意儿，拨动机关，任人赏鉴。有各色假鸟，能鼓翼而鸣的，有各设假兽，能按节而舞的；还有四五个列座的铜铸洋人，能吹喇叭，能弹琵琶，能撞击金石革木诸响器，合成一套大曲的；其余会行会动的舟车狗马，不可以更仆数。

仲英直取应用物件拣选齐备。雪香见一只时辰表，嵌在手镯之上，也中意了要买。仲英乃一股脑儿认定价值，先付庄票一纸，再写个字条，叫洋行内把所买物件送至后马路德大汇划庄，即去收清所该价值。处分已毕，然后一淘出门，离了洋行。雪香在马车上褪下时辰表的手镯来给小妹姐看，仲英道："也不过是好看生活，到底无啥衢势。"

比及到了静安寺，进了明园，那时已五点钟了，游人尽散，车马将稀。仲英乃在洋房楼下泡一壶茶。雪香扶了小妹姐，沿着回廊曲榭兜一个圆圈子，便要回去。仲英没甚兴致，也就依他。

从黄浦滩转至四马路，两行自来火已点得通明。①

① 韩邦庆著：《海上花列传》，北京：人民文学出版社，2014 年，第 45 页。

根据叶中强先生的分析：晚清社会以三楼（茶楼、酒楼、青楼）为代表的休闲娱乐场所，在当时的老城厢内相当繁盛，但由《海上花列传》，我们看到了一次真正意义上的文化心理“僭越”：在它之前还没有一部如此大规模的展示“夷场”，实为中西文化互参的中国近代城市小说。它向人们演示了“城市空间生产”在生产城市实体的同时，也在生产相应社会秩序的图景；它在打开“城市欲望”之窗，为日后海派文学的“情色乌托邦”想象敷设了一层底色外，也开启了上海乃至中国文学的现代性叙事之门。在小说及其作者的背后，城市空间的繁衍仍在继续。

在此要特别论说一下文尾提到的“四马路”福州路。两个世纪之交的福州路在当时举足轻重，是知识分子的云集之地，包括《申报》《时报》《新闻报》等报馆、书店、书局层出不穷。与第一流的文化事业和传媒机构相适应，中国第一流的文化人也集中在这条马路上。清朝末年的“谴责小说”和民国初年的“鸳鸯蝴蝶派”两种文艺思潮都以福州路本身的生活方式做背景。福州路还是当时包括会乐里等在内的上海最大的红灯区，沪上梨园南派或者说海派京剧的发源地，其餐饮特色为西餐馆加广东宵夜馆。因文化街、娱乐街、红灯区、不夜城等标签，福州路堪称“娼优士合璧”，成为“宦商合流”之地。学者李天纲的分析切中肯綮：按照大城市发展的通例，金融商业区的附近都有一块文化、餐饮、娱乐、红灯区。福州路的作用就在于它是快节奏的都市里最松弛的地带，它舒缓了别的马路带来的压力和紧张。历史上的福州路，曾经保留过相当多的中国传统生活方式，也创造过许多为中国人接受的近代化生活方式，可以说这里是旧式文化的炼炉，是新式文化的发源地，是上海这个所谓中国近代文化中心的中心，或是所谓“海派”的发祥地。总之，这是一条洋场里的中国街道，是“租界里的华界”，是华人在洋人租界里展开的“再租界”。福州路最能够代表“西方的制度，中国的文化”的海派特色。如果说，上海是中国的新文化中心，福州路就是文化漩流中的涡眼。[1]

① 《大上海》，上海教育出版社，1998年，第151页。

1920年代　日人芥川龙之介《上海纪行》描写：

这个咖啡馆似乎是一个非常下等的地方。在涂成粉红色的墙壁旁，一个梳着二分头的中国少年弹着钢琴。在咖啡馆的正中央，三四个英国水兵搂着一群浓妆艳抹的女子，不停地跳着散漫的舞蹈。最后，在入口处的玻璃门旁，一个卖蔷薇花的中国老太婆，被我谢绝买花后，呆呆的在一旁看着跳舞。我感觉似乎看到了某一幅画报的插图，图画的题目不用说就是“上海”。

回到原来的地方后，一个中国人慢悠悠的朝池中小便起来，陈树藩兴举起了叛旗，白话诗的流行渐渐降温，日英继续结盟，这个男人肯定对这些事情漠不关心。至少从这个男人的态度和脸上看到的只是那种悠闲。一座矗立在阴天下的中国式亭子、铺着病态绿色的池水，斜向注入池中的一条急急的尿线——这一切简直构成了一幅忧郁的风景画，同时也是我们这个老大国的辛辣的象征。

村松梢风《魔都》描写：

一天晚上，我和朋友两个人上了该楼，和街上一样，人们相互推挤着上上下下。登上楼梯后不久，我和朋友忽然被鸡（妓女）拉住了。在四处矗立着柱子的宽广的二楼上，约莫有几千个客人进入其中。有的紧挨着桌子喝茶，有的扶着栏杆往下看着大街，有的则一路耍笑着走着。无数的鸡在其间或左或右地来回走动，他们或纠缠着客人，或和客人调情，或一起到桌边喝茶谈笑。香烟的烟雾蒙蒙地螺旋上升，使电灯光变得暗淡下来，屋内的混杂和喧闹使我茫然。不久，缓过神来，看到了抓住我们的妓女的脸。挨到朋友身上的是个妙龄女郎，长着一张圆脸，双眼滴溜溜地转着。挨到我身上的，是个大约十四五岁的纤弱小姑娘，像一个赛璐璐做的布娃娃，两个都算不上是美女。朋友和他们讲上海话，意在叫他们罢手，但怎么也无法使他们离去。

站立期间，我欢呼雀跃了起来，晕眩于它的华美，腐烂于他的淫荡，在放纵中失魂落魄，我彻底沉溺在所有这些恶魔般的生活中。于是，欢乐、惊喜、悲伤，我感受到一种无可名状的激动。这是为何？现在的我不是很明白。但是牵引我的，是人的自由生活。这里没有传统，取而代之的是去除了一切的束缚。人们可以为所欲为。只有逍遥自在的感情在活生生地露骨地蠕动着。

金子光晴《髑髅记》描写：

今日的上海，是由灰泥、砖头和盖着红瓦的屋顶建成的横向蔓延的毫无趣味的街道，其间混杂着形形色色的风俗，充斥着世界的渣子、流浪者，其流氓的魅力使众人瞩目，他们就像干瘪的红疮痂那样连绵不绝。被疮痂下的疼痛、血、脓浸泡得软乎乎的街石上涂满了煤渣、红锈，落日印照在被粪便和痰水弄脏的街石表面，任凭长长的雨水敲打着。生存的悲苦和苦痛，越发渗透到人的躯体中，刺激着心灵。[①]

这是日本作家眼中的“上海印象”，刘建辉先生分析道：作为资本主义的最前线和桥头堡，上海曾经是日本志士们的“西洋”体验场所。但是到了1868年明治维新以后，上海曾起到的这种作用开始迅速褪色。在这个时期，日本已经独立地标榜“文明开化”，开始直接从欧美引进各项近代制度，因此，昔日作为“中转地”的上海基本上失去了原有的意义。以明治维新为分水岭，上海对于日本人的意义也发

① 刘建辉著：《魔都上海——日本知识人的“近代”体验》，上海古籍出版社，2003年，第96，100，101页。

生了变化。明治维新以前的上海，主要是对作为（现代）“国家”的日本作出了贡献，而明治维新以后的上海，毋宁说，是对于作为“人”的日本人作出了贡献，这就是这两个时期最大的区别。

虽然上海“疾驰”了近代化历程，体现了辐辏的时间性，却没有陷入特定的民族主义陷阱。因为上海的“近代”只存在于列强的租界地内，它从一开始便与“国民国家”具有不同的身份。在某种意义上，对于以想象力的共同体为前提的“国民国家”来说，它几乎是一种类似于“破坏装置”的东西。上海的这种存在方式在世界上极为罕见。以李欧梵的观点看来，正是这种民族主义意识与上海生活中复杂的世界主义相结合，才使特殊的中国现代主义在20世纪20年代和30年代的上海得以产生。① 由茶馆妓馆烟馆所凸显的“魔性”和“近代”究其实，只不过是上海外表的“装饰”，在其内部展现的“华洋杂居”的混沌现实，才是上海真正的“内容”。制造出上海魔性的，正是这个“杂糅”的内部空间。对于追求以天皇为顶点的具有彻底向心力的“国民国家”——日本而言，依然处于“杂糅”混沌状态的上海，毋宁说，是一个危险的地方，甚至是一个有害的地方，但也使得众多从那种“均一性”空间脱离出来的日本人，有可能渡海来到上海，所谓“明治”脱离者的大陆雄飞。1920年代，上海的主角是资本和大众。芥川龙之介排斥上海，视上海为“粗鄙的西洋”、“不正宗”的西洋，对其“近代性”表示出强烈的嫌恶感。他欣赏的是湖南和北京的那种“本土性”，可以说，这是他作为一个彻底的“近代人”作出的选择。出版于1924年的《魔都》，作者村松梢风非常

① 汪民安，陈永国，马海良主编：《城市文化读本》，北京大学出版社，2008年，第89页。

详细地描写了上海的阴暗面以及作者在其间的放荡形象。相对于芥川龙之介，他是属于“沉溺于魔都的人”。日本人渡航上海的目的是趁着这种“混沌”状态，追求一种在日本国内无法实现的“自我实现”。他们在“县城”和“租界”之间明显地站在“租界”一方，不断地指责“县城”产生的各种弊病，对于“县城”及其背后的江南水乡不仅没有显示出兴趣，反而持否定态度。到了明治后半期，对于过去被忽视的“县城”，特别是其背后的传统水乡，显示出兴趣，并从那里感受到一种“乡愁”的日本人才逐渐开始涌现，虽然那只是极少数人。

时隔近100年，我们再来看看中国学子的“上海初印象”：

2020年代　研究生记述

（上海社科院2020级研究生刘芳旭·吉林）

第一次来上海是在2010年1月，世博会前夕，我12岁，正在读小学六年级。我们一行人从长春乘坐飞机在上海浦东国际机场落地，要在机场换磁悬浮到市区。印象中从登机口到乘磁悬浮的路走了很久，机场很干净，设施非常现代化，地上似乎还铺着地毯。

旅行的头几天里，我们游览了南京路步行街、城隍庙、杜莎夫人蜡像馆等地。久闻中国内地第一家杜莎夫人蜡像馆的大名，我们来到了南京路新世界城。在一段距离以外的街边就能看见红色电话亭边的“刘德华”蜡像。南京路上人不算非常多，印象最深的是步行街边一个很难找到电梯的商场（可能是永安百货），商场内楼梯倒是在非常醒目的位置，台阶很高，装潢带有很强的民国风味。城隍庙附近有很多小吃摊，和现在差别不大。

因为世博在即，东方明珠不对外开放，浦东地区我们只去了上海科技馆。上海科技馆内设施非常多且新，动物展览、食物之旅、球形6D电影等项目都带给我很多新鲜感和快乐。旅行的另一站是莘庄附近。我们乘1号线地铁来到了地上，能看清外面的景色，地铁越开就越是荒凉，莘庄成为了对上海的印象边界。

六年以后的大学期间，因为学校在闵行，再次经过莘庄附近，莘庄已经成为了闵行通往市区的重要交通枢纽，有仲盛、龙之梦等大型商场和便利的交通，来往人群络绎不绝。遗憾的是，再次去城隍庙附近、杜莎夫人蜡像馆、上海科技馆，似乎和六年前并没有太大变化，反而显得十分老旧，科技馆更是很多区域停用。

（上海社科院2020级研究生蒋婉茹·苏州）

9月份暑热并未散去，连着一些早到的秋雨，黏黏糊糊地粘在人身上，也将树上拼命摩擦的蝉裹在里面。雨后的日头照着，让刚从凉爽的地铁里出来的人仿若在另一重世界里，听不明这聒噪的蝉声、汽车的鸣笛和工地的轰隆声。

我拖着沉重的行李箱和母亲一起站在路口等红灯。

从 13 号线金沙江路地铁站出来左拐一直往前走，华师大的校外公寓就在马路对面，正对着一个看上去颇有年龄的小区的大门。疫情的影响也完全可以从这个门口看出来。铁质大门只开了半扇，保安和高年级学生卡在门口，查验健康码，家长只能在外面等待。几张桌子排开，新生在那里短暂地停留，寻找房间信息。虽说已经是研究生，从父母手里转移到相对封闭的学校里，交接过程，仿佛还残留着一丝被人塞在襁褓中在其他人手里转移的感觉。

校外公寓单从外观看，年纪也足够和对面的小区称兄道弟，没有差辈分。临街的一排店铺，往路口那边的几间，已经全部关了。里面的装修陈设一应拆除，只剩下一个壳子。只有公寓门口有一些正常营业的店铺。对上海的印象清晰起来，便是从这时候开始的。

煎饼果子摊上远远便可看见一层污垢。面店里积攒多年的油烟气，从里面逃出来抓住行人的鼻子。人行道上的渗水砖隐隐翘起、凹陷，只等哪个倒霉蛋一脚踩下去溅起隐藏的污水。水果店并没有新鲜水果的香气，老板坐在门口张望，可能盼望着在新生众多的一天里得到更多的收益。小卖部和小时候在乡下见过的乡村超市完美地契合了，昏暗的灯光仿佛给里面的商品都蒙上了一层灰。宾馆里面站着的几个人，应当是在蹭空调，而非真的住店，因为他们站着的时候面朝门口，行李还握在手里，前台也坐在后面，只能看见一个脑门。便利店也并非常见的“热门”——类似“全家”“罗森”，这两个便利店的零食在众多社交平台都很有市场，“可的”曾经被用来和“全家”“罗森”对比，因为聘请的员工大多是中年人而和青年市场有隔阂。

这是一个和各种宣传片、电视剧、电影里截然不同的上海。

小学时候第一次来的印象，只残留了一点，和宣传片里的倒是非常符合。人很多，楼很高，消费很贵，交通很发达。亲戚尽地主之谊，带我们辗转多处游玩。当时苏州还没有地铁，我在上海头一次坐地铁，人也是很多很多。从地铁口钻出来走在路上的时候，两边的高楼仿佛要压过来一样，路上是它们的巨大阴影。人在里面行走，就像是来去匆忙的蚁群。

但研究生开学第一天，清晰印象中的上海，泛起了一种旧旧的但令人熟悉的气息。人还是很多，楼也很高，但那种仿佛放置在奢侈品橱窗中隔着玻璃般生人勿近的感觉消散了。

上海展示了她的另一面。即使是两公里之外装修颇为奢华的环球港，在十字路口周围修修补补的柏油路面以及路口其他三面大约是不断扩宽机动车道而后缩以至十分狭窄的人行道的包围下，也显得不那么气势凌人了。宿舍浴室的四角污垢、宿舍楼前后的空地和待拆迁的临街店铺，似乎都在窃窃私语，预示着这个校外宿舍也不能再和对面的小区并肩站立，即将在上海永不停歇的资本和城市规划中灰飞烟灭。

在这老旧的、即将消失的宿舍楼门口，我认识了一个新的上海，一个在“顶级国际金融中心”或者“世界地标”等高级称号之外的、更加贴近真实生活脉搏的上海。可以见到真实的人的活动，而不是在巨型建筑阴影里爬行的蚁群。

（上海社科院2020级研究生鲁保纲·安徽）

我兴奋、好奇地坐上高铁前往上海，这是第一次独自出门远行。尽管上海与合肥之间只需要两个多小时的路程，但对于我来说，就是从一个世界踏入另一个世界。这并不是说上海与合肥这两座城市差异在我眼里有多么大，而是说我对合肥这座城市有着无比的依赖。有些人喜欢呆在熟悉的地方，有的人则喜欢到陌生的地方去，而前往一座新的城市并在那里生活上几年，其实就属于一场冒险。我自愿加入这一场冒险，去认识一个新的城市。

刚出上海站，我就处于一种迷路状态。但我心中有一个目的地——华东师范大学中北校区，我要在那里开学报到！尽管有百度地图导航，可路线在我看来很不明晰，但我最终还是找到了4号线入口，前往中北校区。中间经历了很多风波：比如迷糊于地铁行驶的方向；在金沙江路下错了口，拖着重重的行李走了好久；进了学校找不到理科大楼的位置。

刚进入一个陌生空间，最先面对的是“位置”的迷失。这时候，就凸显出向导的重要性，一个好的向导能够带着你准确地到达目的地。如果没有向导，那么路标、建筑就无比重要。我们不是在任何时候都有向导的，但是路标一直在那里。上海，这陌生空间，我对它的把握始于“绘图”。

这幅地图的中心点是环球港，而非华东师范大学中北校区。我从环球港下车前往华东师范大学的这一段路，让我毕生难忘。每走一段路，我都会回头观望走过的路，看自己走得对不对，如果不对，我还可以回到出发点——那两座显眼的双子塔。还有一个原因，一个行李箱、一个大包裹、一个书包，身体上的重负让我前行得很疲惫，体验感也就更强。环球港对面是中北校区，环球港往西通往学生宿舍，环球港往北可去上海站，往南的宜山路站可达上海社会科学院中山西路校区。以环球港为中心，我的“上海绘图”基本绘成了。

每当我去往新的地方，我都会想如何才能回到环球港，因为回到环球港，就意味着可以“看见”通往其他位置的路。

环球港于我的意义，和村头的树于我的意义，在某种程度上其实是一致的，他们都可以让我看见回家的路，找回一种安全感。但我也知道，环球港不是家，村头的树也不是家，他们属于地标——在家之前——预示着某些事物的必然显现。环球港与村头树的区别，可能也是城市文化与乡村文化的区别：环球港通往多处空间，却不分内外。村头的树用来划界，过界便是村外。

至今，我还未在上海确立第二个和环球港一样的地图“中心”，可能是由于我去的地方还不够多。

（上海社科院2020级研究生张姝娴·山西）

2020年9月是我第一次来到上海，一下车，滚滚的热浪和黏腻的水汽向我席卷而来，潮热的空气将人紧紧裹挟，竟是在室外生出了一种汗蒸房里的体验。习惯了黄土高原清爽干燥的夏天，江南丘陵地区的气候让我大呼不适应。但初入上海的兴奋还是战胜了这种不适，在酒店略作休整后，我就带着母亲直奔外滩——这个最能代表上海的地方。

常常在网上看到有上海人吐槽，本地人是决计不会去南京路、外滩这些游客众多的地方的，但对我们这些“外地人”来说，外滩是我了解上海的第一张名片，是上海现代、多元、繁荣的象征。南京西路上游人如织，人们操着各样的口音往来不绝，偶尔还能从中听到熟悉的乡音，两侧巨幅的广告牌和复古的建筑向游客展示着超一线都市的气派。随着人流涌向黄浦江，夜晚华灯初上，黄浦江西岸的建筑群熠熠生辉，海关大楼的钟声雄浑激荡，雨后蒸腾的水汽与灯光交映，朦朦胧胧，似真似幻。

这是我第一天到上海所见之景，它曾在梦里无数次激励我努力学习，所幸终有所得，亲自踏上了这片土地，将梦境变成了现实。

在上海居住一年多，最大的体会就是包容，特别是在文化领域，无论你有多么小众的爱好，都能得到共鸣。我可以看话剧、听音乐剧、看脱口秀、逛漫展、看展览等等，享受一切文化产品，而且不被他人置喙。走在街头，能够感受到许多与我相似的年轻人能够按照自己的想法去生活。

这样广博的包容力与上海的历史紧密相关。上海是座年轻的城市，20 世纪中，上海开埠，国内的连番混战使得大量富商、外国人涌入上海，在大量资本、技术、人才的支持下，上海一跃而起，经济迅速腾飞，成为国际性大都市。人口流入的同时也带来了各类文化的交汇碰撞，在各种文化冲击下，上海成长为了多元文化下的产物，人们对于不同文化的接受度远高于国内其他地方。20 世纪 70 年代，随着改革开放，上海涌入了大量外地人，在带来新的文化习俗的同时也进一步打破了传统文化的桎梏。经济的进一步发展，也促使思想更加开放，造就了如今的上海，经济发达、思想开放、兼容并蓄，每个人都能寻找到合适的位置。

上海的文化与一些城市不同，它是在城市和经济的发展中逐渐塑成的。没有悠久的历史，但每一天都在创造新的历史，“给文明以岁月，而不是给岁月以文明”。因此，这座城市的文化不是一成不变的，而是不断地推陈出新、动态更新。每一个涌入这座城市的人，都在为这里的文化增添内容，使其更加丰富。同样，这座城市也以宽广的胸怀迎接每一个奔向它的人，海纳百川，有容乃大，这大概是深入了解后上海给我的另一张城市名片。

（上海社科院2020级研究生朱冰倩·福建）

第一次来上海，是2020年研究生入学时，父母送我来报到，顺便到上海旅游一趟。作为外地人来上海，我们自然不能免俗地去了南京西路和外滩。在南京西路上，我们首先被密集的人群和数不清的商场、广告牌所包围。在福州，尤其是非周末时，你很难看到商业街上会有这么多的人。而且仔细听他们说话的口音，感觉大家都来自全国各地，上海人倒是较少。但我们坐在长椅上休息时，看到有五六个穿着旗袍、头上的卷发打理得一丝不苟、妆容精致、身材苗条、举止也非常优雅的老阿姨、老奶奶。我和我妈莫名地认为她们应该是上海人，因为在别处，年纪大了还打扮似乎是一件让人羞耻的事，而在上海，这似乎又成了理所当然，每个人都打扮得非常精致妥帖。在这些阿姨奶奶身上，我们看到了一种优雅老去的可能。午餐也是，基本上不是选我们想吃什么，而是选哪家店排队最快，服务员快速地在店内奔忙，催促你下单，让你在吃饭时都不由地加快了速度，不然就感觉对外面继续排队的人有一种负罪感。傍晚，我们在外滩闲逛，和一大群人等着看东方明珠亮起来。不得不说，黄浦江两边的夜景非常美，五彩斑斓的灯光将这一条江点亮，让人体会到什么是不夜城。这一天，上海给我留下了繁华、绚丽、优雅的印象。

而在上海久了，我也发现了越来越多不同的城市场景，而且在不同的区域，场景的割裂感非常强。比如普陀区，因为有很多老年人，所以显得宁静而苍老；而杨浦区由于大学众多，就显得年轻有活力；法租界洋房众多，显得优雅又有异国气息；浦东则高楼林立，充满了现代与科技感。淮海路上的店铺精致又小资，四川北路上的店铺充满了市井气。

我印象最深的一个场景是，有一天晚上我在十六铺码头附近的小南门、小东门附近骑行。骑到中华路时，右侧是融创外滩壹号院和上海滩花园，左侧则是非常破败、将要被拆迁的老城厢。极致的繁华与极端的破败之间毫无过渡。尤其是我骑进这一块像城中村一样的地方，里面的路面凹凸不平，非常狭窄，路上基本没有灯，要靠着路边人家的灯光才能看清路。有几个中年男人坐在路边，他们看见我，似乎都很惊讶。有妇女在路边炒菜，路边还有脏兮兮的野狗。这和我刚才经过那两个高档小区时看到的穿着全套运动装备夜跑的年轻人和遛着名贵品种狗狗的老人形成了鲜明的对比。在这种强烈的对比中，我更深刻地意识到了上海城市文化的复杂性和多元性，它并非是一个单一的形象，相反，你越深入了解，就越会发现其复杂性，城市中的不同人群在不同场景中构建了不同的文化。

然而，上海似乎也正不断抹平这种多元性，在许多文创园区，例如衡山坊、永平里、幸福里，你都能看到大同小异的咖啡厅、异国餐厅、户外小摊、酒吧、精品店。你能发现一种难以抵挡的绅士化趋势，而且这些新建成的文创园区，似乎也将居住在“城中村”里的人排除在外。目前为止，我似乎没看到哪些城市更新所营造的新场景考虑过这些人的存在。

（上海社科院2021级研究生吴蔓菁·广东潮汕）

盲点不仅存在于视网膜之上，也弥漫于生活的细节之中。开学第一周，面对来自五湖四海的陌生面孔，老师们都会向学生抛出那句经典的哲学问题：“你从哪里来?”作为一个小小小半辈子生活轨迹都在广东的人来说，让我意想不到的却是老师们的下一个问题：“你为何选择上海?”

这是一个我未曾料想过的问题，但细想又的确如此，“到上海去”并不是绝大多数广东人的选择。在我的旅行计划里，上海并不是一个急切的抵达对象，在我的潜意识里，上海的模样便是“黄浦江边东方明珠”，与广州“珠江之上广州塔”似乎大有相似之处。但这俩貌似同质化的繁华大都市，实则大有不同。此番认识，需要“生活在此处”，而非“到此一游”才能有所感触。

民生四大要素“衣食住行”，第一天抵达上海，最重要的便是与安身之处见个面——那是一栋位于中江路的旧宿舍楼，连着四栋楼围出一片小型宿舍园区。在我住进去的半年后，它被夷为平地。

宿舍是一厅两室的套间，两边配备两个卫生间和一个洗澡房，一进去便是扑面而来的时代感，以及前任们留下的垃圾们。成堆的垃圾使我感到惊讶，除此之外，值得一提的便是卫生间与洗澡房的设置。

产生惊讶的原因依然归因于生活的盲点。我生活在广东，住过潮州、佛山、广州三个地方的校园宿舍，加上短暂地去其他朋友的宿舍留宿过，少说也参观过八九个学校的卫生间，无一例外都是蹲坑式厕所。而在这个如此破旧的，年代感十足的，并且在半年后即将被夷为平地的宿舍里，我看到了抽水马桶。这就是精致的上海吗？虽然这俩马桶经常约着轮流堵。

为何“精致”这个词汇会蹦进我的脑海？毕竟在广东，越高档的商场才会拥有越多的抽水马桶，抽水马桶在大家的心目中便是高级于蹲坑式厕所的存在。思来想去，这俩马桶出现在这个看似20世纪八九十年代建起的楼里，可能与抽水马桶首先被上海引进接受有关，并且，在上海生活的外国人众多，不会“亚洲蹲”的外国人大概会对这蹲坑式厕所无所适从，不知如何是好，故而抽水马桶的需求也比其他城市高。再说，抽水马桶适合当代人的生活习惯，更适合上海如今的人口比例——据统计，2021年上海60岁及以上户籍老年人口占总人口的36.3%。对于老年人来说，相比于蹲坑式厕所，抽水马桶是更安全和舒适的选择。

另外一个令我感到震惊的是洗澡房，一个空旷的空间里，有两个淋浴头——“一起洗澡?”后来我才知道，上海的许多高校都是公共澡堂，都是“一起洗澡”。在广东人的认知里，澡堂只存在于“遥远”的北方，未曾想作为国际大都会的上海，大学生们也需要拎着一篮子衣服和洗漱用品去澡堂洗一个热热闹闹的热水澡。后来听说，是上海地区学校用地紧张的缘故。

但这两件使我惊讶的事很快成为平常——真实的经历消除了生活中盲点。最后一夜站在六楼的阳台往下望，黑夜中几辆铲土车已在废墟旁翘首以待，这栋已然消失于历史尘埃中的建筑，却成为我对上海认知中最初始的那块拼图——这栋宿舍“自带”的“复古风”，古早的抽水马桶，两个淋浴头，以及，在这片土地上生发的记忆与情感。

人生活在城市之中，与人交往，发生故事，从陌生，到熟悉，从每一片掉落的梧桐叶都令人惊奇，到期待明年与满街黄金翠锦再次相会。真实而具体的生活打碎了一个又一个我对上海的盲点，这座城市日渐给我带来一种熟稔而具体的亲切感。

我们常谈到都市生活带给人的孤独感，为生计奔波，与陌生人擦肩，而城市景观能够帮助我们抵御现代城市生活对个性的消弭以及个体的孤独感。2000年上映的电影《苏州河》展现的是一条肮脏不堪的苏州河，而如今苏州河清澈蜿蜒，承载了无数人河边漫步的回忆；上海的“落叶不扫”政策对街道景观的美化，使城市中的人们不再孤独地穿梭于钢筋水泥之中，而能如期享受大自然这份秋日的馈赠。

我们希望一个城市干净、便捷、有温度，而温度不仅来自于历史的余韵，也产生于现实的触感。一个城市的发展形态必然离不开地理和历史的影响，更与生活在其中的人密切相关，关注市民生活中的物质与精神需求，便是构建城市空间和文化的极好出发点。毕竟，当我们与城市之间愈加熟悉，愈加契合，那便是爱上这座城的前兆。

（上海社科院2021级研究生陈颖诗·广东佛山）

我第一次坐去往上海的飞机，是从熟悉的广州白云机场出发的。在广州上大学四年，对广州的大城市印象斑驳复杂，现代化建设与西关市井平民生活在广州的区域分布上面显得十分割裂，天河区的高楼大厦给人一种冰冷的感觉。在我看来，上海不过就是一个更加发达、物价更高昂的进化版广州。得知我去上海读书的朋友们都为我去大城市开心，也许在她们眼中，上海还是一个梦想之城，可以做一番大事业，有更多的机会，还意味着高压和高生活成本。影视剧中，网络上的视频图像，充斥着各种关于上海浮光掠影的听闻，一个广东人抱着对上海的怀疑和偏见，到达了这座陌生的大城市。

我下午1点半抵达虹桥机场，虹桥机场的灯光是暖黄色的，而白云机场玻璃顶的透明设计的光线，能让人非常直接地感受到晴朗天气时候耀眼的白光，或者多云下雨时候的阴沉。一开始我还担心在机场很难打车，结果顺着指引，在门口工作人员的安排下很快上了一辆出租车。行人在排队，的士也在排队，一切井然有序且高效。工作人员非常熟练地指引每位乘客去哪一辆车，就连我上车的时候也稍显窘迫，怕耽误后面乘客的时间。我还没和师傅说去哪里，他就开车了，他一边开一边问我目的地。“华东师范大学中江路629号。”师傅听了好几遍才懂我要去哪。一路上他很沉默，我坐在车上有点兴奋，想了解一下上海的情况，忍不住和师傅聊天，不免聊到天气：“上海9月份还这么热吗?”师傅有点冷淡，但说到天气又有点生气，“今年10月份还很热，上海这破天气，往年不是这样的。”我感觉师傅不是很想聊天，便看向窗外。机场的高架路旁立着一片红色的楼房，有飞机开得很低，几乎要压下来，把我吓一跳，师傅在专心开车，可能只有我大惊小怪。

一路上，车虽然多，但等待时间并不长。开阔的马路两边种植的树，不像南方的树枝叶繁盛，自由生长，这里的树的枝叶弧度都照着一个方向，显得整齐利落，精神昂然。就在机场去往宿舍的路上，我对上海的印象已经开始改变，我开始期待接下来在上海的生活。也许是那天淡蓝色的天空、路边的梧桐树、宽阔的马路，有一种亲切的现代感。没想到，我来到上海的第一印象，是觉得“舒服”“宜居”，这是上海在极力构造、展现的一面。

在华师大完成报到后，为了省点钱，我选择骑自行车回宿舍，跟着高德地图导航，心里不免有点紧张。毕竟在大城市，骑车未必会很方便，大家都是开汽车居多吧。结果在等红灯的时候，发现周围骑摩托车、骑自行车的人这么多，很快就挤满了一条道。他们在绿灯开始前一秒，已经迫不及待冲过马路，我不禁感叹上海摩托车的速度，还有盘旋于各种大车之中的勇气，幸好小汽车都非常“谦让”，让我在过马路转弯的时候松了一口气。转弯到金沙江路时，我发现原来自行车和摩托车有专用的车道，这让我更有安全感了，不必担心会阻碍到汽车，也不用着急我的速度。我一边骑车一边观察街道旁边的小区，上海的小区好像没有阳台的样子，衣服都是靠一个正方形的晾衣架子凸出去晾的，一家人的衣服悬在半空，这就是上海特色吧，为什么没有阳台呢？

带着好奇的眼光，我一路骑车回中江路宿舍，一直觉得骑自行车是拉近与一个地方距离的最佳方法，骑车表达了我对这个地方的熟悉和信任，骑车不仅是生活方式还是一个观看方式。骑自行车也可以让我近距离地观看城市的景观，给我一种既是游客又是居民的感觉。

晚上回到宿舍，我不断和舍友们说：“上海真是一个不错的城市。”然而，没想到在点外卖的时候，给了我一次打击。打开外卖软件，发现上海的外卖又贵又千篇一律，我点了一份麻辣烫，花了 20 块左右，结果吃的时候发现没有什么食材，而且味道很一般。舍友也说，在上海普通商店买日用品的价格也比想象中贵。大家在第一天切实感受到上海锋利的物价。

夜幕降临，我在宿舍阳台上看着对面的高楼建筑，它们在晚上还亮着灯，透明的玻璃墙给人一种高级感，往楼下望去，暖黄色的路灯下中江路显得十分安宁。我想起今天在上海遇到的人和事，的士司机、讲普通话也有一股上海话的腔调的宿管阿姨、社科院一直在等我的老师们和师兄师姐、忙碌的顺丰快递小七哥，还有我的舍友们，我们都在期待着未来在这个城市的新生活。

（上海社科院 2021 级研究生唐祺林·四川）

"初入上海"的"入"，只能被我讨巧地解为与这座城市的双向接纳，而随着这种或有亲眷之情的目光看出，一幅合乎所想的"印象"竟也扑面而来。本雅明言，历史是关于"起源"的科学，之于人生逆旅者如你我，与某人、某地、甚至某时代的瓜葛总要依附在这种肩负开启源流之责的"邂逅"中方能展开，而至于是哪一场相遇，本身便又是一段故事。

朦胧的印象中，初入上海应当是个晴日——至少我希望是个晴日。上海这座城市的情绪总是晴朗的，但又不是那种晴空万里式的一览无余，取一种明丽的意思，神髓便足了，不必过分地抛头露面。“欲把西湖比西子”，而上海定然是个古典美学所不容的热烈美人。上海的热烈里是冷，是气度，也是一份骄矜。从上海站迈步而出，依稀是一种半开半合的风景，波光粼粼的楼厦把天空按韵律切为几段，诚如一块告天下人的帘幕，独属上海的城市戏剧，便总在这蓝天与楼阁的微妙争持下开场。诚然，上海也昭示着一种人类功业的永恒主题，即自然如何匍匐在脚下，但其难能可贵之处在于这种争执始终遵循一种隐微的美学，前言“韵律”，又言“明丽”，便是这种极高妙的境界，谓之“节制”，古曰“知止”。不知是来源于百年兴盛的习惯，还是天生的一股灵气，上海大概是中国土地上少数几个能维持一种（至少是局部）理念与景观间具有某种前定和谐的城市。这种和谐带来的便是一种晓畅感，一种甚难言传的舒展之气，一种干练美人英姿勃发的神色，一种化解逆旅者心底仓皇的温情。于是，或许当我在那个午后漫不经心地踏上第一步时，“Encounter”便在蛰伏的基调中开始了。我并不能确定——今日亦然如此——上海究竟在这遭逢的一瞬向我绽出了多少“不同”，毕竟，在我驽钝的感官看来，熙攘尔尔，楼榭尔尔，“上海”也难免不过是贴在几个概念、几座建筑、几块地皮上的标签之一而已，但当我回望这段似已消磨的记忆时，浮现并接踵而来的，便是一番如上所述的，平淡里悄然落遍的惊艳。倒不是“此心安处是吾乡”，我们这种饱尝诸多离奇之苦痛的现代人，大概是真的难以在这些幽玄的氛围里捕捉到什么寄托，但或许，当初入上海的那一刻，我彼时未觉而今日终于顿悟的，便是这种安抚感的秘密所在：上海的骄矜令她总是沉默，而沉默的明丽，实是最上等、最怀人的风景。

（上海社科院2022级研究生汪森·黑龙江）

未踏入上海这片土地之前，上海对我来说只是一个抽象的地名。因为我是北方人，踏入、感受北京的经验比较多，上海某种程度上在我脑海中也成为了与京派文化相对应的海派文化的抽象承载。但一切都从我踏上这片土地开始时变得不同起来。抽象的地名与概念被具体可感的经验取代，真正属于我的上海印象得以生成。

我初抵上海正值南方的梅雨季节，淅淅沥沥的雨水使得一切都显得朦胧。楼宇下是举着伞、夹着公文包行色匆匆的工作者，弄堂口是披着雨衣从电瓶车上下来，拿着全家今日肉菜的不急不徐的上海市民。他们，还有另外数种不同的人，见证着这里也构成着这里。而我作为举着相机的外来者，一开始急于从人群、建筑、街道、店面中捕捉属于我的上海印象，后来渐渐领悟，无论是面对这个都市节奏快的一面还是节奏慢的一面，匆忙都无法让我走近甚至解读。于是我放缓了脚步也放缓了按快门的频率，用身心体验此时此地。

雨中的武康路静谧而温和，浸润着雨水的梧桐叶装点着街道，滴滴答答的雨声为路旁的历史建筑伴奏，向行人诉说这里曾经发生过的故事。这是历史的上海。由北向南抵达武康大楼，再向淮海中路商业繁华处走去，便更多地见到了商业的上海。霓虹灯在雨水的笼罩下仿佛跳动的精灵，即使下雨天仍有不少人在这里购物、交谈。这里既有普通百姓不会频加光顾的“大牌”店，也有上海哈尔滨食品厂、长春食品商店这样的与百姓以之为天的“食”密切相关的所在。也许霓虹灯和广告牌本身就是一种商业风景，是上海这座城市令人向往的原因之一。若是在中途改道，横穿到思南公馆一带，见到更多的便是文化的上海。思南书局，一面有着思南公馆历史建筑不可复制的文化意义（冯玉祥故居，柳亚子旧地），一面也有着书店这一文化承载地的文化意义。坐在其中翻开一本关于上海文化的书，真正让人感受到了阅读的在场性。思南公馆外常居几只小猫，若是晴天去看，或许可以见到猫咪在思南公馆石墩上晒着太阳休憩，任游客行人来往，它们独享着属于他们的思南宁静。从思南公馆再度出发，无所谓目的地，走街串巷，进一寸有进一寸的欢喜。香山路、南昌路、皋兰路，每一条都有着不可取代的风景……

大抵我的上海印象，就是穿街走巷获得的最为私人化的流动的印象，它们只在某种程度上可以被相机定格、被文字留存，更完全的还是融入我的个人体验之中，让我冥冥之中与上海发生某种联系。无论是历史的上海、商业的上海还是文化的上海；无论是上海人的上海还是外来者的上海；无论是本土的上海还是世界的上海；无论是张爱玲、王安忆、李安的上海还是邬达克的上海……上海就在那里，等着不同的人群体验、书写，而这些体验与书写最终又汇入了上海的整体经验中——所以上海是所有愿意与这座城市产生关系、发生故事、进行对话的人的上海。生人勿近的陆家嘴，阿婆与我攀谈我却听不懂的最寻常的里巷都是这座城市的构成部分，在此处与在别处的交替也是这座城市最大的魅力之一。印象之所以为印象，是流动的；我以及其他数种人，我们的印象正在书写中。

城市文化研究必须考察历史，从而了解城市的想象能力。城市充满密度、厚度和复杂性的经验。城市往往被隐喻成“丛林”“深渊”“身体”“网络”“幻影”：城市就是一个“隐喻网”“换喻网”和“象征网”，隐喻并不代表其他别的东西，它们就是活生生的现实。城市的现实性就是其鲜活的隐喻性。将城市文化作为“活隐喻”进行研究，是把它视作具有高度浓缩意义的含混经验。这种经验无法被理清，并被整合为纯粹的可读性范式。研究生们的出发源头从黄土高原到江南水乡，从东三省到珠三角皆有，抵达上海的交通工具变成了不同于前述传统水路的飞机和高铁，他们从一个世界到另一个世界，处于青春的成熟期，对新的事物有天然的敏感和好奇性，无论如何理性表达，他们对以上海为代表的城市“初印象”，仍然透露出久居之人所不曾有的“新鲜感”。

除了书面语表达，在课堂上，当被问到：在你们到上海之前，你们对上海的想象是什么？能不能说一下你们心目中的“上海意象”，或者说什么意象最能够代表“上海”这两个字？今天，你们在上海已经生活了一段时间，现在你们对上海的印象是什么？当然，他们会看到浦东机场、磁悬浮、火车站、地铁线、外滩、南京路、淮海路、城隍庙、武康路、梧桐树、浦江两岸的璀璨灯火等明丽景观，还有他们所处特殊区域的环球港和中江路校区。但是随着时间的深入，他们也会从辉煌景观进入到日常世界，观察到厕所、浴室、出租车、自行车道、便利店和小贩、寻常里弄、破败的老工房和老人们的上海话。上海的异质多元、矛盾反差、优雅世俗、赛博现实，构成了城市最典型的戏剧冲突性，应该说，上海基本具有了现代大都市所应具备的一切特征，直指城市的本质。学生们最一致的感受是上海的包容，其中有一位同学回答说她来上海之前，总觉得这座城市是一个眼睛朝上的城市，是精英的城市，但是她到上海实际生活以后，发现上海这座城市还具有向下的包容性，还有一些学生不约而同地讲到来上海以后，发现自行车道在这个城市里非常普遍，只要扫一个共享单车就可以上路，整个城市都有自行车道环绕，经常看到家长骑着助动车送孩子上学。对于开车的阶层，或者长期生活在上海的人来说，不会想到这一点，或者熟视无睹了，但是对于一个从外地来到上海的同学来说，这个发现其实可能是比东方明珠、比陆家嘴三件套更能够让上海这座城市引以为豪的东西。城市特别需要这种人性化的、为普通市民着想的城市设施，烟火气不仅仅表现在街边小店，也应该表现在自行车道。还有一位同学讲到，来上海前，只知道东方明珠、外滩、小洋楼，真正到了上海以后，才发现生活在上海的好处是有很多美术馆、图书馆、音乐厅、咖啡馆、酒吧和剧场，关键是这种美术馆遍布四处，许多是免费的，或者用很低廉的价格就可以进去观看。除了这些展览馆外，上海还有很多文化形态丰富的区域，那里集聚了大量的亚文化，而这些并不被主流所关注的文化，正是上海文化创造活力的体现，从他们的回答当中，我们看到了上海这座城市和城市文化应该有的发展方向。那就是建设以人为本的市民城市，城市应该具有最大的包容性，这种包容性不光是对世界的包容，也是对市民的包容；不光是向上的包容，也应该是向下的包容。在叙述中，学生们还隐隐约约发现了与现代化相伴而行的一种最大的“都市病”，也就是列斐伏尔所指出的：“在现代性的光环之下，被所谓‘现代性’生产出来的空间，带着独有的特征：同质化-碎片化-等级化。”①

德·塞都在《日常生活实践》中用了一个很好的比喻：城市是一个“文本”，而“步行”不过是对这个文本精微的语法考究。并且谈到了观察城市的两种不同视角：空中鸟瞰和地面相拥。

在空中视角下：比如站在世贸中心的楼顶，就意味着摆脱城市的控制，身体不再随着街道莫名其妙地转来转去。将不再被各种不同的隆隆声和纽约令人紧张的交通所摆布。人一旦上升到此，就远离了混合，并夺走所有作者和观众身份的人群，其所处的高度将他变成了窥视狂，对于一定距离外的他，迷人的世界变成了眼前可以翻阅的一本书。人们可以用阳光般的眼睛像上帝一样向下俯视。城市全景是理论上的，也是视觉上的影像，简言之就是图片。它的可能性条件是对实践的遗忘和错误理解。

① ［法］亨利·列斐伏尔著，刘怀玉等译：《空间的生产》（第二版），北京：商务印书馆，2021年，法文第三版前言。

而在地面视角下：人可以从脚步声来识别神灵。他们的故事在地面从脚步声开始。密集的人群是数不清的个体的聚集，缠绕的道路形成空间，他们将地点编排在一起。从这个方面来看，行人的移动成了这些“事实上组成了城市的真实系统”。如德·塞都所说：“普通的城市从业者生活在底下，在可见性开始的门槛下面，他们行走——一种城市经历的基本形式，他们是步行者，是行人，他们的身体在自己书写的却又读不到的城市文本的拥挤或空旷处流动。这些从业者们利用看不到的空间；就像相拥的恋人一样。他们对这些空间熟视无睹，这些道路配在错综的、未被承认的诗篇中逃脱了可读性。每个身体都是这些诗篇的基本元素，被其他许多其他身体标示。就好像组织一个熙熙攘攘城市的实践是以盲目为特征的。[①]另一位学者克拉考尔尽管谈的是电影，但在很多年前，我就为他对街道的透彻认识所折服：“街道就其广义来说，不仅是转瞬即逝的现象和偶然事件的荟萃之所，而且也是生活流得以必然表现的地方。千变万化的景象跟多种无以名状的形体和互不连续的复杂现象交织在一起，同时又相互抵消，所以观看者就不可能从它们所提供的无数线索中专门抓住哪一个。在他（电影导演爱森斯坦）看来，街上的人，与其说是许多正在从事这一或那一明确活动的、轮廓鲜明的个人，不如说是一群散漫的、线条粗略的、完全是捉摸不定的人形。每个人都有一段故事，但谁也不知道故事的内容，出现在眼前的只是一连串的可能性和几乎不可捉摸的企图。这种生活流使逛街人为之心迷神醉，而或甚至培育出这样一种逛街人。逛街人沉湎于街头的生活——一种永远不

① ［法］米歇尔·德·塞都：《城中漫步》，汪民安，陈永国，马海良主编：《城市文化读本》，北京大学出版社，2008 年，第 164、168 页。

断地把行将成形的世界消解掉的生活。街道生活始终还是一条随带着可怕的不测风云的诱人的赏心悦事的、切不断的生活流。”[①]

本雅明是“游荡者”的先驱，这位因为迷恋城市拱廊而令人迷恋的聪明人曾经说过：巴黎是游手好闲者的圣城，是为“纯粹生活建立的风景”。拱廊就是一座城市、一个世界的缩影，顾客可以在这里找到想要的一切。这里居住着欧洲最后一只恐龙——消费者。……街道是集体的居所，集体永远是醒着的，永远是活动的存在者，因为——在建筑物之间的空间里——这些活动的存在者在这里生活、经验、理解和发明，就像个人在自己的四壁之内做私事一样。……这座城市为游手好闲者利落地分成了辩证的两极：它作为风景向他敞开，同时又作为房间把他封闭起来。……在这些结构中就像在梦中，我们获得了再生，获得了父母和祖父母的生活，如同子宫里的胚胎重新过着动物的生活。这些空间里的生存就像梦中的事件一样，流动而没有重点。游手好闲者是这种昏睡的节奏。[②]

这些学者睿智的话语，很容易让我们联想到当下正如火如荼展开的“建筑可阅读，街区可漫步”“海派考古”等活动。在本雅明眼中，拱廊是一座城市，一个世界的缩影。那么，比拱廊大得多的巨无霸商场呢？消费者是否可能因为无所不能的网购而成为这些大型商业中心最后的恐龙呢？相比寄居消费者的拱廊建筑，外面的街道显然更有存在的价值和意义，因为它们既开放又封闭，

① ［德］齐格弗里德·克拉考尔：《电影的本性——物质现实的复原》邵牧君译，中国电影出版社，1982 年，第 3，90—91 页。

② 汪民安，陈永国，马海良主编：《城市文化读本》，北京大学出版社，2008 年，第 122—131 页。

既古老又现代，既醒着又睡着，既是风景又是房间，既是历史的祖母又是未来的胎儿，关键是永远流动着，充满了活力，给人以创造的梦想。它可以作为游手好闲的存在者的天堂，难道不也应该属于每一个人吗？想到此，我们是否应该对无视历史的拆迁、千篇一律的街道、抹去小店的改造，说一个“不”字！巴黎是一座圣城，是为“纯粹生活建立的风景”，那么，毫无疑问，比本雅明称为19世纪“首都”的巴黎无疑大得多的21世纪的上海，也可以成为21世纪的“首城”。建筑固然是可以阅读的文本，但这不是重点，重点是城市。美国城市规划师林奇说：城市如同建筑，是一种空间的结构，只是尺度更巨大，需要用更长的时间过程去感知。[①] 斯宾格勒有句名言：“世界历史，即是城市的历史。”

① ［美］凯文·林奇著，方益萍，何晓军译：《城市意象》，北京：华夏出版社2017年，第1页。

走读上海，可以打开城市。

（根据在复旦大学古籍研究所、上海华东政法学院、上海师范大学、上海开放大学等多所大学的讲课，及“城市空间与文化研究”课程授课整理）

愚园路上

列斐伏尔的空间理论与本雅明的城市观察

20 世纪后半叶，城市地理学和城市社会学领域分别发生了文化转向和空间转向。许多学者发现，人们对空间的利用是文化的一部分，每个地区都有其文化特征，被理解为特殊地理位置的空间场所，其物质形态伴随着意义和价值。这些认识可以追溯至列斐伏尔（Henri Lefebvre）和福柯（Michel De Certeau）的空间生产理论。城市文化研究中的一个核心是对空间的理解。以往一直将空间看作是静止、空洞的存在，不过是历史时间的“容器”，现代性的到来，冲淡并击垮了时间性，使时间呈现断裂零散的碎片化现象。历时性研究已逐渐被共时性研究所取代。而空间恰好能够体现共时性特点，空间理论由此方兴未艾，迎来空前的研究浪潮。马克思、涂尔干和芝加哥学派的空间论述在某种意义上为后来的空间转向埋下了伏笔。但最具代表性的是与 20 世纪一同降生的法国现代思想大师列斐伏尔的空间理论。列斐伏尔是最先关注空间理论的研究学者。他曾说："作为对象的，尤其是作为科学的对象的，是空间，而不是时间。"[①] 列斐伏尔的著名代表作是1946年出版的《日常生活批判》和首发于1974年的《空间的生产》，集中了列斐伏尔城市空间理论的核心内容。列斐伏尔在《空间的生产》中实现了由时间向空间转向的研究，使人们开始逐步认识到空间的重要性。根据列斐伏尔的逻辑，空间是社会的产物。空间的生产包容一切世界观和实践活动，其产物不同于自然空间与实际空间，而是包含三层含义，在三个相互关联的层次上得以生产：第一，空间由生产和再生产的空间实践所产生。第二，空间的生产体现了政府监管者和规划者、建筑师和科学家的权力位置，体现了他们对合理化的城市地图和规划的创造。第三，表征性空间包含了通过生活和体验方式产生的空间，空间是通过经历、日常生活实践和想象进行生产的。列斐伏尔让我们认识到，城市不只是物质存在，而是由"意义、语言和符号构成的"。在《空间的生产》这部开创性的著作中，列斐伏尔尝试重建关于空间的元理论，同时又从空间实践的层面提出：空间不是既定的，而是具有建构性的力量，是生成的、具有实践的反思性。

列斐伏尔的空间理论包括感知的空间（空间实践）、认知的空间（空间表象）和亲历的空间（表征性空间）三个要素[②]。在列斐伏尔看来，"空间实践"就是空间性生产，这种生产既是物理意义上的，也是社会关系意义上的。对空间的建构建立在社会生产

① ［法］亨利·列斐伏尔著，李春译：《空间与政治》，上海人民出版社，2015年，第35页。

② ［英］艾伦·哈丁，［英］泰尔加·布劳克兰德著：《城市理论：对21世纪权力、城市和城市主义的批判性介绍》，北京：社会科学文献出版社，2016年，第168页。

关系之上，“空间表象”以一种“真实的空间”形式进入认知系统，主导着对空间的想象。“表征性空间”由“空间实践”所决定，但它反过来又会支撑并指导“空间实践”；“表征性空间”是对“空间表象”的反抗与超越，它强调空间本身被人类所经历与体验的实际形式。在某种意义上，“表征性空间”存在于“空间实践”之中，但它是对“空间表象”所呈现出的空间秩序的隐秘反抗，也是其“真实性”的消解或证伪。英语世界的研究者对列斐伏尔的空间理论作了多种阐释。雷米·埃斯教授概括道：“列斐伏尔期望展示出一种物理空间、精神空间和社会空间之间的理论统一性。”[①] 埃尔登对列斐伏尔的观点做了如下理解：感知的空间是一种物理的空间，构想的空间是一种精神构造和想象的空间，体验的空间则是一种在日常生活中被加工过的空间。这种区分是空间实践、空间表象与表征性空间概念三元辩证法的基础。施米德则将列斐伏尔所区别的三元要素识别为这样三个领域：一是自然的与物质性的物理领域，以一种实践与感觉的方式描绘出来；二是逻辑的与形式化的抽象精神领域，通过数学与哲学的方式来规定；三是社会领域，这是一个规划设计与展望的领域，一个象征的与乌托邦的领域，一个想象与欲望的领域。它们交融于空间生产的过程中。其中物质生产或者说空间的实践，生产出空间的可感知的方面；而知识生产或者说空间表象，是构想或虚构的空间。意义的生产则与表征性空间紧密相连，并生产出体验性的或者活生生的直观的空间。从广义上说，社会空间包含了感知的、构想的与亲历的空间，而在狭义上，则是与被批判的理解的精神空间和自然物质空间相对立的空

① ［法］亨利·列斐伏尔著，李春译：《空间与政治》，上海人民出版社，2015年，第9页。

间[1]。概括而通俗地理解，三者分别是“具体的”、“抽象的”和“具体的抽象”或是“抽象的具体”。“空间实践”是一个主要侧重于自然和物理的社会空间，“空间表象”则是知识、构想、抽象的精神空间，表征性空间则是一个结合了空间实践的产生文化意义的但是又是活生生的、可以体验的社会空间。三个层面的空间分别对应着物质生产、知识生产和意义生产，通过感知、认知和活动的方式作为不可分割的整体统一于社会实践。

① ［法］亨利·列斐伏尔著，刘怀玉等译：《空间的生产》（第二版），北京：商务印书馆 2021 年，中译本代序言。

都市空间曾经被归结为人对地理场所的自发使用。空间作为容器，只有通过注入内容才获得其存在的价值，因而城市扩张不只是空间的生产，还是一种空间的征服与再分配。在列斐伏尔看来，人类生产的中心已经由“空间中事物的生产”转变为了“空间本身的生产”。作为自然存在的空间，一旦进入人类文明与社会关系的语境，便成为一种社会的产物：这种产物兼有具体与抽象的双向特质，处于一种矛盾和运动的状态；这种产物在资本主义制度下更表现出商品特质。列斐伏尔以社会历史解释空间作为起点，以空间解释社会历史为收束，形成完整自洽的体系。在列斐伏尔眼中，空间是社会性的、政治性的、经济性的，总的来说是战略性的，它通过一系列的战略而被人为地建立并规划起来。因此空间并不是均质的。列斐伏尔强调“空间实践”“空间表象”与“表征性空间”三元辩证法的彼此制衡，强调“社会——历史——空间”就此达成某种相互间的统一。列斐伏尔和德·塞都都强调城市日常生活实践的重要性。德·塞都认为街道上的日常生活实践不允许城市规划者实践完全的理性。

列斐伏尔同时或之后，越来越多的人认识到“空间”的重要性，对空间生产理论进行了进一步研究，关于空间及其实践的思想也越来越丰富，如米歇尔·福柯的“异托邦”和“空间规训思想”、德·塞都的“日常生活实践”、简·雅各布斯的“芭蕾城市”、大卫·哈维的“历史地理唯物主义”“时空压缩”“资本三重逻辑”，曼纽尔·卡斯特尔的《信息时代三部曲》所阐述的网络社会理论、爱德华·苏贾的“第三空间”、莎伦·佐金的“原真城市”等等，都是空间理论下不同层面的延展。另一种城市文化的研究方法延续了西美尔、波德莱尔、本雅明等人的传统，其中以本雅明最具代表性。本雅明的城市文化理论对城市进行了跨学科的整体性研究，反思作为一个整体的城市与各个组成部分之间的相互作用。除此之外，本雅明还很早就关注到了技术对城市的影响以及文化与资本的关系，他拒绝将美学从政治和政治经济学中分离出来，这都使得他的作品与众不同。本雅明可以说是表述当代都市思想状况的先驱，他将经济与文化、理论与经验、技术与情感相互联系结合起来，将现代城市视为由虚构时空累积而成的现实。本雅明和列斐伏尔同样重视空间的价值，同样认为空间是人为的产物。本雅明的特殊之处在于他用文学的方法观察城市，在他眼里，城市是一幅谜画、一个迷宫，通过它就能读懂社会整体。他并非拒绝现实世界的概念，而是要呈现一种将现实作为一个表现对象来建构的制造模式。他强调个体意识和辩证意象：“每一个时代不仅梦想着下一个时代，而且也在梦幻中催促着它的觉醒。每个时代自身就包含着自己的终结[1]。”有感于拱廊街迅速建起又被快速拆除，本雅明指出现

① ［德］本雅明著，刘北成译：《巴黎，19世纪的首都》，北京：商务印书馆，2013年，第30页。

代人的欢乐与其说在于“一见钟情”，不如说在于“最后一瞥之恋”[①]。本雅明把城市视为超现实，“没有一种面貌是和城市的真实面貌一样超现实主义的”[②]。本雅明笔下的游荡者，确切地说既不是任何其他群体的成员，也不是陌生人，他们是从一个群体到另一个群体的信使。很明显，本雅明的观察和研究意味着日常生活的优先性，强调街道作为一种特定类型的城市人文主义遗物的价值，体现了一种既是认识论上的、同时也是政治上的对城市异化的抵制。

列斐伏尔等人从“空间”到“场所”的形而上理论演进，以及本雅明的整体城市观察方法，在另一些当代北美学者手里，却变成了技术性和工具化的模型研究，代表了当代西方社会科学的新趋向。具有代表性的是克拉克和丹尼尔提出的“场景理论”，他们认为：场景是一种强有力的概念工具，借用物理学、生物学、化学和计算科学的研究方式，场景理论把文化也归纳成“真实性、戏剧性和合法性”三个分析维度，然后又把它们分解成十五个子维度。通过对美国和加拿大的邮政编码商业模式和黄页分析来解读一个地区的美学特征和文化特质，以及地区间的文化差异。当然，作者也明智地指出：“没有单一的抽象特征来定义任何特定的场景，是全部而不是单独的这一个或另一个设施构成了所有场景理论的标语。”[③]

① ［德］本雅明著，刘北成译：《巴黎，19世纪的首都》，北京：商务印书馆，2013年，译者前言。

② ［英］加里·布里奇、［英］索菲·沃森编，陈剑峰、袁胜育等译：《城市概论》，桂林：漓江出版社，2015年，第438页。

③ ［加］丹尼尔·亚伦·西尔，［美］特里·尼科尔斯·克拉克著，祁述裕，吴军等译：《场景空间品质如何塑造社会生活》，北京：社会科学文献出版社，2019年，第43页。

从场景视野看街区的文化复合性与延展性

阐述以上理论，是为了在这些理论的视域下对愚园路的历史文化性质进行分析。卡尔维诺在《看不见的城市》中说："城市不会泄露自己的过去，只会把它像手纹一样藏起来，它被写在街巷的角落、窗格的护栏、楼梯的扶手、避雷的天线和旗杆上，每一道印记都是抓挠、锯锉、刻凿、猛击留下的痕迹。"[①] 愚园路本质上是由一条路铺展开的一个区域，不难发现"愚园路"不仅是一条路的范围和规模，而是从一开始就指向了一片具备复合功能的区域。在场景理论中，所谓舒适物（amenities）指的是一系列让人感到舒心愉快的环境、事物、事件、设施、行为或服务，舒适物的概念一方面揭示了集体消费品具有向公共资本转化的潜能[②]，另一方

① ［意大利］伊塔洛·卡尔维诺著，张密译：《看不见的城市》，南京：译林出版社，2019年，第9页。

② 王宁：《舒适物、休闲城市与产业升级》，参见马惠娣，魏翔主编：《2013中国休闲研究学术报告》，北京：旅游教育出版社，2014年，第21页。

面作为集体消费品的城市舒适物（urban amenities）在类型和数量上的差异，被认为反映了城市在文化氛围及美学特征上的差异。如将场景理论的使用范围局限于马路、街道，特别是运用场景理论中的“舒适物”概念对比愚园路的今昔，便可以看到这条路审美趣味和文化特质的变化。而为了更好地展现这一区域复合功能的特质，同时对场景理论进行补充和修正，除了借用场景理论自带的“舒适物”的概念，就此还可延伸出“经适物”和“共适物”的概念：“经适物”指的是以满足基本生活需要为目的的种种环境、设施和服务等，“共适物”则更突出其作为公共配套设施的功能和意义。这样做的目的是更详细地对城市所具有的多种场所进行区分。经适物、共适物和舒适物作为一组概念，搭建起了可以深入细节讨论街区场景的框架，从而能更具体、准确地对愚园路的地方性特质进行综合审视。

通过解读 1947 年 10 月—1949 年 3 月发行的由张震西监制的《上海市行号路图录》（一名商用地图）[①]，参考《老上海百业指南——道路机构厂商住宅分布图》[②]，可以将 1949 年前愚园路的沿线机构商户按照舒适物、经适物和共适物三大类进行粗略统计。（见附录 4）

其中舒适物包括百乐门大饭店、洋服时装店 3 家、美容理发公司 8 家、书局 6 家、茶室茶庄 3 家，咖啡馆 2 家。夜总会 2 家、高级餐厅 2 家，花店 3 家，汽车行 1 家，洗涤店包括干洗店 4 家、宗教类的福音堂和布道所 2 家，照相馆 1 家、马利颜料店 1 家、

① 张震西监制：《上海市行号路图录》（一名商用地图），上海：福利营业股份有限公司，民国三十六年十月至三十八年三月（1947 年 10 月—1949 年 3 月）发行。

② 承载吴健熙编选：《老上海百业指南——道路机构厂商住宅分布图（增订版）》，上海：社会科学院出版社，2016 年，上册二。

义利西点店 1 家。

经适物有煤炭和柴碳行 4 到 5 家、医师诊所 3 家、皮鞋店 7 家（特别多，说明这一带居民较重衣饰外表）、药店 4 家、绒线店 3 家、米号 2 家、车行 2 家、当铺 3 家、南货店 2 家、成衣铺 2 家（即今服装店）、食品号酒家多家、百货公司多家，不知其具体内容难以统计的多家商行，以及烟行、车行、笔店、占站、竹栈、木作，水电行、电料行、无线电修理行、土产公司、酱园、熟食店、伙食店、菜馆、南货号、车行、建筑粉刷行，水果店、文具店、饼店、货站等。除此之外，还有裕兴记、源泰兴、北国泰、乔盛典、味真号等老字号。

共适物包括银行 6 家、火车售票处、警察局、救火会、卫生事务所、肺病医院、师范和中小学多家、编译社、汽车分站等。

结论是：截至 1949 年，愚园路当年主要是一个以里弄为主的居住区（其中包括著名的中纺公司宿舍和丰田纱厂干部宿舍）。从经适物的统计来看，涉及衣食住行各种齐全的生活商业设施，是一个非常适合居住的地区，甚至有当地居民开玩笑：在这条路上可以从生到死过完一生。在实地调查中也确有这样的案例，有许多居民从生到死从未搬离过这里。从舒适物来看，愚园路又是一个有品位的居住区，因为区域内美发店、花店、书店不少，特别是干洗方式源自海外，说明愚园路上外国侨民、单身贵族较多。马利颜料店的开设也说明愚园路居住着许多画家，据考证，有申石伽、王个簃、应野平等，而连环画家尤其集中，如华三川、顾炳鑫、颜梅华等。汽车行则说明这里有不少备汽车的人，咖啡馆、洋装店、照相馆、皮鞋店的开设说明当地居民比较西化。公共设施主要围绕这个地区的治安、卫生、消防、教育、交通以及文化需求来进行配套，也基本到位。银行高达 6 家，说明愚园路人家都起码小有储蓄。沿途弄堂小学特别多，成为一大特色，说明了这里的居民较重视子女教育。

然而，地图只是平面地展现了一条街道中建筑物的主要功能，从中并没觉察到这个区域存在很多的娱乐场所。但事实上，1949 年前的愚园路曾几经变异，值得一提的是在日伪歹土时期，这里迅速被舞厅、夜总会、赌场等娱乐业占据，是著名的声色犬马之地。据《愚园路之歹土娱乐业》一文描述：

> "日伪时期的沪西被《大美晚报》称为'歹土'。到 1939 年末，沪西越界筑路地区大约有 24 个赌场、200 个花会（Hwo Wei）彩票销售点、42 家鸦片行和 100 家吸烟馆。而愚园路无疑是沪西歹土中最具代表性的一条。"

【专栏 1　愚园路之歹土娱乐业】

除了坐落在愚园路万航渡路口落成的百乐门舞厅（1933 年）号称"远东第一乐府"外，1940 年开张的豪华赌场"联侨总会"坐落在静安寺路消防队正对面，愚园路和地丰路（今乌鲁木齐中路）转角处。愚园路 532 号的甜甜斯是另一家知名舞厅。愚园路 864 号是一幢仿欧洲新古典主义的建筑，汪伪时期，五家赌场合并而成的百老汇总会在此开张，由黄金荣的徒弟、沪西流氓头子朱顺林当经理。愚园路 1204 号是"好莱坞"（Hollywood）赌场兼舞厅（地址在现在的长宁区工人文化宫)，内有大型西洋轮盘赌具，一些房间则分别辟为牌九间、沙蟹间、扑克牌和麻将间等，旁边销售鸦片和海洛因的“好莱坞”烟馆，每天24小时营业。愚园路1238号为伊文泰舞厅。这些舞厅赌场每月要向日本人控制的“东亚慈善会”(设在愚园路1032弄25号)交纳100多万“抽头”。

据《晶报》(1938年11月20日)报道：

最近十余日中，沪西愚园路及极司非而路一带，已设有不少赌窟。其中范围最大者，当推愚园路一千二百号(邻近好莱坞乐园)。据谓该赌场之资本共为二十五万元。系由大部分广东人所组织(当然有其他分子)。其中赌博之种类，最主要者为轮盘，计共有七场之多。其次牌九，亦有数场。再次为翻摊，而若干年前及乱后风行甚盛之(宾果)(注：Bingo，即宾果。其英文含义是“猜中了”，是一种靠碰运气取胜的廉价老派赌博形式，类似乐透彩奖，玩者买一张或多张宾果卡，其上画有许多方格，有的方格里有数字，有的方格空白。由庄家任意喊出若干号码，凡先购得一张卡并把庄家喊出的号码全部凑齐者为优胜，囊括全部赌金，曾风靡一时)，亦为其中之一种。至其他各项中国赌博，更无不应有尽有，以使赌客能各行其是。该场并自备汽车十辆，供接送赌客之用，而不计其胜负。(按此种接送赌客之办法，实系效法以前静安寺路一五一号及宝山路两者名赌窟之故智。此两赌窟均为号称上海赌博大王之西人“加西亚”所主办者。）入场办法，闻先本拟定由赌客于入门时缴纳五元，而于离场时发还。嗣为不妥，乃另订一种免费之派司，凡持有此派司者，得通行无阻，如无派司之人，则入门时须先受检查，并须告以本人之职业。该场开幕，原定于十一日晚，嗣因捐税问题而未果。继改在十七日，亦未果。乃又延期一天，始于十八日开幕。

（作者：阿眉）

又据《总汇报》1939年8月21日特写：

愚园路这个路名，近来因为越界筑路的警权问题，更加来得响亮了。自从沪战停止以后，上海已成了孤岛，愚园路亦成为畸形发展的所在，尤其在夏天，这地方几变为上海居民的乐土，真的愚园路上的玩意儿实在多了，兆丰公园不用说，著名的所在，此外像游乐场、夜花园、跳舞场、大菜馆、书场等等，都是应有尽有，尤其在这个地方，好像不受戒严的束缚，每天是城开不夜，热闹得比任何地方来得厉害。

在夏天的午夜，更来得热闹，因为各场所都是通宵营业，鼎鼎大名的“好莱坞乐园”，就在近兆丰花园，那里有很多的游艺，像京剧、本滩等项，不过还有其他的诸路营业，从“好莱坞”向西是“依文泰花园”，也是出名的所在，里边有一个舞场，但是不备舞女，一过午夜，就呈特殊的热闹，因为有很多的情侣们和舞场的舞客，带了心爱的眷侣，到这个地方来做通宵之游，虽然地方不大，但是很幽静，足够在沙发谈情说爱，在舞场外面，有小小的花园，如果你觉得在舞池里坐得烦厌了，就可以坐在花园里纳凉，冷饮、大菜，都一应俱全，楼上还有打宾果——这是今年新兴的游戏，风靡了好多的人们。

说起打“宾果”，愚园路上又多得如恒河沙数，最著名的要算“惠而康”，它是以“宾果”为主要的营业，从晚上九时开始要到夜二时才停歇，星期六更延长到四时，爱玩的仕女们是相当地多，“惠而康”除了“宾果”之外，也带卖大菜和冷菜，“炸鸡”更来得著名，隔壁的“惠而登舞厅”，除了舞场外，也有“宾果”游戏，不过玩的人不及“惠而康”来得多，现在又设立了书场，在下午三时到六时，去听书的也很多，大都是附近的居民，此外在愚园路上还有几家西人开设的“宾果”场所，不过去的游客没有上面几处这样多，琵琶舞厅开设没有多久就关门大吉了！里边虽有各种的小游戏，但是没有引起游客的兴趣。兆丰公园在夏天要到十二时再关门，晚上一对一对在里面乘凉的情侣很多，何况在星期六还有音乐可听。

（作者：明明）

作为比较极端的例子，歹土时期围绕愚园路发达娱乐业的描述，却证明了这条街道在文化及功能上极富文化弹性和开发潜力的特点：从居住区发展为沪西娱乐业重镇，再转变为一个有风格和品位的居住区，表明了愚园路在持续保存满足居民基本居住和生活需要的街道功能的基础上，始终具备拓展多种产业和多样街区功能的潜能。正因具备这种历史潜能，时隔八九十年后，愚园路历经沧海桑田仍保持着相当丰富的街区功能，持续且与时俱进地满足着人们多方面的生活需求，也就并不意外。整条愚园路沿街，计有百乐门舞厅、高中低餐厅 55 家、服饰鞋帽内衣店 43 家、咖啡酒吧蛋糕店 21 家、美甲刺青店 6 家、花店 5 家、中西画廊古玩店 4 家、酒馆 4 家、服装定制店 2 家、健身店 2 家、茶馆 2 家、奶茶店 2 家、宠物设计店 2 家，蛋糕店、饼店、冰淇淋店、珠宝店 2 家、滑雪装备店、原味巧克力店、陶瓷设计店、舞蹈店、钢琴艺术中心、灯饰店、摄影店、布艺店、手工坊、礼品店、糖水店、月嫂店、健康管理、中医养生推拿正骨店各 1 家，还有 16 家业态难以归类的集合潮店；经适物包括便利店 18 家、房产中介 13 家、美发店 8 家、食品店 4 家、药房 4 家、文具店 2 家、百货店 2 家、粮油烟酒店 2 家、眼镜店、水果店、快印店、旅店、典当行、旧货调剂店、五金店、口腔医院 2 家、手机电脑维修 1 家；共适物包括银行 5 家、区总商会、工人文化宫、少年宫、少儿图书馆、社区美术馆、温水游泳池、中移动营业厅各 1 家，金融园、创意园多家，大型商务楼多幢。

从新近统计的 2022 年愚园路沿街商铺机构图表可知[①]，愚园路不仅保持了相当数量的舒适物，且舒适物的比重随着“网红”经济的发展正

① 参见附录 1。

逐渐增多，同时仍具备了相当数量的经适物、共适物，但显然伴随着舒适物比重的增长，愚园路辐射街区的在地文化正不断体现出朝着时尚潮流方向演变的趋势。

仅分析愚园路长宁区境内江苏路到定西路一段，包括金城福安和愚园市集内的商铺，计有餐厅22家（其中高级中餐厅3家，西餐6家，日泰料理3家、中式中档和大众餐厅10家）、咖啡酒吧12家、服装店20家、美甲刺青店5家、花店3家、中西画廊2家、茶馆2家、蛋糕店、饼店、冰淇淋店、珠宝店、原味巧克力店、宠物设计店、陶瓷设计店、舞蹈店、健身店、钢琴艺术中心、灯饰店、摄影店、布艺店、手工坊、礼品店、糖水店、中医养生推拿正骨店各1家，还有10家业态难以归类的集合潮店（如育音堂音乐公园、时尚生活馆、咖啡服饰等）；经适物包括便利店3家、面馆2家、药房2家、房产中介2家、美发店2家、文具店、眼镜店、食品店、鞋店、烟酒店、旅店、口腔医院各1家；共适物包括银行4家、区总商会、工人文化宫、少年宫、少儿图书馆、社区美术馆、温水游泳池各1家，原长宁区委区政府大院现在成了长宁金融园。

对比1949年前《道路机构厂商住宅分布图》中江苏路（原忆定盘路）到长宁路（白利南路）一段的铺面机构情况：舒适物有汽车公司1家、咖啡馆2家、茶庄茶室2家、洋行1家、舞厅1家、美容厅1家、照相馆1家、古董书号1家、皮鞋店1家、颜料店1家、干洗店1家；经适物有食品糖果店6家、煤炭号行4家、餐馆2家、米号2家、当铺2家、车行2家，理发店、水果店、腊味店、南货店、酱油店、电器行、电料行、木器行、水电行、烟行、酒行各1家；另有电池厂、烟厂和未辨清的铺面近十家；共适物有银行 2 家、汽车站 2 个、长宁区卫生事务所、肺病第二医院、中纺公司第六子弟学校、球场和许多弄堂小学。在紧接愚园路的长宁路上，还有花园邨菜场。

1949 年前《道路机构厂商住宅分布图》随处可见的米号、当铺、煤炭行、电器行、电料行、木器行、水电行，及许多沿街或弄堂内的小工厂因为时代的变化消失了，许多居民生活功能为更贴近当下消费习惯的便利店所整合。1949 年后增加的部分当中，最值得关注的是兼有共适物和舒适物作用的一些场所，主要是早期服务于社会各阶层的电影院，如 1952 年在路西靠近中山公园的地方出现了股份制的长宁电影院，1955 年长宁区工人文化宫建成后也开辟了面向公众的影剧场。然而，长久以来，愚园路上的咖啡馆、茶室、美容厅、照相馆、鞋店、书店等商业功能一直存在，但作为典型的城市舒适物，当下在这条街上涌现了更多新的类型，如甜品店、美甲刺青店、推拿养生店、珠宝店、宠物设计店、陶瓷设计店、灯饰店、布艺店、礼品店，以及业态难以归类的集合潮店。舒适物在性质和内容上的扩增，表明愚园路在保持居住区生活特征的同时，正在日趋时尚潮流化。当然，由“兆丰公园”改名而来的中山公园，在一个多世纪的时间里一直是西区最重要的公共空间坐标。

今天愚园路的商业布局，作为舒适物尚缺少电影院（文化宫和少年宫内有剧场，但未得到有效利用）和书店（原来的“好久不读”因经营不善而停业，但现在愚园路弄堂里仍藏着一些需要探寻的小书店），经适物缺少菜场（原愚园市集内有一家，因经营不善而歇业）。作为共适物，许多人觉得愚园路附近还缺少一个大型停车场，但地铁 2 号线、经过的 20 路公交车和共享单车，以及一些办公楼附设的地下停车场，能够满足基本的需要。当然如有条件，也可以在愚园路后街区域建造立体停车场，但不应该建在寸土寸金的愚园路沿街。

显然，当代愚园路的重要转变，是“舒适物”在数量、内涵、种类上越来越趋于多样化，这意味着当民众使用、享受相关商品和服务时，舒适物所在地区能给他们带来更多、更丰富的愉悦感。当“舒适物”的定义更多聚焦于精神体验，可以归类于“舒适物”的建筑、场所概念范畴也在拓展。例如在美国，珠宝商、医院、教堂、墓地等都可归属于此类。甚至过去认为无法划为舒适物的工厂，在今天由于被塑造成具有博物馆功能的文化复合空间，自然也可以视为一种特殊的舒适物，比如南京西路石门路口太古里的星巴克烘焙工坊就是案例。

【专栏 2　Leo 的巧克力实验】

Leo 来自台北和伦敦，之所以这么说，是因为他生在台北，12 岁去了英国，现在三分之一时间在台北，三分之一时间在伦敦，三分之一时间在上海，但 Leo 发现：最近在上海的时间慢慢超过了另外两个地方，因为 2005 年迁居上海后，他在愚园路安西路口开了一家叫作“肆楼慢”的巧克力店，希望慢生活能够把一天拉长到 25 小时。

Leo 脸型瘦削英俊，眼睛特别有神，喜欢扎一条头巾。他曾经是个建筑设计师，现在是两个孩子的爸爸。Leo 不知道，他的巧克力店所在位置前身是一家叫“好久不读”的书店，是一个叫周琰的贵州海归姑娘所开，曾经在《愚园路》纪录片中出过镜，尽管令人叹息，书店最后还是开不下去了。

Leo不泡夜店不海玩，但也不愿意待在舒适区。他喜欢探究食物与众不同的风味和味觉体验，孩子睡觉时，他会在线上看研究食材的国际课程和米其林三星厨师课程。好奇心驱使他不断在食物界学习新技能，咖啡、点心、调酒、发酵、分子料理。2019年轮到了巧克力。为什么是巧克力？Leo说：并不是因为喜欢吃巧克力，而是因为喜欢摸索个性化巧克力，以区别市场上的大路货。在上海，他做市场调研，进口了很贵的机器，一有时间，就在他的“灵魂制作间”里待着，琢磨巧克力的原料来源、发酵过程、制作工艺，用手工做出桂花增味热巧克力、咖啡增味巧克力块。他希望在特别环境里找到不同的原料，讲不同的故事，带来不同的味道，终于在上海开出了第一家现做巧克力店。

对于Leo来说：一件事要亲手做过才算得到认证。征服感驱使他不断克服障碍超越自我。做巧克力并不仅仅是在关注巧克力，而是为了开启一扇门，和不同的人交流，去到不同区域，连通整个世界。

访谈的时候，慵懒的薄阳下，巧克力店外摆桌椅旁，一个小提琴家带了一条狗和一头小香猪，贵宾犬活跃地四处逡巡，甚至跑进店堂，洗得干干净净的小香猪却害羞地待在婴儿的推车里蹉跎，据说，每隔两三天，女主人就会带它们到这里来孵太阳。

看见一个小朋友跑过来，Leo说：“每个孩子都喜欢巧克力，问他们，会得到最真实最直接的反馈。”在这个店里，可以吃到草莓、柠檬、朗姆酒、葡萄酒、黄酒、米酒、茶香型、花香型、果香型、瓶装发酵、厌氧发酵味道的巧克力。还可以看到一颗原产地的可可豆如何变成一块巧克力的过程照片。

Leo似乎不是在做生意，而是在做伟大的巧克力知识展。

“我是一个情感比较丰富的人，听歌看电影，感同身受的时候会落泪，和巧克力的丰富性很像。我会很在意细节。做巧克力，工艺上需要理性，尝味道却需要感性，如何把做设计师的理性和做食物的感性搭配好，调理出与众不同的巧克力，是我的幸福感源泉。”Leo说。

访谈结束的时候，我们得到了两块Leo亲手制作的黑巧克力。包装纸上，印着诸如“一次次被碾压，最后连渣都不剩，才能迎接柔滑新生”，“散发迷人光泽的巧克力届精英，被掰开的声音都那么清脆悦耳”，“大风吹来时，要警惕被心有不甘的大块头碎壳拉去垫背”等很卡通的妙语。我们一下子回到了孩提时代。

根据场景理论的定义，愚园路上的“肆楼慢”巧克力店无疑是一个城市舒适物，但这其实是一家复合了巧克力制作、餐饮和咖啡店多种功能的场所。往往这类新被纳入“舒适物”范畴的店铺都具有这种复合功能的特质，而一旦将这类店铺安置在整条愚园路的维度看——不管是异域风的“肆楼慢”原豆巧克力店、土生土长的富春小笼、代表年轻潮流的飞哟画廊还是国际化的创邑space，这些场所被吸引并集合在一起，共同为愚园路呈现了丰富多样的街区文化。现在的愚园路已然是融合大量时装潮牌、时尚餐饮和大量咖啡店，代表了上海市区休闲风尚的典型街区，Black Star Pastry（澳洲著名的黑星蛋糕）、粉红小猪、街头时装潮牌randomevent、chao's chaos 服饰、露地怪物冰屋、栩集，以及葡醉西餐厅和“我慢”、“店満三”等大量咖啡店成为时尚的“新开端”。但与此同时，许多主要服务于街区居民日常生活的便利店、烟酒店、药店、面馆等，连同在这条路上历史悠久的老伯伯内衣店、石阿姨服饰、顾爷叔开锁、小赵裁缝店和小吴鞋匠铺，仍作为孑遗，十分“顽固”地在一堆时髦店铺中坚守着传统生活。而CALEX 灯具店、Loveramics 陶瓷设计店、生活元素服饰、美甲店、花艺店、布艺店则介乎“历史起源”和“新开端”之间，一方面代表了生活的“历史起源”，一方面又带来了时尚“新开端”。从今天的愚园路场景，我们可以看到“历史起源”在这里是如何与“新开端”比较完美地结合在一起的。这也是愚园路不同于新天地、思南公馆和田子坊、武康路的特质所在，它既有指向未来风尚的标杆引领作用，又保持着可供回溯街区历史起源的诸多场所，因而愚园路能够在成为年轻潮人们的打卡地的同时，尽最大可能保留了原住居民们的生活空间。

【专栏3　时尚圣地的消费场景】

一个小巧玲珑的巧克力钟表冰淇淋，放在方盘圆纸垫上，放在 Akimbo café（愚园百货公司）二楼露台的咖啡桌上，有铜质感的指针和刻度，有惟妙惟肖的齿轮，简直怀疑它还在走动，拟真效果令人不忍下嘴。类似效果的冰淇淋还有雪茄、芒果、菠萝等造型，他家底楼，还有另一件惹眼宝物：一座西洋式的白银收银机。我的《愚园路·百年纪念版》曾经借刚刚试营业的底楼举行了首发式。顺便说一句，一年以后，LV用鲜艳的绿色将这里包装成了快闪店。

此刻，是人间四月天，我和南方来的朋友和女儿坐在这里，我知道，这里曾经是创办《现代》月刊的施蛰存先生的“北山楼”所在，几十年的时间里，施先生默默“蛰伏”在他用古典文学、现代文学、外国文学和金石碑版构成的“北山四窗”中。越过窗口往下看略有些嘈杂的马路，对面是当年银行家周作民的公馆，一幢挂牌的优秀历史建筑，现在是价格不菲的“福1015”餐厅，底楼餐厅朝南落地窗外，是一个大草坪。刚才，我带朋友去了斜对面有一块方正草坪的创邑SPACE，这块小小的草坪不知怎么就成了愚园路上的一个“时尚圣地”。每逢天气好的周末，这里的草坪就成了一个小型“联合国”，打扮入时、各种肤色的俊男靓女仿佛举行着一个时尚集会，人狗在阳光下争宠，令人生出不知身在何处的恍惚，只能低低地自言自语一句“good life”。有一次我路过此地，草坪的东边居然搭出了一个小型跳水池，里面漂浮着各种动物形状的充气救生圈，一群赤膊老外接二连三地在节目主持人和众人的呐喊声、狂叫声中跃入水池，草地上或卧或躺，或坐或立，或勾肩搭背，或袒胸露臂，密布着戴着墨镜的中外情侣、嬉闹的孩子和各种宠物，气氛几近疯狂，抓拍下一张快照，可以假装在纽约或是巴黎。但这就是上海，这就是愚园路上的一个场景。

当年愚园路上沿街的别墅人家比比皆是大草坪，但保留至今且能开放的“公坪”却所剩无几，所以这里就“吃香”了。当地的老居民都知道，此地的前身是长征制药厂，现在被开发成了一个叫创邑的园区空间。两边各有一幢优秀历史保护建筑。东边的一幢开着一家叫“弗兰克”的牛排馆，更有吸引力的是草坪里面的两家餐厅，一家叫 The Cannery（罐头工厂）的餐厅，装潢是钢骨架加玻璃的后工业风，价格比较昂贵。另一家并肩毗邻的餐厅叫“Commune Reserve”（公社），美式装潢，价格大众些，餐名充满了加利福尼亚、南加州、圣地亚哥等美国地名，还原成吐司、炸鸡、汉堡、猪排等，你就明白具体内容了。座位都是个性化的，有高木桶加吧椅，有长条桌加长沙发，有格子桌布方桌加四面凳椅，大楼的后面还有围着冬青的外摆座位。来过多次，午餐和夜场时间，都是座无虚席，人声鼎沸。

方才，富豪朋友因为我熟悉愚园路，拉着我做“导游”。我正好借机“敲个竹杠”，VIP 一下，带他们到 The Cannery 用餐，但因为没有事先预定，尽管离午餐高峰时间还早，领位员还是拒绝即时入座，但机敏的她很快用眼角瞄到了朋友女儿手上一款价格不菲的

Gucci 包包，便话锋一转：“要么，你们过一小时后再来看看，我尽可能给你们留位。”

于是，我便带着朋友先到本来也该一游的 1018 号愚园百货公司小坐，因为这里在很长一段时间里是一家邮局，所以开发商在整修改建时特意在店门口设计了一个白色的邮筒。我们在这里根据各人口味点了澳白、美式咖啡和时钟菠萝造型的冰淇淋蛋糕，一个小时后再回到 The Cannery，畅通无阻地被领到了最里厢的座位。餐厅里已是人声鼎沸，处处是异国情调，除了招牌罐头，我们还点了鹅干慕斯、凯撒羽衣甘蓝沙拉、Taco 等。上厕所的时候，经过一个炉火熊熊的烧炭房，顺便透过大玻璃窗拍了那些堪称时装展的食客。

其实我知道，最里面的座位其实是客人们最不喜欢的，客人们更喜欢的是门口的外摆座位或者靠门口的那几排座位，因为可以看到草坪和马路上的风景，感受各色人等的热烈气氛。下午人稍微少些的时候，客人甚至可以让侍应生把方桌搬到草坪边上，沐浴着习习香风，穿着昂贵 T 恤的潮男和嫩黄色露臂裙的美女与马路上街沿休息椅上坐着的年长市民相映成趣。对马路是弄堂深深的岐山邨，一旁是百年沧桑的老宅，构成了一个非常异质化的愚园路场景。相比外滩和外滩源的那些超豪奢美学场景，在居住区里的这个“时尚圣地”仍然属于它所在的“生活美学街区”，只是更偏向于时尚和美学一些，但仍然有着浓郁的在地生活气息。

陈蔚镇和罗洁梅也曾经对愚园路场景进行过“新鲜化”描述，她们指出，愚园路的场景特质是“平等的越轨”[①]。

① 陈蔚镇，罗洁梅：《透视上海大都市文化场景——以愚园路、巨鹿路、番禺路为例》，徐锦江主编：《上海文化发展报告2021》，上海社会科学院出版社，2021年，第120页。

【专栏4 平等的越轨】

户外空间中，在耀眼的艺术装置下，草坪啤酒节播放着摇曳的电子音乐，人们或坐或躺，奔跑的狗狗和追逐的小孩引得经过的人们不禁驻足。骑单车去买菜的大伯和出门散步的白发奶奶也不禁停留。在这个曾是封闭停车场的开放草坪上，一种每个人都可以参与的轻度禁忌正在发生。同样是酒吧，愚园路上大多是“暖心快乐的小酒馆”，“很适合聊天，可以聊很多让人心脏褶皱里震动的话题”；它可能“比想象中要小一点挤一点”，但是有着“温柔的店家”。它们像大学附近的酒吧，可支付性更强，不需要动辄几千元的“台费”，有着简单的家具和装修，越轨但依旧亲切。这种“平等的越轨”来自富有个性的店铺和活动类型，但是同时它又流露出了相对开放、欢迎各类人群的姿态。

开放的草坪，使得街道的建筑逐渐走向开放与联通的状态；或者巧妙地利用小型开放空间作为灵活的空间过渡，使得不同空间类型的边界变得灵活而模糊，为不同功能和风格的空间创造了一种阈限性。这些改变都鼓励了不同社会人群共享的、“睦邻友好”的场所氛围的营造，物质空间界限的灵活和边界的模糊也激发了社会空间的松动和“共融”，进一步催生了“平等”的场景。

在弘基 space 外的草坪上，路过的爷爷奶奶好奇地询问着新锐插画师作品的创作意图和制作方法。独立设计师摆放在公共过道外的实验性作品不经意间点缀了阿姨们去买菜的路，成为“楼下台阶边的文化艺术”，是街区生活中不期而遇的日常。除了以弘基 space、米域、新联坊为代表的创意产业集聚于主街沿线，也有小型斑块或点状的产业空间向腹地渗透，包括安垦 air、愚园里，也包括一些旧书店、复古服装店、设计师工作室等。这反映了创意阶层对于日常生活趣味的偏爱，也表明文化生产与文化消费之间可能越来越模糊的关系，文化生活本身即可能成为一种新的文化生产。愚园路的创意产业已经成为了街区生活的一部分，而不再是围合的、界限明晰的园区。

如同场景理论的提出者克拉克所说：“场景，尤其是那些有更多选择的、自我表达的、越轨的、迷人维度的场景，也为经济创新提供了关键的刺激作用。”[①] 尽管这一理论范式如雷尔夫所指出的那样：“关于行为问题或其他特殊问题的分析都显得过于机械化与抽象化，都将世界简化为了某种单一的结构或模型，忽略了日常生活经验里的

① ［加］丹尼尔·亚伦·西尔，［美］特里·尼科尔斯·克拉克著，祁述裕、吴军等译：《场景空间品质如何塑造社会生活》，北京：社会科学文献出版社，2019 年，第 19 页。

微妙性与意义。”[①] 难免过于“技术”化地分析文化，反而遮蔽了针对街区研究的人文性维度。但考虑到它的优势在于简洁明了且颇具实用性，场景理论对后工业城市产业发展的整体性思考仍为深入理解上海的场景特质和创意产业发展提供了一种新思路。

① ［加］爱德华·雷尔夫著，刘苏，相欣奕译：《地方与无地方》，北京：商务印书馆，2019 年，前言。

从时间连续性角度看街区原真性与地方性

公元1世纪的时候，哲学家普鲁塔克提出一个问题：如果忒修斯船上的木头被逐渐替换，直到所有的木头都不是原来的木头，这艘船还是原来的那艘船吗？将“忒修斯之船”的比喻用在城市更新的语境中，人们无疑更接近认同逐渐更替的连续性方式——人们不希望船上所有的木头全部被换掉，城市这个“忒修斯之船”仍应当视为同一物体，因为“忒修斯之船”的方案，恰恰使激烈的城市更新进程中得以保持连续不断的“原真性”。

“原真性”概念出自莎伦·佐金的《裸城》。她所指称的“原真性”是“一种生活和工作的连续过程，是一种日常体验的逐步积累，一种人们对眼前房子、身边社区每天依然如故的期待”，“是一种让人能在该城市落地生根的道德权属”，最重要的是，“当这种连续性中断，城市就失去了灵魂。”[1] “原真性”的

① ［美］莎伦·佐金著，丘兆达，刘蔚译：《裸城：原真性城市场所的生与死》，上海人民出版社，2015年，第6页。

内涵兼含历史和创意、古老与新潮两部分，这个概念一方面代表了初始的、历史首创的某种传统，另一方面，原真性也不无创新精神。[①]“原真性”将历史起源与未来开端相联结，重塑“原真性”也就意味着需要创造出一种新的城市形象，能够将“起源”的审美观与未来“开端”的社会观充分联系起来。

当前，上海的“网红”打卡地从外滩转移到了“武（康路）安（福路）古镇”，其差别在于外滩建筑是公共建筑区，“武安古镇”则是一个住宅区。这表明了人们对于城市理念的追求在向“原真性”靠拢。愚园路被列入市中心 14 个历史风貌保护区和 64 条永不拓宽的马路之一，所以愚园路不像新天地，它不是拟真式地保留了一层石库门的“皮”，也没有像田子坊那样成了一个专门面向游客的商业景区。过去一些在城市更新名义下展开的老旧社区的商业开发，正如莎伦·佐金所言：“某个群体可能不需要真正的‘原真性’；而是只需要宣称看到了‘原真性’；以便能控制并利用‘原真性’带来的好处。”[②]新餐馆、时尚潮店和有小资情调只是一种“真实的想象效果”，愚园路的不同之处在于，尽管以“生活美学街区”相标榜，在开发和更新过程中力图潮流化和年轻化，但仍然保留了原住居民和真实的居住社区，有你在外滩见不到的社区化场景、居民化打扮。因其保持了基本历史风貌底蕴、在地文化和生活烟火气，又引入了网红潮店使其具备新开端的指引性，无疑可视作当下上海呈现街区“原真性”的样本。这一点也为愚园路上的业主所认可，正如“肆楼慢”原

① ［美］莎伦·佐金著，丘兆达，刘蔚译：《裸城：原真性城市场所的生与死》，上海人民出版社，2015 年，第 276 页。

② ［美］莎伦·佐金著，丘兆达，刘蔚译：《裸城原真性城市场所的生与死》，上海：上海人民出版社，2015 年，第 5 页。

豆巧克力店店主 Leo 在接受采访时所说：

> 放在全球视野里，愚园路也是一种有独特性的改造。从总体上看，愚园路更符合一种渐进的、有机更新的过程，它没有将单一纯粹的设计语言傲慢地填充整个街区。可以看出来，大家都是很小心地在做改造这件事。愚园路是历史风貌街区，同时又很时尚，就像老的石库门和新的潮流店的结合，这是它最吸引人的地方。如果我出去逛街，丰富性肯定是最吸引我的，里面有个 twist（扭转）的概念。我和我太太以前做设计的时候，都会在生活中寻找这种丰富性。愚园路潮流的原动力来自媒体对爆点的传播，它需要有一些年轻的生命力在这里。但如果全部都是咖啡馆也有问题，要寻找不同的潮店，比如我们巧克力店对面的画廊，经常展出当代商业艺术家的作品，观众排长队观展，往东走有个灯具店很有特色，往西走有个陶瓷店也很有特色。有些想做话题，有些只是展示窗口。我们是做咖啡出身，但直到我提出巧克力概念，合伙人才愿意让我们去尝试。我希望愚园路下一步的改造与社区活动连接得更紧密，而不要成为像田子坊那样的景点。①

最重要的问题在于，一个街区所能提供的人类“生活”将会是什么样的。加拿大的学者爱德华·雷尔夫试图回到

① 2020 年 6 月 25 日本文作者对肆楼慢巧克力店店主 leo 进行的访谈。

"生活"概念去理解"地方"，他"不打算关注那些抽象的理论和模型"，而是认为应该"直接去关注生活世界本身，并在我们生活的情境与场景下去认识和经历我们每天的行动，尤其是去思考生活世界里的一种现象——地方"[1]。所谓"地方性"，是指一个地域在自然环境、人文历史、文化背景、风俗传统等方面形成区域所独有的特质，其反面概念"无地方"则被理解为现代化、全球化背景下千篇一律的城市形态。"地方"和"无地方"的冲突构成了现代人的两难困境，二者并非截然对立，而是以千万种矛盾的方式交织在一起，形成了城市生活的强烈张力。新的城市文化正是一种由地方和无地方、流动空间和地方空间之间多模式界面展现出来的有意义的、互动交流的文化。相比席卷一切的城市化进程和大拆大建的城市更新，更有价值的是对地方性的强调和再现。

① ［加］爱德华·雷尔夫著，刘苏，相欣奕译：《地方与无地方》，北京：商务印书馆，2019年，前言。

愚园路的"地方性"必须追溯其不同时期的街道功能和文化特质，而今天的愚园路，恰恰可以认为是几经变迁之后，由不同时代文化景观、社会场景"层累"而形成的结果：在1949年前可总结为越界筑路、新里弄堂、街区商业、雅俗共存的市民社会，日伪时期也曾一度沦为"沪西歹土"的空间景观。在1949年之后，愚园路中段许多住宅为"南京路上好八连"等部队接收，将社会主义军队的特色带入其中，改革开放以后直到今天，愚园路趋向于"生活美学街区"的定位愈发明确。各个时期的空间格局、场景布置，都或多或少地在街道上留下了痕迹，并通过各个时代的更新改造，共同缔造出愚园路当下的"地方性"内涵。

很关键的一点在于，愚园路的城市更新一直处于一种渐进状态。这得益于当地政府部门和高度自觉的居民群体对社区文化的维护和促进，同时主导开发的企业采用渐次性持续微更新的方式，从而避免了愚园路面临整体居民迁徙和成片区域面目全非的开发改造。在愚园路的城市微更新中，一直存在着两种推动力量：一种以原住居民、当地街道社区和社会力量为主体，希望在这条马路居住区基础上，保持它原汁原味的真实生活和以原住居民为主体的社区文化；另一种力量以当地开发企业、外来创业者和新移民为主体，积极推动这条马路的绅士化、潮流化和年轻化，寄希望于对这一地区的时尚美学改造，吸引外来游客、消费者、创业者，使愚园路成为另一个网红打卡消费高地。这两种力量并非一定是对立的、撕裂的。相反，正是通过双方的博弈和互动，两种力量达到了微妙的平衡。因为在时空连续性中，既重视“起源”又善迎“开端”，愚园路的“原真性”和“地方性”得到了很大程度的保留，社区的文化活力不断加强，新老居民和租客的幸福感、获得感、安全感和归属感都得到了增强。

现在看愚园路的城市微更新大体上是成功的。长宁区工人俱乐部 1949 年前一度是一个叫“好莱坞”的游乐场，承其脉络，在新中国成立后变成了长宁区工人俱乐部，里面的中式建筑曾经是工人俱乐部的影剧场。经历了一番大拆大建，这块地方沿马路建起的高层建筑仍然冠以长宁区工人文化宫之名，原来的院子以及后面的建筑则改建成了住宅区。从建筑意义上而言，这个地块已被彻底更新。不过，透过仍保留着的 20 路电车的停靠站，过去承担重要公共文化功能的沿街宣传画廊，哪怕现在已经变成了沿街商铺，却也被打造成了愚园路上的新型公共活动区域，在某种意义上延续了这个地块的“原真性”。也有将从前不具备文化意义的空间进行升级的案例，如飞哟画廊（Fiu Gallery）所处位置原来是一排毫无特色的围墙，附属于长宁区公安局，破墙开店后通过极富创意的年轻经营者的努力，将一个原本“无地方”的所在，变成了被赋予开端“原真性”的“地方”。与之类似的还有在原长征制药厂车间位置基础上形成的创邑空间。每到周末，附近的居民和前来打卡的游客会聚于此，不大的草坪变成了一个“花花世界”，可谓近悦远来，这种景象迥异于作为“城市会客厅”的外滩。

【专栏 5　嘟嘟和飞哟画廊】

2022 年 4 月 18 日，愚园路上的飞哟画廊（Fiu Gallery）正式官宣虚拟人 ALMA 成为画廊合伙人，并预告：虚拟合伙人 ALMA 首次策划的展览“Future comes from now”将很快与大家见面。

飞哟画廊（Fiu Gallery）成立于 2018 年，在圈内因大胆、亮眼、创新、交互性极高的艺术风格而闻名，成为上海最具影响力的年轻画廊之一。如其所介：Fiu Gallery 以探索艺术赋能未来，商业创造艺术价值变现为宗旨，将故事化、场景化、游戏化与突破想象力的策划理念相融合。不断颠覆传统模式，用其敏锐的市场洞察力和艺术专业度探索多元的艺术生活方式，并实现商业与艺术高度的结合。

飞哟画廊（Fiu Gallery）创始人是一个 90 后女孩，名叫俞沁润，小伙伴们喜欢叫她嘟嘟。嘟嘟长着一张文静、美好、干净的脸，待人接物都很知性、有礼貌，其实却是个很潮很有想象力的女孩，内心或许还有些狂野。她毕业于英国伦敦艺术大学，回国游历两年后，和朋友一起在愚园路上开了取名 fiu 的画廊。

2020 年的秋天，我对嘟嘟作了一次采访，以下是问答。

问：为什么会选择把画廊开在愚园路上？你觉得愚园路是怎样一条街？

答：选址在愚园路，是因为这是居住区，充满了生活的市井气息，附近的爷爷奶奶、放学的小朋友，还有年轻人都会成为画廊的客人，我们对老人和孩子免费，也欢迎带宠物来看展。之所以不考虑原法租界那边，是因为觉得太商业；不考虑艺术园区，是因为怕扎堆去画廊的人都是艺术圈的，不接地气。我们画廊的目标人群是不了解艺术的年轻人，还有爷爷奶奶和小朋友，吸引大众是需要努力的。愚园路上住着很多知识水平很高的老人，有的老人看完展还会写博客，配上背景音乐，在网络上分享感受。很开心看到大家生活在艺术生活中，我们希望从各种角度来消除大众和艺术的距离感。有小朋友穿着外星人的装束过来，还有小朋友带着画本过来临摹，曾经有位头上绑着绷带的年轻人在大人的陪同下来看卤猫展。后来我们看他微博才知道，他刚做完开颅手术，受到很大的人生打击，生病期间卤猫的作品给了他很多支持和力量。我很享受愚园路目前的状态，自然融入的生活状态。街上有很多有趣的店。如果国外艺术家来上海，我经常邀约他们来愚园路住一个月，在这条街上进行创作，一起走完整条街。[①]

问：你在伦敦也生活过，能将伦敦和上海作些比较吗？

答：我是温州人，从小就来到上海，后来才出去读书。20 岁回到上海生活，刚从伦敦回国时落差很大。伦敦是艺术家生活最理想的城市，艺术过于饱和，出门吃个饭马路上就可以看到行为艺术，当时上海西岸才刚刚开始建设。六年过去了，感觉现在的上海和伦敦越来越没差别，上海住得很舒服，我经常叫国外的朋友快些回来。对于懒人来说呆在国外很惬意，但要做些事情还是回来好，会有成就感。国内的艺术市场才非常初步，未来需求会很大。上海这个城市本身就很人性化很温暖。

问：经常看到年轻的女孩网上预约后排着长队等候进画廊，很符合体验经济的特点，Fiu Gallery 究竟是一家什么样的画廊？

答：Fiufiu 其实是一家复合型的艺术策划公司，也是一个多元交互的年轻艺术空间。我们与艺术文化机构、政府、商业地产和零售品牌、当代新锐设计师们跨界联合，用最简单有力的方式将艺术赋能在日常生活的各个环节，拉近公众与艺术的距离，培养大众对泛艺术文化的认知与高频次的消费能力，建立高黏度的优质社群。一般画廊的运营方式，必须有藏家的

① 嘟嘟和飞哟画廊［EB/OL］https: //mp. weixin. qq. com/s/Ea0XCWNvzlIJs-93cFqwhg.

资源。开画廊的很多是艺术二代或者本身就是艺术家，但飞哟画廊踩的是网红效应这个点，希望得到大众的支持。我们是一家年轻且贴近生活方式的画廊，想要成为大众生活和美术馆之间的桥梁，想要引起大众对艺术的兴趣和好奇。我们不需要大众对艺术有深刻认知，只希望能培养大家对泛艺术文化的了解。我们相信，无论未来身处什么样的行业，都离不开创造力，因为各行各业最顶尖的人才都是最具有创造力的人，没有艺术就没有创造力，艺术让一切都充满了可能。

目前我们在办的是太平鸟联名展，以前还做过素人艺术家展、“12345 Day Care”，卤猫展时，看展观众排了好几层，时间最长的排了 8 小时，我们就发牌子，让他们先到附近去逛逛，也算促进愚园路的经济吧。2019 年我们做了 20 场活动和展览，线下做饱和了，就更多地往线上发展。艺术将来一定会分级，最上面是几千万的交易，往下一定是艺术商业的环节，飞哟画廊走单价低、数量大的路线，特别适合 90 后群体，我们希望把艺术日常化，开店一两年主要做内容，文化产业不可能一开始就盈利，目前画廊已经开始盈利。

飞哟画廊的所在地，记忆中是长宁区公安分局的看守所，谁也不曾想，它会华丽转身为一家年轻人创办的复合型艺术空间。这就是愚园路城市更新的传奇之处。我们在追寻旧的“起源”的同时也在认识新的“开端”。当奇装异服特立独行的“Z 世代”和带着孩子的爷爷奶奶一起出现在飞哟画廊中，一起在装满黑白圆球的场域中滑梯打卡时，我们感受到了一种亲密碰撞而又其乐融融的多样化文化。生活需要“他者”，美学也需要“他者”。著名的城市规划思想家芒福德曾经说过：“城市的三个基本使命是储存文化、流传文化和创新文化。”愚园路的社区文化实践很好地印证了这一点。

综上可知，从时间维度对愚园路街道“原真性”做了分析。我们认为愚园路具备一种难能可贵的、没有消除历史起源和烙印的“原真性”，而且不断在这条路上叠加起更多标志着未来的、新的原真性理念。但最重要的是，不论街道如何更新、变异，它始终和当地社区、居民保持着一种密切的联系，这使得愚园路几乎从来没有和在此的“地方性”相割裂。“对于城市居民的日常经验而言，城市空间更是他们的家，是他们每天工作的地方。那些街道组成的空间里充满了各色风景、各种声音和不同的气味，‘城市作为一种地理的实际事物，主要就是街道，因为街道是每日生活围绕的中心领地’。”①

当然，这条路上也有一些被“无地方”，比如愚园路东头的几乎全部更新，原来的路貌和里弄荡然无存，幸亏乌鲁木齐中路以西因为划为历史风貌区而得以保存。为了建地铁出口站，当年将愚园路江苏路口的几条知名新式里弄拆去大半，并在路口建起高层住宅“畅园”，以及兆丰世贸大厦和舜元企业发展大厦两幢高层办

① Eric Dardel 语，转引自[加]爱德华·雷尔夫著，刘苏、相欣奕译：《地方与无地方》，北京：商务印书馆，2019 年，第 28 页。

公大楼，十字路口的大幅拓宽使风貌区在此处断裂成“无地方”。在愚园路定西路长宁路三角地带，拆除了原长宁电影院建起了金城福安广场的标准化建筑，遮挡了原来西区辨识度最高的“西园大厦”，在经历了集合店、百安居、百思买、米域等无数次商业变脸后，现在布满鼎植口腔广告的立面使其变成了一个更加典型的“无地方”。或许是一种惩罚，此处的商业一直不振，经营者换了一茬又一茬，却始终不明就里，除了物理原因，其实还有社会性的原因，就是它既无法承接过去，和当年的交通枢纽（现在却没有成为地铁出口）、和一度的长宁电影院（有辨识度）等历史记忆和街区文化建立联系，又缺乏未来想象，因为变脸过频、定位杂乱而不能成为一个新的潮流开端，无法获取任何一种“原真性”。欲使其“重燃”，必须有一个结合历史起源和潮流开端的“记忆性想象”。

愚园路的发展也始终存在矛盾。比如，曾经是愚园路知名文化地标的“好久不读”书店，因为经营无法维系而失败了。愚园市集曾经设想构建为居民服务的配套商业和社区文化，但很快因为盈利困难而逐渐背离初衷，走上了半绅士化道路。因解决民生困难和地段价值而产生的著名老字号富春小笼，所在零星地块悬而未决的动迁改造问题[①]等等，都是对愚园路下一步城市更新方向的一次又一次大考。

地方的本质在人。人即“地方”，对于人而言，产生意义的空间才成其为地方。我们每个人都真真切切地与某些地方紧密相连，正是这些我们深深关切的地方和地方的连续感构建起了个人身份与文化认同。而愚园路之

① 2021年12月29日本文作者对上海富春小笼管理公司董事长徐长鸣的访谈：《咖啡馆会挤掉小笼包吗?》

所以成为一条历史风貌保留较好的马路，本质在于原住居民和新移民、居民和游客、社区化和时尚化、历史风貌和新开端、地方性和无地方性的和协共生与不断碰撞，这是当下愚园路充满多元异质文化的魅力所在。恰如在相关调查中有人所说，愚园路“好像变了很多，又好像什么都没有变”。因为愚园路已经成了容纳和满足多层次、多方面需要的、具有依恋性和依附感的场所，而“依附于某个地方，并深切地与之相连，乃是人类的一项基本需求”[1]。所以，《愚园路》一书开篇的最后会这样说：“千条路，万条路，世界上所有的路，其实只有一条路，那就是回家的路。”

① ［加］爱德华·雷尔夫著，刘苏，相欣奕译：《地方与无地方》，北京：商务印书馆，2019年，第60—61页。

作为法国马克思主义的代表人物列斐伏尔强调空间对于时间的优先性，而本雅明用他独到的方式也观察到了这一点。列斐伏尔认为，都市领域引发的知识战略可以不断地将理论与经验进行比照，以便通向一种总体性的都市社会实践。就像人类占有时间和空间一样，只要让一种新的权利进入实践，都市社会实践可以争取到一种高级形式的自由。这种新的权利就是进入都市的权利——进入都市生活、人文环境与新型民主环境的权利。

相对于传统的经济决定论和地理决定论，场景理论用场景来分析地方文化风格和美学特征，并借鉴自然科学的研究方法，通过大量数据佐证，找到了地方文化特点与地方发展、社会生活关联的分析工具。场景理论不仅把生产看作生产实物，而且将其当作生产方式的社会组织来考察，同时不仅把消费当作消费活动本身，而且着重研究消费的社会组织形态。其学术价值在于从消费和美学角度来解释后工业城市发展的经济社会现象，区别于以生产为导向的工业理论。

莎伦·佐金指出，“原真性”与时间有三种不同的关联方式。首先，“原真性”诉求意味着我们坚守某种城市理想，这种理想以特定历史时期的文化意象为再现形式，并作为评判都市体验的绝对标准。其次，我们对“原真性”的心理意象又确实发生着变化，因为每一代人对于城市都有自己的时代经验，时代会塑造身在其中的人的实际看法。第三，思考“原真性”问题，揭示了时间在最广泛意义上的重要性，因为城市居民越来越揪心于在“承诺去创造的东西”与“威胁去灭绝的东西”之间寻找一条出路，无论这种威胁是来自城市更新或者中产阶层化问题，还是由于战争或者生态灾难。哈维·科克斯认为：对同质空间的超越不会凭空出现，而是要通过刻意努力并推进“世俗化”才能实现。“一种世俗的文明不需要单色调与同质化。从多样性中产生出来的特征也不是听天由命的。就像世俗城市里的一切事物，多样性都是需要通过规划才能产生出来的。”[①] 所谓世俗化，和我们现在很喜欢说的“烟火气”颇类似，是一种与自觉的本真性相契合的态度。但“世俗性”究竟是靠完全的规划，还是靠生活本身的需求自然发生，可能是个需要理解的问题。对此，雷尔夫颇为辩证地说：“人的扎根不可能被设计出来，我们也无法保证所有的事物都能安适其位，但我们却可以创造出一些条件，让人在一个地方的根性和对地方的关怀被培育起来。”[②] 他还说过：“只要地方对于我们来说仍然是重

① Cox, Harvey. “THE RESTORATION OF A SENSE OF PLACE: A THEOLOGICAL REFLECTION ON THE VISUAL ENVIRONMENT.” *Ekistics* 25, no. 151 (1968): 422－424.

② ［加］爱德华·雷尔夫著，刘苏、相欣奕译：《地方与无地方》，北京：商务印书馆，2019年，第222页。

要的，只要我们还在关心由于失根、流动的增强和无地方所带来的心理上和道德上的问题，那么我们就必须要找到一种方法去自觉地、本真地营造出地方。”①

在空间、场景、原真性和地方性理论视野下，通过进行图表、数据分析和访谈，我们深入分析了愚园路的文化特征和社会空间。在持续的城市更新中，愚园路的未来能不能成为具有“原真性”的场景，成为我们心中理想的“地方”，取决于热爱和共属于这个地方的我们自身。恰如列斐伏尔和戴维·哈维所概括的那样：“城市权利是一种按照我们的愿望改造城市同时也改造我们自己的权利。”②

① ［加］爱德华·雷尔夫著，刘苏、相欣奕译：《地方与无地方》，北京：商务印书馆，2019年，第222—223页。

② ［美］戴维·哈维著；叶齐茂，倪晓晖译：《叛逆的城市　从城市权利到城市革命》，北京：商务印书馆，2014年，第1—27页。

愚园路的地域特征、地方经验和文学书写中的地方感

愚园路地处上海中心城区12个历史风貌区内，位于城市东西中轴线西段，东起静安寺，西迄中山公园，全长2775米，为上海市64条永不拓宽的马路之一，沿途洋楼错落，弄堂毗连。该路始于1860年所筑一段军路，1911年以路东端赫德路口著名园林“愚园”命名，后不断西延，至1918年成路。除东边一小段划入租界外，大部分路段在当年属公共租界越界筑路地区。

根据深入研究，愚园路的地域性可概括为：郊野水乡、越界筑路、沪西歹土、新里文化、街区商业，这五个方面构成了愚园路独特的、历史的、丰富的“地域特征”。

1. 郊野水乡

一篇落款为“二十一年（1932年）十月二十八日夜静”，题

作《愚园路之夜》的随笔描写道："这是一条躺在沪西的几乎被娱情声色的沪人所遗忘的幽倩的道路。那儿有令人窒息的幽静。蝉蛙争鸣般的喧嗔，尤其是到了这醉人的夜晚。那些都市的爬虫都睁大着眼睛出来的时候。首尾衔接常常绵亘下两三里路，然而这呼呼的声音，和难以使用到的一两声喇叭，总冲不破两旁美妙的甜静。"[①] 由此可见，即便到了1930年代初期，东边地标百乐门（1933年）未建之前，愚园路，尤其是地丰路（今乌鲁木齐中路）以西地区，当年仍近乎岑寂的郊野。静安寺以西区域原来都是城市化不充分的江南水乡，附近流经的水系有西芦浦、田鸡浜、涌泉浜等十多条，可谓蛙声一片，水网密布，故西人常以为郊游之地。

① 《愚园路之夜》，《新闻报》，1932年11月3日，第22版。

2. 越界筑路

顾名思义，就是租界当局越过原有租界界址修筑的道路。从1860年代起至1930年代，两租界或以军事原因，或以开设、维护公园、跑马厅等休闲场所名义越界筑路，工部局或公董局设置巡捕对这些道路进行管理，竖立电杆，钉定门牌，维护治安，向沿路居民征税，使得这些地方成为租界的附庸。除东边一小段划入租界外，愚园路绝大部分地区都处于公共租界越界筑路地区。熊月之先生概括道："越界筑路是近代上海所有、其他城市所无的奇特历史现象。因越界筑路而生的越界筑路区域是近代上海特有、其他城市绝无的诡异区域。……其政治、经济、社会、文化诸方面，每每介于租界、华界之间，又往往兼而有之，其人事常常较租界、华界更加复杂。愚园路是近代上海诸多越界筑路中尤为奇葩者。”①

① 徐锦江编著：《愚园路》，上海书画出版社，2017年，封套推荐语。

3. 沪西歹土

“歹土”一说最早见于《大美晚报》。从1939年起，日伪势力进入沪西越界筑路地区，不到半年时间，在这块不足20平方公里的土地上建起舞厅、毒窟、赌场、淫窝、夜总会，加上军统、悍匪，特别是汪伪特工组织“76号”带来的暗杀、抢劫、绑票、勒索，生生把这里变成了魍魉世界。《大美晚报》在列举大量事实后，将此地称为“沪西歹土”。愚园路无疑是沪西歹土中颇具代表性的一条。美国学者魏斐德高度概括说：“沪西无主地带——歹土的非法娱乐，既是对无法摆脱的社会紧张感的暂时逃避，又是一个分裂城市在外人统治下溃烂的持续标志。”②

② ［美］魏斐德著，芮传明译：《上海歹土：战时恐怖活动与城市犯罪，1937—1941》，上海古籍出版社，2003年，第1页。

4. 新里文化

上海早期的典型住宅建筑形态是石库门，但1930年代后，在一些后发的城市化地区，旧式石库门建筑演变为新式石库门建筑，乃至为新式里弄住宅所迭代。愚园路因属越界筑路地区，最初地价较租界廉而较华界昂，治安较租界差而较华界优，因此吸引了许多人买地造屋，逐渐形成风格不一的建筑和毗连状弄堂，最终成为以具有现代居住条件的新式里弄为主、间杂公寓和花园别墅的住宅区，其密集的新里弄堂景观以及内涵的市民社会使之成为上海里弄住宅区和弄堂文化的典型代表之一。

5. 街区商业

愚园路处于城市东西向发展的中轴线上，但并非南京路、霞飞路那样的繁华中央商业区。因是人口逐渐增多的住宅区的缘故，愚园路的商业主要是配套的街区商业。新中国成立后，街道两边仍是小店林立、服务齐全，弄堂口有许多流动或基本固定的小商小贩，烟火气、商业气、居家气浓郁。从愚园路及其周边的商业业态看，几乎囊括了衣食住行、生老病死的所有环节。卢汉超先生认为："对于上海人而言，与日常生活最息息相关的是在步行可至的街区内那些微小却又充满生机的商业和活动，而不是以外滩和南京路为代表的那种令人目眩的生活。"①

愚园路的地域特征通过作家的地方经验，化为作品中的"地方感"，由"感知"而"态度"，最后变成"价值观"和"世界观"。文学作品具有内在的地理学属性，它们往往成为地域意识的表达。文学作品不只是简单地对客观地理进行深情描写，同时也展示了情绪景观、阅历景观和知识景观，提供了认识不同地域的方法。熟悉于此的地方依恋和沉浸于此的地方认同所培养的"地方感"对作家书写有着潜移默化的影响，地域特征也有赖文学书写的隐喻空间得以非遗性保存，并构成值得回味的互文关系。我们不仅可以就此感受到社会空间如何通过地方意识投射到作家文本中，而且可以发现这些历

① ［美］卢汉超著，段炼、吴敏、子羽译：《霓虹灯外：20世纪初日常生活中的上海》，上海古籍出版社，2004年，第233页。

时性的文学书写又如何回过头来形塑了丰富的地域特征。

地方感一词最早出自赖特的“敬地情结”（Geopiety），著名人文地理研究学者段义孚将之改造为“恋地情结”（Topophilia），指人与地之间的情感纽带。作为一种研究范式，分析框架的逻辑是感知、态度、价值观和世界观。所谓感知既对外界刺激在感觉上的反应，也是把特定现象主动而明确地镌刻在脑海中，而把其他现象忽略或排斥。绝大多数被我们感知到的事物都是对我们有价值的，或为了生存的需要，或提供了某种从文化中衍生出的满足感。态度首先归属于文化的范畴，是一个人与世界面对面的方式，它的稳定性比感知要强得多，也是从很长一个阶段的感知或者说经验中形成的。态度隐含着经验，以及对兴趣和价值的某种牢固的看法。世界观是概念化的经验，它的一小部分是个性化的，更多的是社会化的。它是一个态度或信仰的系统。① 简单讲，当我们熟悉一个空间，或将空间赋予意义后，空间就变成了地方，地方感油然而生。形象地讲，“人对环境的反应可以来自触觉，即触摸到风、水、土地时感受到的快乐，更为持久和难以表达的情感则是对某个地方的依恋，因为那个地方是他的家园和记忆储藏之地，也是生计的来源”。② 地方感包括地方依恋、地方依赖、地方认同等维度。

作家的创作和他的地方经验之间往往会有某种联系。只要是具有现实主义特征的小说，小说家的创作必然与他的生活环境和地方经验有某种直接、间接或隐曲的反映关系。当然，比景观符号更重要的是小说借此所烘托的故事氛围。

① ［美］段义孚著，志承、刘苏译：《恋地情结》，北京：商务印书馆，2018年，第5页。

② ［美］段义孚著，志承、刘苏译：《恋地情结》，北京，商务印书馆，2018年，第136页。

历史小说，小说家为了可信度会选择一些真实的地方场景和标志，借此体现所述历史的真实性和地域性。无论是“空间中的文学”还是“文学中的空间”，无论是“经验空间”还是“想象空间”，无论是出于对现实世界的熟稔，还是对历史场景的嗜好，相信世界上没有无缘无故的爱和恨。出生地、生长地作为关联点，自始至终对作家都是很重要的影响因素。文学作品或多或少地揭示了地理空间的结构，以及其中的关系如何规范了社会行为。对作家的地方经验和文本场景进行还原，不仅可以证明艺术来源于生活并高于生活的创作规律，通过寻找作家叙事的“外层空间”，还可以深入到其“内层空间”进行精神探源：他们为什么如此“迷恋”一个地区，产生“恋地情结”的玄机又是什么。

愚园路堪称一条文学中的马路，在此区域居住或将此地作为书写空间的作家，有周瘦鹃、林语堂、茅盾、庐隐、张爱玲、施蛰存、王安忆、金宇澄、小白等。福楼拜为创作文学场景实地远足，其小说地图如同一架工艺精湛的地震仪，反映了巴黎令人困惑的震动；狄更斯小说的细节精确性可以和同时代泰晤士河沿岸场景照片相对应，反映了转型之中的雾都伦敦的剧痛；巴尔扎克用他指南般的地域描写揭示了巴黎的“金钱和快乐”；雨果的地理景观则勾勒出巴黎黑暗迷离的“另一面”；乔伊斯的思考街道映射出“被印满了文字的文本糊起来”的都柏林；伍尔芙的明快街道则隐喻了一个“正脱去印花裙子，用蓝色和珍珠打扮自己”的伦敦。作为文学资源，愚园路的“地域特征”通过作家的地方经验化为浓郁的“地域意识”，并在作品中表现为独特的“地方感”，这种“地方感”可能是早年近乎郊野的自然与岑寂，可能是越界筑路的吊诡和离奇，可能是沪西歹土的逃避和溃烂，可能是马路两旁大雅大俗的市民气，可能是弄堂深处日常生活的烟火气，在当下，还可能是在急速城市化商业化进程中的紊乱和尴尬。当然，表现在某部作品文本中的“地方感”既可能是历时性的，也可能是共时性的；既可能表现为统合，也可能表现为并置。愚园路作家群丰富的“地域意识”共同建构出了一条“文学中的愚园路”。

现代文学中的愚园路：以林语堂、张爱玲为例

林语堂在《生活的艺术》中，曾真实地描写过某天清晨在愚园路寓所醒来时所"领悟"到的各种声音。笛声、马蹄声，百灵鸟、喜鹊、啄木鸟、鸽子等各种细碎的鸟鸣声，甚至是野鸭悠扬不绝的长唳。这些"鸟鸣声悦耳异常，除于音乐比拟之外，实在不能用字句形容"。林语堂随后还专门细腻地描述了他最爱听的一对鹧鸪的鸣声，兴致勃勃地进一步展示他的"抒情哲学"。

> 最有趣的是，每天清晨，一只雄鸟必先在我的寓所附近的树上叫起来，随后雌鸟即在离开约百码以外之处以鸣声相答，他们的鸣声的快慢有时也若有参差，似乎是因为心境的变迁。有时则末一短音不叫出来。①

① 林语堂著，越裔汉译：《生活的艺术》，北京：群言出版社，2009年，第138—139页。

可以想象，当年的愚园路还是一个自然生态非常良好的近郊，对声音特别敏感的林语堂感叹“在寂静中，我所享受的美的愉快更胜于勃拉姆斯的交响曲”。[①]

① 林语堂著，越裔汉译：《生活的艺术》，北京：群言出版社，2009年，第138页。

这篇1936年写于美国的散文，几乎可以纳入当下正发展着的“生态文学”。弄堂里扫帚的“刷刷”声、小孩的啼叫声、开窗和铁钩插上去的声音、轻轻的咳嗽声和足声、杯盘碗盏声和小孩呼妈妈声等市声，可以烘托出林语堂家里以及附近弄堂里市民的居家生活。这些日常的声音仿佛生活的象征，最为悠长不变。马蹄声可能来自几个骑马的印度巡捕，敲门声则可能来自通宵狂欢回来的外国青年，点出了这一片区域虽属于越界筑路地区，但沿途的马路还是由巡捕房的巡捕负责治安。“沪杭甬火车隆隆之声自远而来，到极司非而路车站停止。”指的是1980年代才拆除的中山公园附近的上海西站，虽然还隔着电车的两站路，却“隆隆可闻”，也证明了所处空间与时间的“寂静”。看到这里，我们不得不感叹林语堂先生的敏感和耳朵之尖。他早晨醒来“在上海寓所听到的音乐会之《协奏曲》”也可以称之为“愚园路的声音”。

通过声音的隐喻，我们不仅对1930年代作为作家和翻译家的林语堂的居住空间有了了解，也对他所描述的近乎郊野的愚园路地域空间有了十分真切的感受。而林语堂也无疑在他充满“地方感”的散文里寄托了他的“恋地情结”，且很好地诠释了段义孚分析逻辑的第一步：感知。林语堂寓所的确切位置在当时的忆定盘路（今江苏路）四十三甲，但因为几乎就在愚园路边上，且愚园路为当时东西向马路的主干，故一般人都称“林寓”为“愚园路上的住宅”。从林语堂充满感情的文笔中可以看到，他对这一阶段住宅附近的环境是颇为满意的。声音犹如音乐，比其他的感觉更能打动人，林语堂先生对声音尤其敏感和重视。在另一篇散文小品里，他曾经愤愤地写道：因为不堪邻居家买了个无线电收音机，整天无休无止地播放，而不惜“出租”别墅暂避“公寓”。1934年，他卖掉愚园路上的房子可能也与对环境的态度有关。从林语堂的散文中可以看到，此期间愚园路的地域环境和居民正在逐渐发生变化。

张爱玲似乎同样对声音有特殊的感情，譬如电车声，在《公寓生活记趣》里，她说：

> 我喜欢听市声，比我较有诗意的人在枕上听松涛，听海啸，我是非得听见电车声才睡得着觉的。——城里人的思想，背景是条纹布的幔子，淡淡的白条子便是行驶着的电车——平行的，匀净的，声响的河流，汩汩流入下意识里去。①

张爱玲之所以喜欢听电车声，是因为她在上海所住的爱林登公寓附近有一个电车厂。这家英商电车公司当时经营着全市大部分电车线路。日夜相伴的电车声已让城市居民张爱玲习以为常，以至于感叹“长年住在闹市里的人大约非得出了城之后知道他离不了一些什么”。张爱玲有好感的“声音”还有当地军营的喇叭声和各种叫卖声。她早年上学的地方在愚园路西边白利南路上的圣玛利亚女中。从1931年入

① 张爱玲：《公寓生活记趣》，金宏达，于青编：《张爱玲文集》第4卷，合肥：安徽文艺出版社，1992年，第36页。

校到1937年高中毕业，张爱玲在这里度过了六年少女学习时光。她最初的写作，如短篇小说处女作《不幸的她》和散文处女作《迟暮》等都在圣玛利亚校刊上发表。张爱玲后来住的地方在愚园路东头一拐弯的赫德路爱林登公寓，其址正在早年所废的愚园内。张爱玲于公寓落成三年后的1939年，与母亲黄逸梵、姑姑张茂渊第一次住在常德公寓5楼51室，后去香港读书，1942年返回上海后与姑姑第二次住在6楼65室，直到1947年9月，先后在这座公寓里生活了六年多的时间。她一生中最重要的几部作品：《封锁》《红玫瑰与白玫瑰》《金锁记》《倾城之恋》均在此完成。这也是张爱玲与胡兰成恋情开始的地方和结婚的地方。在圣玛利亚女中读书，加上两次在爱林登公寓居住，张爱玲在愚园路两头一共学习生活了将近十三年，而这十三年正是她青春、恋爱并形成人生观、世界观、价值观的重要时期。

张爱玲对愚园路无疑非常熟悉。在1950年创作的小说《色·戒》中，王佳芝最后上了黄包车，要去的地方是愚园路（李安拍《色·戒》时改成了“福开森路”）。小说也隐约以郑苹如美人计诱杀丁默邨的真实故事为蓝本。据考：丁汉奸曾居愚园路1010号，张爱玲此时所恋的胡兰成也时常出没于愚园路1136弄汪精卫公馆和749弄李士群家中，胡最后一任太太即是吴四宝的遗孀佘爱珍。《色·戒》的创作灵感很可能来自于张爱玲的现实生活遭际。不问政治的张爱玲虽然戴不上汉奸文人的帽子，但她与汉奸胡兰成的密切交往也是不争的事实，虽然张爱玲抱有不问政治的态度，也没有资料表明她结婚后是否和胡兰成一起经常外出活动，但她对周边汪伪生活的区域不可能视而不见，胡兰成对她的影响必然也会在她的作品中有所流露。她的文学创作并没有脱离她自己的生活，相反，她很喜欢从自己身边的生活中寻找创作的灵感和原型。恰如她自己所说：“最好的材料是你最深知的材料。”

1988 年，远在美国的张爱玲在随笔《谈吃与画饼充饥》中，还念念不忘愚园路上“离我学校不远，兆丰公园对过有一家俄国面包店老大昌（Tch-akalian）”，怀念里面的十字面包和肉馅煎饼。可见其对愚园路的记念之深。据考，兆丰公园对面的老大昌实有其店，在愚园路 1402 号。

不要以为高高瘦瘦的张爱玲真那么孤高傲世，她为了成名，也是可以低到尘埃里去的。1943 年初春的一个下午，23 岁的张爱玲怀揣推荐信和自己的两个中篇小说来到愚园路 608 弄 94 号，“鸳鸯蝴蝶派”主将周瘦鹃的“紫罗兰庵”。文学青年张爱玲谦卑地自我介绍，并拿出两个中篇小说请周老前辈审阅赐教。两人谈了一个多小时。分别时，周瘦鹃请她一周后再来听回音。一星期后，张爱玲如约而至，周瘦鹃坦率地谈了看法，语多褒奖。张爱玲回去后，大概和姑姑商定，准备择日请周瘦鹃夫妇去家里喝茶，以表达感激之情。于是，当天晚上又赶到周家，向周瘦鹃发出邀请。届时，周瘦鹃独自带了刚出版的《紫罗兰》杂志样刊去张爱玲家做客。参加张家茶会的其实只有三个人，即张爱玲姑侄和周瘦鹃。据分析，张爱玲为了发表作品，至少和周瘦鹃见了四次。张爱玲的成名离不开周瘦鹃，尽管她不喜欢此人，并在《小团圆》里，对此事有过几近真实的描写。仅仅数月后，《沉香屑·第一炉香》《沉香屑·第二炉香》先后发表，名不见经传的文学青年张爱玲以这两篇作品掀起“张爱玲热”，20 出头的她迅速蹿红。现实生活中的愚园路一定让张爱玲又爱又恨，印象深刻。

张爱玲曾认为读万卷书不如行万里路，而她所谓的“行万里路”指的是“逛马路”。她所逛的马路很多都在愚园路附近。那么，张爱玲在漫步行走时又见了些什么呢？《道路以目》写于1944年，应该是张爱玲居住在爱林登公寓的时候所看到的，街上的情景也应是愚园路区域周边的场景：

> 街上值得一看的正多着。黄昏的时候，路旁歇着人力车，一个女人斜签坐在车上，手里挽着网袋，袋里有柿子。车夫蹲在地下，点那盏油灯。天黑了，女人脚边的灯渐渐亮了起来。
>
> 烘山芋的炉子的式样与那黯淡的土红色极像烘山芋。
>
> 小饭铺常常在门口煮南瓜，味道虽不见得好，那热腾腾的瓜气与“照眼明”的红色却予人一种“暖老温贫”的感觉。
>
> 寒天清早，人行道上常有人蹲着生小火炉，扇出滚滚的白烟。我喜欢在那个烟里走过，煤炭汽车行门前也有同样的香而暖的呛人的烟雾。大多数人不喜欢燃烧的气味——烧焦的炭与火柴，牛奶，布质——但是直截地称它为“煤臭”“布毛臭”，总未免武断一点。
>
> 坐在自行车后面的，十有八九是风姿楚楚的年轻女人，不然就是儿童，可是前天我看见一个绿衣的邮差骑着车，载着一个小老太太，多半是他的母亲罢？此情此景，感人至深。然而，李逵驮着老母上路的时代毕竟是过去了，做母亲的不惯受抬举，多少有点窘，

她两脚悬空，兢兢业业坐着，满脸的心虚，像红木高椅坐着的告帮穷亲戚，迎着风，张嘴微笑，笑得舌头也发了凉。

有人在自行车轮上装着一盏红灯，骑行时但见红圈滚动，流丽之极。

深夜的橱窗上，铁栅栏枝枝交影，底下又现出防空的纸条，黄的，白的，透明的，在玻璃上糊成方格子，斜格子，重重叠叠，幽深如古代的窗槅与帘栊。

店铺久已关了门，熄了灯，木质模特儿身上的皮大衣给剥去了，她光着脊梁。旋身朝里，其实大可以不必守礼谨严，因为即使面朝外也不至于勾起夜行人的绮思。制造的实在是因陋就简，连皮大衣外面露出的脸与手脚都一无是处。①

不同于本雅明喜欢逛巴黎拱廊，张爱玲爱去的是小菜场。在1947年的纪实性散文《中国的日夜》中，张爱玲淋漓尽致地使用各种比喻，充分“感知”去小菜场路上的见闻：有清湿气味的空气，像碎切腌菜，或是像酱菜的小孩，穿着中国“国色”蓝布衫的行人，深深浅浅，都是像雨洗出来的，青翠醒目。接下来还兴致勃勃地描写了“仰着头，面如满月，笑嘻嘻张开大口吆喝着，像外国人画的漫画里乐天中国人”的卖橘子小贩；“黄脸上的细眼睛与头发同时一把拉了上去”，到五金店烟纸店化缘的道士；“菜篮里一团银白的粉丝，像个蓬头老妇人的髻”的女佣；拎着两边绊子里穿着便于提携的蓝布条

① 张爱玲：《道路以目》，金宏达，于青编：《张爱玲文集》第4卷，合肥：安徽文艺出版社，1992年，第42—48页。

锅子的小女孩；肉店里橐橐剁肉的学徒和前来买肉的衰年娼妓，以及正向乡下亲戚宣讲小姑劣迹的肉店老板娘；“无线店里娓娓唱着申曲”的店面以及“街道转了个弯，突然荒凉起来，迎面一带红墙，红砖上漆出来老老大的四个蓝团白字”的小学校。这些生活场景，是赫德路愚园路附近司空见惯的日常市井生活。

城市意味着陌生人的世界。城市生活包含了双重特性：一方面使人产生孤独感，一方面又使人产生新奇感。紧张、刺激、碎片化导致人与人的疏离。本雅明在阅读城市的过程中着迷于日常生活中的每一分钟，其作品善于通过转喻和隐喻来解读日常生活的边缘细节，表现都市生活的真实性和物质化体验。张爱玲在这些方面与本雅明有相似之处。但喜欢拎着菜篮子“逛马路”的张爱玲与本雅明笔下作为城市观察家，具有男性、超验、他者内涵的“浪荡子”显然不同，张爱玲的闲逛和视角是女性、世俗、代入的，有时候似乎故意带点喜欢的。但如果将“暖老温贫”的日常生活景象放在那个特定的烽火年代和歹土区域，放在上海沦陷、民族存亡的大时代背景下，让我们看到的则不仅是六楼公寓上换衣服也没人管的超然，更是一种不问青红皂白的“冷”。张爱玲明显地在刻意淡化国家、民族概念，试图以小化大，以个体立场消解爱国立场，以沉到底的历史时间摆脱迫在眉睫的战争空间，用千百年来亘古不变的日常生活来排遣眼前的时局动荡和民族仇恨。张爱玲或许并不是毫无内心的挣扎，但她自私而奇特的个性，她暧昧而古怪的交往，她独特的生活态度和价值观决定了她要做一个民族斗争的旁观者，起码是视而不见的回避者。用超阶级、超时代的“暖老温贫”来掩避、消解残酷的政治和战争，深刻地揭示出张爱玲自我放逐、自我逃避、自我安慰的人生态度。这同那个时代地点有关，也同她自己独特的地方经验和“地域意识”有关。正如香港的沦陷成就了范流的爱情。上海的孤岛时期和最终沦陷也成全了张爱玲奇特的文学创作心态。本雅明将城市边缘性的事物视为理解城市最重要的线索，将都市文化昙花一现的象征表现为一个整体，试图“复活”与时间有关的空间价值。相比之下，张爱玲没有那么多哲学抱负和形而上，她形而下表现的城市经验和想象看上去是世俗的、琐碎的、现实的，所表达的都市现代意识以传统性和地域性面目出现，看似“无时代性”的超然价值观，恰恰是现代性的一种逆视。用段氏范式分析，张爱玲的“感知”中其实是有态度，有世界观的。

当代文学中的愚园路：以王安忆、金宇澄为例

王安忆的《长恨歌》讲述了上海弄堂女儿王琦瑶的一生，主要年代是20世纪五六十年代。王琦瑶的个人生活虽然始终没有进入历史主流，她的故事却呈现在真切的历史纪年之中。《长恨歌》开头第一句是：

> 站一个制高点看上海，上海的弄堂是壮观的景象。它是这城市背景一样的东西。

上海的地域特征呼之欲出。开场的弄堂意象一下子为关于上海小姐的叙事打开了隐喻性的空间。在对上海弄堂进行了经典性的“诗意”描画后，王安忆接下来细数了1990年代空中俯视下的四种上海弄堂：石库门弄堂、新式里弄弄堂、公寓弄堂、棚户区弄堂。这些弄堂尽管形形色色，但在王安忆的理解里，其底蕴却

是形变神不变的一桩事体，一语道破即“千人千面，又万众一心的”。王安忆随之生动而形象地描写了四种不同弄堂的细微特色和肌理味道。王安忆的视角从空中到地面，笔触从水墨大写意慢慢变成细致的工笔：绘出了老虎天窗、屋披、晒台、新式里弄铁栏杆的阳台和落地长窗等。充分地体现了她的“感知”能力。要描写上海的里弄生活，尤其是包括公寓和花园在内的新式里弄，愚园路所形成的生活场景和社会关系无疑构成了创作“富矿”，虽然小说中设计的王琦瑶解放后的主要居住地是淮海路上的平安里，但解放前所居的“爱丽丝公寓”在静安寺“百乐门斜对面一条僻静的马路上的短弄里”。文中还提到王琦瑶好友蒋丽莉的父亲与其母亲离婚后，“在愚园路租了房子住”，也出现了实际路名，更重要的是弄堂场景气息的描述很可能源自愚园路的居住经验，这也应该是适合王琦瑶们和张爱玲们生存的地方。

王安忆的身份虽然是随父母进城的南下干部二代，但毕竟在上海出生和长大，从《长恨歌》的描述中可以看到她对这座城市的熟悉、了解以及认同程度。王安忆早年与父母同住在淮海中路一条新式弄堂里，她的上海经验应该说大部分来自于此。20 岁那年搬到愚园路上的愚谷邨，虽然时间不是很长，但后来分配给她的镇宁路房子、购买的云阳花苑住房也都在愚园路附近区域。这里的马路，这里的弄堂，这里女人的生活，应该都是她所熟悉的，潜移默化的影响一定是有的，尤其是当她提起笔来写弄堂的时候，介乎新式里弄和公寓里弄之间的愚谷邨及其附近的弄堂自然会浮现在她眼前，调动起她的思维。王安忆很关心弄堂里发生的故事。《长恨歌》的灵感即来自美丽牌香烟壳上的美女蒋梅英被害案，王安忆曾回忆：“大概十多年前，我看了一个小报，上有个新闻，是个案例，我也看得很马虎，一眼而过，它让我留下一个非常深刻的印象，它说的是一个上海小姐，最后被一个城市社会青年杀掉了……”[1]蒋就住在愚园路江苏路街道，离王安忆住过的两处住宅都不远。尽管王安忆的创作风格具有虚实交错、明暗掩映的模糊风格，想象和虚构也是小说的本质，但作为现实主义小说，经验世界的生活积累也是不可或缺的。对于王安忆来说，“爱丽丝公寓”“平安里”的故事场景，王琦瑶赖以生存的地域空间和社会空间，她完全可以根据自己的回忆驾轻就熟地加以表现，作为潜在的意识，地方经验在创作中若隐若现，足够她应付自如。

卢汉超先生曾评论：“在上海，没有什么能像那些比比皆是的弄堂使人能更了解这个城市人们的日常生活了，这些邻里社区是上海绝大多数市民的居家住所。他们不仅仅住在里弄社区，这儿也是他们工作、娱乐、社交以及日常购物之地。总之，弄堂就是这些居民的城市。……里弄才是显示了大部分上海人生活的真正的世界。”[2]王安忆对弄堂的认识更为感性，更入肌入理：“上海弄堂的感动来自于最为日常的情景，这感动不是云水激荡的，而是一点一点累积起来，这是有烟火人气的感动。——上海的弄堂如果能够说话，说出来的就一定是流言。它们是上海弄堂的思想，昼里夜里都在传播。上海弄堂如果有梦的话，那梦，也就是流言。”[3]这种深入骨髓的认识，不可能来自王安忆的知青生活，也不可能来自她以后居住的新式小区生活，只能来自她在愚园路附

① 陈惠芬：《“文学上海”和城市文化身份建构》，《文学评论》，2003年第3期。

② ［美］卢汉超著，段炼、吴敏、子羽译：《霓虹灯外：20世纪初日常生活中的上海》，上海古籍出版社，2004年，第174页。

③ 王安忆著：《长恨歌》，海口：南海出版公司，2003年，第8页。

近以及他处所接触和浸润的弄堂生活。如段义孚先生指出的那样："当这种情感（指恋地情感——引者注）变得很强烈的时候，我们便能明确，地方与环境其实已经成为了情感世界的载体，成为了符号。"①

当然，王安忆的所恋之地未必就只是淮海中路或者愚园路，而是上海普遍的弄堂，但她对弄堂的态度无疑与她的地域经验有关。王安忆曾经说过："我在虚构的时候往往有一种奇妙的逆反心理，越是抽象的虚构，我越是要求有具体的景观做基础。"② 王安忆曾经谈到成长中的某个"瞬间"："我永远难忘……有一日我走过后弄，从厨房的后窗里，看见阿大母亲的情景。她正在红卫兵的监视下淘米，这已经使我很惊讶了，他们竟然还正常地进行一日三餐。更叫人意外的是她安详的态度。她一边淘米，一边回答着红卫兵们的提问，不慌不忙，不卑不亢，并且她的衣着整齐，干净，依然美丽……"③ 评论家陈惠芬深入分析道："这一经验给予王安忆的印象想必深刻，以至几十年后依然记忆犹新，而同时，却也未尝不是一种'建构'或'认同'的努力。"④ 这个"瞬间"可能属于淮海中路弄堂，但愚园路应该也不少这样的"瞬间"。

王安忆在充满灵性地描写黄昏时分鸽群盘桓、屋脊连绵起伏的上海弄堂后，忍不住说，"它们实在是极其美丽的景象"。可见，

① ［美］段义孚著，志承、刘苏译：《恋地情结》，北京：商务印书馆，2018年，第136页。

② 王安忆：《纪实与虚构》跋，《王安忆自选集第五卷：米尼》，北京：作家出版社，第432页。

③ 王安忆：《死生契阔，与子相悦》，《寻找上海》，上海：学林出版社，2001年，第52页。

④ 陈惠芬：《"文学上海"和城市文化身份建构》，《文学评论》2003年第3期。

"感知"最终变成了她发自内心的态度和历史价值观："我眼中的历史是日常的"，"历史的面目不是由若干重大事件构成的，历史是日复一日，点点滴滴的生活的演变，它只承认那些贴肤可感的日子。"[①]在她看来，历史与其说是演变的结果，不如说是坚韧的日常生活的累积，尤其是在激烈的时代里，那种执着于每一个日子的抉择，更有可能构成历史的"底子"。王安忆曾经坦言，《长恨歌》的目标是写出一个城市的故事："城市的街道，城市的气氛，城市的思想和精神。"[②]只有"格外地将这日月夯得结实，才可有心力体力演绎变故。"[③]张爱玲在纪实性散文《中国的日夜》最后，从菜场回来，也用诗句表达过和王安忆几乎同样的思想：

> 我的路/走在我自己的国土/乱纷纷都是自己人/补了又补，连了又连的/补丁的彩云的人民/我的人民/我的青春/我真高兴晒着太阳去买回来/沉重累赘的一日三餐/谯楼初鼓定天下/安民心/嘈嘈的烦冤的人声下沉/沉到底。……/中国，到底。[④]

无论是张爱玲的"公寓"，还是王安忆的"弄堂"，一脉相承的是这里的日常生活。历史都是过眼云烟，日常生活才是沉到底的底子。愚园路的弄堂市井生活带给不同时代的作家同样的体悟，

① 徐春萍：《我眼中的历史是日常的：与王安忆谈〈长恨歌〉》，《文学报》2000年10月26日。

② 齐红、林舟：《王安忆访谈》，《作家》1995年第10期。

③ 王安忆：《寻找苏青》，《上海文学》1995年第6期。

④ 张爱玲：《中国的日夜》，金宏达、于青编：《张爱玲文集》第4卷，合肥：安徽文艺出版社，1992年，第246—247页。

殊途同归的文学价值观，证明这条路的人地联结具有很强的文学情绪，并触发由“感知”而生的段义孚先生“恋地情结”的后两个逻辑环节：态度和价值观。

金宇澄的《繁花》的叙述年代跨入了1980至1990年代，有意思的是，这部用独特的语言风格叙述上海日常风俗的小说居然也写到了愚园路，而且直接将人物故事和关系嵌入“长宁电影院着火”的社会新闻，借助于一场突如其来的大火，将男女私情描写得绘声绘色。陶陶和潘静买大碟相识后，第一次约会在近中山公园的愚园路“幽谷”餐馆，夜饭吃过后经过附近长宁电影院，进去喝咖啡。作者描述了当时电影院的布局：二楼有咖啡吧、小型舞厅，三楼为招待所。二楼霓虹灯闪烁，走廊边有小舞厅，另一扇门打开进去是车厢座位。

位于中山公园20路电车终点站附近的长宁电影院，地处车来人往的交通要道，在1990年代谈不上俗气，也未见得高雅，其转乘的“临时性”很适合陶陶和潘静匆匆相识的露水相逢。电影院的格局也颇合二人生意人的身份和有些尴尬的暧昧关系。但金宇澄要的明显是那一场大火。正在两人尬聊时，电影院突然着了火。烟雾中众人狼狈不堪，人人都是热锅上蚂蚁，方向不明，情急中陶陶拖了潘静逃生，终于通过三楼走廊尽头老伯伯打开的铁门获救，潘静因生死关头陶陶的不离不弃大生好感。

> 陶陶与潘静离开，顺愚园路朝东走了一段。潘静说，陶陶是好男人。陶陶说，开钥匙的老伯伯真正好男人。潘静说，老人家可没拉我呀。陶陶说，我胆战心惊，潘静靠近陶陶肩膀说，最艰难的时刻，谁一直

拉着我不放，从来不松开。陶陶说这是起码的。潘静说，是好男人就送我回家。陶陶看表，半夜一点，叫了车，潘静贴紧了就坐。车子开到香花桥一个公寓门口。陶陶对潘静说，我跟车回去，不送了。潘静醒过来，从口袋里摸出信封，倒出一把钥匙，潘静贴紧陶陶耳朵说，我住此地——你随时可以来，钥匙坚定塞进陶陶手心，用力一揿，泫然泪下，关了车门，不回头奔进公寓。[①]

我们不得不佩服金宇澄讲故事的水平，貌似短句白描木刻，朴素简单，又分明细腻灵动见性，栩栩如生，把面临生死考验时的男女私情表现得淋漓尽致。至于金宇澄为什么要把故事发生的场景设置在愚园路上的长宁电影院，并不清楚，但相信这不会是随意的安排，至少，金宇澄对那里的地理环境有相当的熟悉，才能略带真实感地加以描述。经此生死劫，捅破了一层纸，陶陶和潘静关系由若即若离的暧昧陡转为没有距离的明确。吃饭、吃咖啡，然后“狼奔犬突，左怀右抱，现在亲密如此，压缩于短短几小时，陶陶心乱如麻。潘静满面欣慰，女人可以简单，男人是饱经沧桑”[②]。一场火使两人的关系更加微妙，空间有了意义就变成了地方。

当年长宁电影院的那场“天火烧”是一条真实的社会新闻，尤其是住在附近的居民，都记忆犹新。王安忆利用一则愚园路的社会新闻衍生出一部长篇名著，金宇澄则利用这条由场所感的社

① 金宇澄：《繁花》，上海：上海文艺出版社，2013年，第82页。

② 金宇澄：《繁花》，上海：上海文艺出版社，2013年，第83页。

会新闻创造了一个“天火烧”的幽会场景，由此来展示特殊情景下的人物性格，发展人物关系。全球化对地域性造成很大冲击。德国哲学家海德格尔认为，在现代世界中，地方含义的深化和丰富过程遭到了破坏，其结果是地方的“真实性”遭到毁坏，城市空间变得不真实和“无地方特色”。加拿大学者雷尔夫认为“地方”的本质在于其“本真性”，具有本真性的地方，是同人自身有着真真切切紧密联系的地方，包括出生的地方、成长的地方、有过特殊搬迁经历的地方，总之是人们深深关切的地方。莎伦·佐金说得更形象：“原真性是一种生活和工作的连续过程，是一种日常体验的逐步积累，一种人们对眼前房子、身边社区每天依然如故的期待。当这种连续性中断，城市就失去了灵魂。”[①] 无论是海德格尔的“真实性”还是雷尔夫的“本真性”，或者佐金的“原真性”，都表明了一个意思：人们需要原汁原味的生活、真实的生活、有烟火气的生活，而突飞猛进的全球化、现代化、技术化和大拆大建的城市化很可能破坏这种地域生活。金宇澄所描述的中山公园地区作为交通枢纽地区，在20世纪的城市化运动中已经发生了很大的变化，愚园路西尽处的长宁电影院以建造地铁的名义被拆除，取而代之的是一幢体量不小的三层现代商业建筑，先后变脸为百思卖、米域等品牌，现在几乎变成了一家口腔企业的广告楼，沦为愚园路历史风貌区内一个没有历史风貌的普通建筑，一个千篇一律“无地方性”的商业景观。金宇澄借用电影院着火的“历史新闻”所虚构的文学故事，用文学记忆为大规模城市更新所造成的“无地方性”保留或者说想象了一段逝去的“烟火气”。

① ［美］莎伦·佐金著，丘兆达，刘蔚译：《裸城》，上海人民出版社，2015年，第6页。

愚园路沿线和周边区域的建筑、弄堂、马路、街区是市井的、日常的，便捷的，小尺度的；同时也是传奇的、冲突的、故事化、场景化的，因此很能得到文学家的青睐，无论是居住还是书写。林语堂的散文从奇妙的“声音”角度来反映早年“郊野时代”愚园路的自然生态。张爱玲的文本充满了沦陷时期的市井文化、街区生活和汪伪政权的暧昧气息。王安忆的小说充满历史跨度的弄堂文化和愚园路人家日常生活的底子，正好为王琦瑶的一生找到合适的地域呈现舞台。金宇澄的愚园路时代已经跨入了城市化，与其他历史时间更往前的作家相比，虽然没有体现出典型的地域性，但也不脱离愚园路作为重要城市节点和活动舞台的历史脉络，更重要的是，它为我们记录了 1990 年代“有地方”和“无地方”过渡时期的地方经验，从文本上留存和创造了长宁电影院的城市记忆和地域想象。该电影院没有被大火烧掉，却在 1997 年被拆除了。林语堂在寂静中感觉“隆隆可闻”的火车西站，如今也已荡然无存（于 1997 年拆除）。我们城市的地域特征正在日新月异中被逐步削弱，这对艺术创作来说并非好事，也正因此，我们要感谢这些文学书写为我们保存了愚园路穿越时空的“地方感”。王安忆和金宇澄有愚园路痕迹的长篇小说先后获得茅盾文学奖。愚园路堪称文学创作的“福地”，也证明“地域意识”是重要的文学资源，不能随意抹杀。

文学作品具有内在的地理学属性。它们往往由位置和背景、场所与边界、视野与地平线组成，成为地域意识的表达。文学作品当然不只是简单地对客观地理进行深情描写，同时也展示了情绪景观、阅历景观、知识景观，提供了认识地方的不同方法。按照段义孚先生“恋地情结”的研究范式，从“感知”到“态度”，再到“价值观和世界观”，“地方感”必然会投射到作家文本中。文化地理研究学者迈克·克朗睿智地指出：“人文地理学的学者们很快意识到，文学作品中的描述同样涵盖了对地区生活经历的分析，在这一方面，我们可借助小说研究描述中的地方的感受，或领略用文字描绘出的地方。这些充满想象的描述使地理学者认识到了一个地方独特的风情，一个地区特有的‘精神’。”[①]作为所选择的城市地域空间，林语堂凝神的声音场所、张爱玲游荡的周边街道、王安忆有虚有实的弄堂、金宇澄的“火灾”电影院，都生动再现了愚园路丰富的“地域性”和“场所感”。居住于此的地方经验和沉浸于此的地方认知所培养的地方感对作家书写有着潜移默化的影响，地域性也有赖这些文学书写的隐喻空间得以非遗性保存，并构成值得回味的互文关系。从城市文化地理学的视角，对作为样本的愚园路地域特征呈现在作家文本中的地方感进行分析，不仅可以感受到社会空间是如何通过地方意识投射到作家文本中，而且可以发现这些历时性的文学书写又是如何回过来为愚园路形塑了层次丰富的地域特征的。

① ［英］迈克·克朗著，杨淑华，宋慧敏译：《文化地理学》，南京大学出版社，2005 年，第 41 页。

日伪时期愚园路“封锁”考

我曾读过两篇题为《封锁》的小说，其中一篇是张爱玲的，写于1943年8月。

小说讲的是上海沦陷时期，碰到“封锁”的电车上，一个戴玳瑁眼镜、西装革履、拿着在摊头上买的用报纸包着的菠菜包子的中年油腻男，无聊地读着从报纸“转载”到包子上的文字。小说叙述道：

他从包子上的文章看到报上的文章。把半页旧报纸读完了，若是翻过来看，包子就得跌出来，只得罢了。他在这里看报，全车的人都学了样，有报的看报，没有报的，看发票，看章程，看名片。任何印刷物都没有的人，就看街上的市招（注：可惜那时没有手机）。他们不能不填满这可怕的空虚。不然他的脑子也许会活动起来，思想是痛苦的一件事。

因为无聊，中年油腻男开始搭讪挑逗一个涉世未深的傻白甜女教师，开始一段暗示性的语言告白，让向往婚姻的女教师想入非非。

但随着“封锁”开放，电车摇铃的虚线“切断时间与空间”，封锁期间的一切，等于没有发生。整个上海像是打了个盹，做了个不近情理的梦。男人又回到了现实的家庭。封锁期，张爱玲关心的仍然是男女私情。

另一篇是获得鲁迅文学奖的《封锁》，上海作家小白所写，2016 年 8 月发表于《上海文学》。

小说讲述孤岛时期的上海，汉奸头目丁先生在愚园路寓所的爆炸中身亡。为追捕刺客，日军封锁了甜蜜公寓，林少佐展开一场封闭式的恐怖调查，饥饿和恐慌笼罩着所有住客。鸳鸯蝴蝶派作家鲍天啸为了自救，将笔下的神秘女人作为诱饵，和日本人“捣”起了“浆糊”，却不料越陷越深，最终不得不接受一场真正的人性考验，完成第二次爆炸。

张爱玲从亲历（起码是共时性的经历）中获取灵感，小白从文献档案中获取灵感，但无论是张爱玲分析电车中两性的微妙爱情心理，还是小白刻画公寓里极限人物的跌宕心理，“封锁”都是小说叙事的重要时限。

回到历史的真实场景，“封锁”也确实是 20 世纪 40 年代初上海一个耐人寻味的“意象”。愚园路恰恰是频繁发生“封锁”之地。

一位原住居民对此曾有过口述回忆：

沦陷期的愚园路668弄地区发生过一桩因封锁而起的惨案。伪政府上海市长陈公博在开纳路（今武定路）金屋藏娇，和姘妇幽会时，日本人会派宪兵站岗。某天两个乞丐背着席子走过，席子里藏了枪。不知为了什么目的，把两个宪兵杀了。随之逃逸。日本人恼羞成怒。把这里封锁起来，只进不出。但是由于圈进封锁区的段祺瑞家人、汪伪高官梅思平、大中华橡胶厂老板，和一个雅好收藏的房地产商孙伯绳，联合提出抗议。封锁区缩到了镇宁路405弄。封锁圈内的钱家巷都是穷苦人，家里的存粮只有三四天。陆续开始有人饿死。孙伯绳的母亲信佛，组织了一批人，从篱笆外向封锁区内投掷大饼，伪警察也眼开眼闭。

如果说民间传说年代模糊未可确认，当时报纸的记录却证实了许多次真实的“封锁”。1940年10月18日，一名日本宪兵在愚园路608弄被人击毙，该弄于19日被日军封锁围困，禁止出入。21日一度开放，又续被封锁，据《大晚报》报道：

至24日已有六天，封锁区内数千居民无法觅食，贫困居民，已有老妪及小孩在早晨饿毙。被封锁区域之路口，东为地丰路（今乌鲁木齐北路）严家宅，西为忆定盘路开纳路，南为愚园路688弄及608弄、田庄等弄；北为极司非而路马路桥口。每一口子，由日本宪兵一名及“警察”三名武装驻守。居民中亦有外侨，尤以南通织布厂内工人共100余人受困，饥饿情形最为严重。区内青菜贵至每斤一元二角。大饼售至半元一个。

1940年第18期《电影生活》杂志刊登的题为《愚园路出惊人命案，连累天涯歌女停拍三天　原来因为吴村导演被封锁在封锁线内》的报道，也佐证了这一次封锁：

不久前，大同摄影场天天在赶拍一部国泰公司第二部作品：《天涯歌女》。该片是吴村导演，最近特为周璇女士而编，适合她个性的一部音乐歌唱巨片。上月18日中午12时左右，愚园路上突然发生了一件惊人的命案，起了一阵骚动。那条马路被戒严起来，不准任何人随意进出，吴导演的私邸就在这条路上。①

在这天发生了命案后，就被圈路封锁线内，不准进出。吴村在摄影场上的工作往往是日间二时左右开始的，如果是赶工的话。那么便要继之以开夜车了，这一天正在拍《天涯歌女》。到了一时左右。吴导演准备赴厂中工作，却得了一个不准通行的回答，这一来使他吃惊不小。他提出摄片的理由，向戒严者说明，但是绝对无用。吴导演真是急得没有办法。屋里厢的电话不断催着。一直到深夜，戒严令还未撤，吴导演只好电话通知摄影场，改期明天再拍，一大批技术人员只好呆了一天，没有法子工作。第二天到了午

① 许晚成编：《上海人名录》（1941）载：吴村导演住愚园路608弄145号。

刻，仍无法通过这一重封锁线，午后夜间，仍然如此。这种情形一直到20日下午五时，才撤销戒严令，这一天仍旧没有拍，到了21日下午二时，国华摄影场上才继续《天涯歌女》的工作了。

据CSDCF9（美国国家部门中心机密文件，中国内部事务1940—1944），893. 000P. R. shanghai/147（1940年12月），19页：

1940年11月30日。一名中国枪手暗杀了一个日本宪兵之后，日本军方封锁了沪西越界筑路地区中的一大块地段，直至12月14日……只有极少量的食物和其他物品被容许进入该地区。

发表于1941年第19期《金声》杂志，题为《被摒弃在愚园路外的一群》的文章，对另一次发生在愚园路的“封锁”情形记载綦详：

1940年11月30日，星期六那天，下午五点十分钟。咱们行里特雇的绿色团体客车（类似班车）照例从江西路总行开始出发。

……

在静安寺转了个弯儿，才到百乐门跳舞厅的时际，抬头一看呀，那么拥挤的人头正如长蛇阵似的站立着。那么寂静的，一声也不响，有几个脸上，现着忧愁的样子，好像担着很大的心事。那穿着青布大衫的茶房，三十不到的光景，匆迫地跑过来。两只手不停地挥舞着，对我们说："愚园路不好去啊，愚园路不能去，封锁哉。"

怎么又施行老手段封锁了呢？刚才608弄开放没几天（注：见前报道），真糟糕。他妈的蛋，不知是哪一个说的，语气里充满着十二分的愤懑，恨不得把他一脚踢开去。那汽车上的司机，人也吓得什么似的面庞变了颜色，有些颤抖的样子说，"先生，怎么办呢，愚园路是势必不能开去了。"

这时的我，脸色像风暴一样阴沉下来。倒有些着急的神气，手里还拿了一包报纸的包，中间有着金融周报。以及置放在领事牌香烟纸盒内的浆糊。车子掉过头，几位住在兆丰别墅那里的同仁——终于下了车。

地丰路还没到，前面的车子都停了，于是咱们也戛然停止。两个年轻的市警，找来背枪的宪兵在旁监督着。我们互相地下了车，给他们细细的搜查。脚上摸到上身，摸索了一大会儿。你们到什么地方去，做啥？生硬的中国话意思大致是如此。"金城银行（注：作者应是金城银行职工），到1155号宿舍去！（注：地图和文献证明愚园路1155号是金城银行职工宿舍实址）。"又打量了一下，"去！"我们上车了，就向前而去。忆定盘路口，形势也很严重，同样的给搜查着，真讨厌。幸而没有留难，还是大幸运。马路上是冷清清的，犹如死一般的寂静。

……忽然得到这么一个坏消息，地丰路大西路（今延安西路），海格路（今华山路），静安寺路口。都架起铁丝网，一路二路九路十四路公共汽车到静安寺为终点。二十路无轨电车只到极司非而路（今万航渡路）爱文义路（今北京西路），哎哟，该死，我们今天不得出去了啊！那怎么办呢？只得慢慢看，心急也没用，我想总有办法好想的。厨房的饭菜，也是到曹家渡那儿去买的，忆定盘路不通的，都封锁起来了。

……回宿舍去，可以兜圈子，走极司非而路开纳路（今武定西路）白利南路（今长宁路）弯过来。这毗连租界的极司非而路入口，已经开放，但汪家弄（今靠近愚园路的镇宁路曹家偃路延安西路华山路诸安浜路一带）那里，仍然严密搜查那居户和行人；禁止车辆行驶，并且持枪巡逻，站立在各封锁路口戒严着，听说嫌疑而遭拘捕者，已经有十个人了。兆丰公园附近的圣约翰大学，于前天广播暂停上课，封锁区域内的各中小学校只得完全停课了。沿大西路静安寺路口的永裕、永康、永成三里弄，共有居户400多，把各里前后用门钉闭，禁止人民出入，形成目前钱家巷第二（注：见前报道）了。里内的人大起恐慌，纷纷预备食米和煤球，食米销售一空，比较市价，高至倍蓰。煤球一元三十枚，现在将要售完了。上海电话公司在那儿有鲁西恩分站，其中英美俄女接线员各一个，葡女二个，中国女接线七十人，都无法出入，连宿数其中已三夜，只好由公司方面设法把寝食物具送去备用了。在那三日下午四时起，大西路地丰路口的铁丝网障碍物终于撤除，照常开放通行，不过只许外籍人士和外人自行驾驶的汽车为限。据说：华人需由担保方可出入，在被围地方以西的夜总会生涯却很盛呢。

这篇难得的纪实散文和前述传说、报刊报道可以互相印证：1940年10月18日或19日，愚园路镇宁路口608弄和钱家巷一带曾遭封锁；1940年11月30日，愚园路和汪家弄一带也被封锁。

有许多本质是虚构的小说，为了增加叙述的真实性，表层会有许多真实的地名，张爱玲的《色·戒》、金宇澄的《繁花》、王安忆的《长恨歌》，直至小白的《封锁》皆然。如何看待这些真实的元素，要不要较真，较真有多大意义，是文学评论中一个很值得研究的视角。小说家的创作和他实际生活的场域和经历之间往往会有某种联系。只要是具有现实主义特征的小说，小说家的创作必然与他的生活环境和社会空间有某种直接、间接或者隐曲的反映关系，从这个意义上说，越是个性的小说，这一点反而越是明显。当然，比现象更重要的是小说借此烘托的故事氛围和气息。历史小说，小说家为了可信度，更会选择一些真实的场景和标志，借此体现所述历史的真实和场域的特色，碰巧的是，张爱玲（寓所爱林登公寓在愚园路东头一转弯的常德路上，就读的圣玛利亚女中在紧邻愚园路西头的长宁路上，小说散文中多处出现愚园路的地名和景观，最典型的是《色·戒》结尾，王佳芝上了三轮车后要去的是愚园路，电影中被李安改成了“福开森路”）、王安忆（与父母同住过愚园路上的愚谷邨，《长恨歌》的灵感来自美丽牌香烟壳上的美女蒋梅英被害案，蒋即住在愚园路江苏路街道）、金宇澄（《繁花》中写陶陶和潘静到愚园路私会吃饭后到长宁电影院二楼舞厅咖啡吧小坐，恰遇失火险些丧命）、小白（《封锁》故事发生的公寓即在愚园路上），甚至还有茅盾（在愚园路 259 弄连生里和瞿秋白一起酝酿《子夜》写作）、林语堂（寓所近愚园路，在愚园路 1283 号公寓内的《天下》英文月刊当编辑）、周瘦鹃（曾住遭封锁的愚园路 608 弄 94 号）、施蛰存（寓所北山楼即位于愚园路 1018 号岐山邨弄口），他们的文艺创作都与愚园路有某种奇特的关系，甚至充满了愚园路的味道。“弄堂四通八达，人员五方杂处”，主要地处租界越界筑路地区的愚园路，其复杂性注定它要成为一条受作家宠爱的“文学中的马路”。

我们不妨再以小白的《封锁》来做一番分析。毫无疑问，内行人都看得出，小白为了写他的《租界》和《封锁》，对上海史是下过一番真功夫的，据说他在上海市档案馆翻过所有的工部局档案，在扎实的文献基础上进行了博尔赫斯迷宫式的精彩虚构和想象，完美地融会了历史真实和想象佳构，《封锁》获奖实至名归。但既然讲历史的严谨度，且有“小说中出场的任一元素无不与读者阅读期待中的‘历史真实’丝丝入扣”的评语，我们就不妨再严谨一些，探究一下小说的历史真实性。《封锁》故事发生的时间是太平洋战争爆发前：这个时候日本人还没有偷袭珍珠港，太平洋战争还没有爆发。汪政府中人还踌躇满志，没有一个人意识到要给自己找一条退路。而且，因为南京中央储备银行“中储券”发行不顺利，跟军统正打得不可开交。两方面今天你枪杀两个钱业大亨，明天他朝银行扔一颗炸弹。

地点正是愚园路。小说一开始就交代：

林少佐命令封锁大楼，直至抓获行刺者。抓到，当然不可能。爆炸声一响，整个街区都乱了。愚园路转到忆定盘路，一过诸安浜，不要说三两刺客，一整支军队都能跑了。

在审问主人公鲍天啸时，更证实了故事发生地在愚园路上：

鲍天啸。男。三十二岁。籍贯苏州。昭和十年间来上海，现居愚园路贰佰壹拾玖号甜蜜公寓二楼202室。

这里明确了被封锁的甜蜜公寓的确切门牌是愚园路219号。

作者对历史细节真实性的重视和事出有典的考证耐心令人感佩。也因此，才让本文起了较真之心。

小说中描写到的被炸弹炸死的汉奸丁先生（有丁默邨的影子，丁的实际住处是愚园路1010号，位于岐山邨施蛰存先生故居隔壁）、主人公鸳鸯蝴蝶派小说家鲍天啸（谐音包天笑，鸳蝴派干将周瘦鹃即住愚园路）、忆定盘路（今江苏路）、诸安浜路（今仍在）、兆丰公园（今中山公园）、惠尔康娱乐场（曾设愚园路1457号）等都是愚园路上的真实存在。既然小白令人钦佩地认真考证史料来进行写作，我们也不得不认真地来指出小说中一处不合适的失误，即将甜蜜公寓的地址设定为愚园路219号。因为愚园路上，这个门牌号码的位置应在百乐门（218号）对面静安笔店（219号）。小说描写道：

巡捕几分钟后赶到。架设拒马，清查路人。又半小时，日本兵蜂拥而至，将大楼团团包围。巡捕房英国人起先还要争一争，劳斯莱斯装甲警车开过来，到底也犟不过日本人——他们派来了坦克。越界筑路地段，管辖权争执由来已久。从前日本人没打进来时，租界工部局一段一段租买地契，一段一段往中国地界修路。修好路就造房子。造好房子就有租界居民住进来，租界再派驻警察管治安。国民政府有心争，无力抢。终于达成默契：工部局修成道路上治安归租界巡捕房管，道路两侧治安归中国政府。但这一片发生刑事案件，中国警察向来不管不顾。工部局正好步步蚕食。

等日本人打进来，南京政府逃到重庆。租界当局就硬不起来。母国打仗自顾不暇，在租界，能维持体面就不错。越界筑路地段发生治安事件，租界偶尔也要争两下，弄到最后往往是丢光面子。西区就此变成外国报纸上所谓 BAD LAND——歹土。

显然，小白是想将故事地点设计在越界筑路地区，以此来营造小说的整体叙事场景。他对越界筑路地区和西区歹土的描写也符合历史事实，但百密一疏，不知道愚园路大部分属越界筑路，唯包括百乐门及对面的这一段其实是划在租界里的，219 号这个门牌也正好轧进租界里[1]。根

① 可参阅 1938—1941 年间出版的《大上海新地图》《最新上海市街图》《袖珍上海分区村里图》等。

据各种历史学家的研究资料以及历史上所发生的真实事件梳理，虽然《上海租界史》也记录了几次因针对游行经过租界的武装日军进行袭击或爆炸而进行的封锁，但总体说来，当时属租界的地区（尽管日本人已进入了工部局警务处，且有日宪常住租界协力维持租界治安，北区尤甚），按照小说发生的年代，1941 年 12 月 8 日太平洋战争爆发前，由于工部局的竭力抵制，日本宪兵是不大可能因为一个中国汉奸在房间里被暗杀而大举动作的，更不用说随意长时间封锁一幢公寓了。219 这个愚园路路南门牌号码的公寓背后也不是布满棚户区的诸安浜路（该路过镇宁路，但未到地丰路，离 219 号尚有距离）。所以更合理些，建议将甜蜜公寓的门牌设定为乌鲁木齐北路（当时的地丰路）以西大一些的门牌号码，那里确实有许多居住过汉奸的弄堂和建筑，也是真实发生过"封锁"的区域。比如 668 弄，它背后有钱家巷；比如 749 弄，它背后确实是诸安浜路，哪怕丁默邨的实际住处愚园路 1010 号，背后也有棚户区，都吻合小说中所需要的棚户区场景，且 1010 号与汪伪高官云集的 1136 弄靠近，从安全起见，丁先生居此也更为合理。要设定为公寓，附近即有与甜蜜公寓环境相似的 1054 号久安公寓。虚构一个子虚乌有的门牌也没有问题，但租界地区与越界筑路地区的情况对于小说故事发生的真实性却有一个本质的区别。正如小白《封锁》中自陈的：

汪政府中人偏偏就喜欢他，丁先生刚到上海，日本机关曾在四川北路替他找过房子，旁边就是日本兵营。他们几个一商量，婉言谢绝。因为在日本军队卵翼之下，等于自承是汉奸。却又不能住在租界，抗日地下组织密集，安全不能不顾。况且，说起来是打算组府，难道把政府开在外国租界？

小说的“阿喀琉斯之踵”即在于把甜蜜公寓门牌设置为219号，此地址并非管辖权模糊的越界筑路地区，而是管辖权明晰的公共租界。如小说自言，丁先生不可能住进租界里。日本人也不可能公开地、长时间地因为一次针对中国人的暗杀而封锁处于租界内的甜蜜公寓（历史上西区类似的案例都发生在越界筑路地区）。公共租界当局对于自己的管辖区域还是“法律意识”很强的，从他们与日本人的谈判中也可以看出是锱铢必较的，尽管“日焰凌人”，也不轻言放弃。

直至1941年太平洋战争爆发，日本人开进租界，12月10日，“维持会”性质的工部局布告取缔政治恐怖事件的8条办法。其中2、3条言明：对出现政治性暗示的地段，予以无限期封锁，完全禁止出入；上述地段周围地区，同样禁止通行。日本人把过去在越界筑路地区的那一套完全搬进了租界。陶菊隐先生在《天亮前的孤岛》“政治性的大恐怖”一节，对永安公司遭封锁一类事件有大量叙议。顺便说一句，小说结尾将真正的日本人林少佐之死定为意外而轻轻放过，其合理性也可再设计。

无疑，小白是一位认真考证史料、力求历史真实性近乎完美的作家，也因此，本文才善意地在向这部出色的鲁迅文学奖获奖作品致敬的同时指出一点小小的瑕疵，如再版的时候，可做一个小小的改动，无损作品的完整性。

本文更大的意义在于探讨那些有真实印记的文学作品，如何将这些真实印记设置得更真实，虽然它对于一般读者是无所谓的，但对于专业读者而言，一个小小的走神，也可能“出戏”。就小说的完美性来说，它仍然是有意义的，或者说，它是作家对自己的诚实。

洛公馆：
一个美丽的误会

洛公馆位于上海市长宁区愚园路 753 号，一幢 800 平方米的别墅，是美国石油大亨洛克菲勒的公馆，由被称为“现代建筑主义之父”的美国著名建筑设计大师路易·沙利文设计。1870 年，洛克菲勒与银行家莫里森两人达成合作，将公司定名为“标准石油公司”，也就是日后驰名中国的“美孚石油”。约翰·D. 洛克菲勒也是人类有史以来第一位亿万富翁。1911 年，约翰·D. 洛克菲勒委托沙利文的建筑设计事务所设计了现在的愚园路 753 号住宅。1913 年愚园路 753 号洛克菲勒公馆竣工，当时洛克菲勒家族成员并没有入住过，而是作为当时美国在上海的投资家们聚会的私人会所，一时间赫赫有名。1924 年江浙战争孙传芳全面控制上海，愚园路 753 号又变成孙传芳手下浙军旅长颜景崇的公馆。

1927 年北伐东路军白崇禧率部进入上海，愚园路 753 号划归国民政府飞行员公寓（江宁公寓）。1964 年 3 月，南京路好八连进驻愚园路753号。2011年11月11日，洛克菲勒公馆正式被打造成为在上海最繁华地带的著名高端餐饮品牌会所。这是网上关于愚园路现753号的一段介绍。

从世界上第一个亿万富翁洛克菲勒的投资，到“现代建筑设计之父沙利文”的杰作，历经沧桑变迁，后来成为南京路上好八连的驻地，建筑是如此传奇，故事是如此肉感，令人唏嘘喟叹，不忍搅碎一池丽梦。如今，“洛公馆”三个字已录入了高德和百度地图，成为一个标志。

但这个流传甚炽的说法恐怕只是一个美丽的误会，尽管它并非空穴来风。事情还得从当年法华区十三号二十七丘，解放后的静安区50号（后长宁区230号）三十一丘5.035亩的一个地块说起。

1925年1月到5月的《申报》上连续刊登了发生在愚园路211号边瑞馨家的绑孩杀人案。据了解：上海租界的门牌号码在1932—1934年间曾经大规模重新编制过（但迄今没有人对前后变化进行过细致的对比研究）。根据《申报》《字林西报》等带有连续性的广告推断，当年发生绑孩杀人案的211号就是后来的753号所在地块。

1936年出版的《上海工商人名录》介绍：边瑞馨，1890年生，当年47岁。浙江宁波人。为远大、福记等纱号股东，永大股份有限公司、统益纺织公司董事。这些有效的文献证明，211—753号可以查找的1925年前后的主人应该就是这位名叫边瑞馨的宁波籍商人。

我不厌其烦地将《申报》上几乎长达半年的七篇边案报道中的三篇辑录在此，基本可见当年绑孩案的端倪。

之一：《愚园路之绑孩杀人案——边姓幼子被匪绑去。佣妇抵抗饮弹殒命》

（1925 年 1 月 14 日《申报》）

昨日上午十一时，有绑票匪三四名，雇乘汽车，驶至沪西愚园路二百十一号门牌边姓家门首下车。拥进屋内，见一佣户怀抱边之幼子，即上前夺取。该女佣极力抵抗，致撄匪怒，突出手枪，扳机射击，砰然一声。女佣饮弹殒命。匪趁势攫得边子，挈登原车，疾驰逸去。嗣边投静安寺捕房，据情报告，由捕头派探前往边家，将尸舁入验尸所，候报关检验。旋即查悉匪所乘之车，系向飞星汽车公司租赁。故将代匪司机之车夫某甲拘入捕房，听候核办。

之二：《边瑞馨家被掳男孩在甬发见》

（1925 年 3 月 30 日）

沪西愚园路边瑞馨家之男孩阿毛，前被匪掳去，迄今数月，尚无着落，兹闻该男孩已在宁波发现。因于途中啼哭，为警察查见，带入警厅，询系被绑票匪所接之财神，遂为暂留，现边家已派人赴甬调查真相矣。

之三：《绑票匪沈兴标候解内地官厅惩办》

（1925 年 5 月 10 日）

沪西愚园路二百十一号门牌边瑞馨家之四岁男孩小毛，被匪绑去。临逃并开枪将乳佣陈锡芬击毙。近经捕房拿获案犯绍兴人沈兴标（又名潘毛头），解由公共公廨谕令押候讯究，已志本报，昨晨提审。据捕房代表律师梅脱兰氏称，被告于本年一月十三号乘坐飞星公司之汽车至愚园路。因边家后门关锁，故从墙上扒进，迨抢得小孩，击毙女佣之后，仍从墙上扒出。现被掳小孩已在宁波寻获。惟据被告称，孙由原告赎回，但原告否认备款往赎之事。只承认事前接到恐吓信两封，皆未报告捕房云云。继由九十号西探上堂禀称，被告系从法捕房提来，渠已供认所犯案情。我并与三华探带同被告往愚园路事主家查勘。昨日，据暗杀探目黄润甫一案所获之人犯陈复良等在捕房供称，暗杀黄探目，事前曾与本案被告同谋，被告以如能将黄探目杀害。渠给赏洋500元。迨二月十五号，黄探目被人暗杀，故被告实与该案有关云云。又由特别西探长壳罗香氏上堂，证明边家之孩被掳后，即往调查，见墙上确有足印，门外有汽车印云云，又由边瑞馨投案诉称，我子被掳时，我不在家，嗣得报归来，即报告捕房，现此子已寻获。因见宁波报纸，登载小孩迷路，被警厅收留，所记孩之面貌等等，与我子相仿，故赴甬认明，果系我子，遂即领回，并无出钱取赎之事。随将所接之恐吓信两封呈案，又由飞星公司汽车夫蒋福卿上堂，证明被告是日确系乘坐伊车是实，又由另案犯人陆福良（即复良）、丁志元供称，与沈认识，暗杀黄探目后，确曾付出洋五百元。当时沈称，此款系边姓赎孩之价等语。质之沈兴标供称：是日被友人邀去游玩，至北火车站。见有汽车一辆，遂同登车至愚园路，由在逃之桑福成给我手枪一支，桑等下车，从边家后门而进，未几，抱一孩出，乘原车赴闸北分散，后有孙姓给我洋八百元等语。至对于暗杀黄润甫给赏五百元之事，沈坚不承认，经邵襄谳核供，商之义兰副领事，判被告押候备文录供详解内地官厅按律惩办。

由此案可见：一、20世纪20年代的上海治安并没有想象中那么好，尤其愚园路一带还较为荒疏，虽属越界筑路地区，由工部局管辖，静安寺巡捕房也在就近，但治安较之人口更为稠密的租界核心区域，总略逊一筹，又因为这一带已有富裕鼎食之家，故常发生绑票案。虽然案破，从边家携款私了而不敢公开，证明对治安情况仍有后顾之忧。而从黄探目的复杂案中案中发现，绑匪居然敢暗杀警务人员，足可见其胆大妄为；二、乳佣抵死护孩以致殒命，可见当时民风之淳朴；三、举枪杀人的绑匪沈兴标系绍兴人，证明江南一带并非都是风花雪月之人，除了平原稻作区的诗情画意，在浙江，还有强盗出没的贫瘠险峻山区和粗犷彪悍的海岛渔民。

可能是边家发生令人伤心的变故后出售了自己的地块。随后这里建起了一幢八层公寓和一幢二层西式小楼。在1930年的原始图纸中，可以看到现在“769号（洛公馆，Rosebery Court）”和

“753号（江宁公寓，Rivers Court Estates Ld，据《申报》广告当时还叫海上大楼和江上大楼）”已经清晰地成立，图纸中标示的753号八层建筑的管道设备图表明这已经是水电齐全的非常现代的建筑。图纸的签名是当时非常著名的艾略特·哈沙德建筑事务所，应是有力证据。关于建筑由“现代建筑主义之父沙利文”设计的误会不知是否因为两者的英文读音和签名接近而产生。根据沙利文（Louis Sullivan）的生卒年1856—1924年推断，1930年沙利文已去世，当时的753号海上大楼或江上大楼不可能由其设计。但因为1910年代原始文献档案的缺失，未能完全否定文首“1911年，约翰·D. 洛克菲勒委托沙利文的建筑设计事务所设计了现在的愚园路753号住宅。1913年愚园路753号洛克菲勒公馆竣工，当时洛克菲勒家族成员并没有入住过，而是作为当时美国在上海的投资家们聚会的私人会所，一时间赫赫有名”的传说。即使洛公馆由沙利文设计，它的门牌号也应该是769号靠门口的那幢二层西式建筑，但根据1910年代的建筑情况，出现这种建筑样式的可能性微乎其微。另一种推测的可能性是此地皮最初由洛克菲勒家族从中国地主手中购得，传说由此而起。将769号西式二层建筑误植为洛克菲勒家族产业的另一种可能是江上大楼，即至今所称的江宁大厦直至解放后两年一直是美孚石油公司的产业（占二分之一），我们不知道是否此前前后两幢楼都曾经为美孚所有，临近解放才慢慢出售。美孚石油无疑属洛克菲勒家族所有，传说也有可能因此而起。据薛理勇先生分析：1937年“八一三”淞沪会战期间，愚园路成为“沪西歹土”，敌伪势力猖獗，大部分侨民和富裕的华人撤离愚园路。1941年太平洋战争爆发后，英美侨民撤离上海，愚园路房子的产权或租住户变化较大。如今，上海对于老房子产权人或租住户的描述绝大部分是 1945 年后的采访或老房子后人的回忆，有一定水分，不能完全采信。

769 号洛公馆 10/12 号（Rosebery Court，当时还有 10 和 12 两个分门号）1932 年前的门牌号还是 215 号，而 753 号江宁公寓（Rivers Court Estates Ld）1932 年前的门牌号则为 211 号。

据纽约大学顾老师、静安文史馆陆先生提供的《申报》和《字林西报》等中英文报纸文献分析，769 号洛公馆（Rosebery Court）和 753 号江宁公寓（Rivers Court Estates Ld）所在地块在边瑞馨家族退出后，可考的新主人是犹太人托益（R. E. Toeg），托益是证券经纪人公司老板。犹太老人死后一直是他太太住着，直到 1940 年前后才搬入 753 号江宁大楼 7A。托益有两儿两女。管理江宁大楼的是托益的两个儿子 David 和 Edmund。根据英商字林洋行出版的《the China Hong List 1937》中上海街道上的"Shanghai Street Directory"（中国行名录—上海街道名录），753 号 Rivers Court Apts 的登记主人有 Judge & Mes Milton J. Helmick 等 20 人左右。而另有 754 号（此地块上当时还有第三幢楼）登记主人为 Mr & Mrs David Toeg（应为托益的一个儿子）；769 号 Rosebery Court 的主人为 Mes R. E. Toeg（托益）/Edmung Toeg（另一个儿子）/Miss Nora Toeg（应为托益的一个女儿，但另一个女儿未出现，可能是未成年或其他缘故）。

上海市建设档案馆内未存有此地块和门号的原始号丘资料，通过现愚园路 753 号嘉春园的运营单位、警备区档案室、长宁房地局档案信息中心等单位以及热忱的朱先生和李女士帮助，我们找到了几份珍贵的原始档案资料。初步厘清了这一地块的一些可考历史：

关于769号（洛公馆，Rosebery Court）。在一份1949年2月解放前上海市地政局颁发的土地所有权状上，这块“地籍”标示为法华区一图元字（玗）十三号二十七丘，面积标示为伍亩柒分弍厘零毫的土地地面说明有一幢“西式二层楼房计九间”。所有权人登记为沙斐亚托克（是否为托益家族后人未考）。在另一份英文证明书中有可能为沙斐亚托克代理人的英文签名，且附有英认字第56/0017号：兹证明上列英国外交部鲍尼费斯先生之签名属实

中华人民共和国驻英国代理处一等秘书田健（署名）字样，时间是1956年7月18日。在时间签署为1977年11月的“签报”中说明：“查愚园路769号住宅一幢，建筑面积1059平方，地籍长宁区230号27丘。愚园路753号原产权为英侨沙菲（斐）亚托克所有。该房已于1954年6月28日移交我局作代理经租。”可见现称为“洛公馆”的小洋楼原为英侨沙斐亚托克产业。1954年代理经租，1956年估计经代理人签名后改为代管。只是解放前后的地籍归属有所改变。在另一份填表时间为1968年1月的产业变更通知单中，说明了该建筑自1967年12月4日起由代管更改为接管。

关于753号（江宁公寓，Rivers Court Estates Ld）。填表时间为1954年7月的“产业变更通知单”中有两条重要信息：1. 上开房屋原属美商美孚公司使用部分（约占全部房屋的二分之一）已经后勤油料部征用后移交本局（上海市房地产管理局）接收征用，现由静安区管理所管理，现在全部由本局接收统一管理。2. 本局征用美孚公司部分房屋之记录，仍予保留不加变更，至将来如何进一步处理该处房屋容后研究确定，另行通知。根据另一份内部文献，标注为静安区50号（后改为长宁区230号）31丘，

面积为5.035亩的“土地卡片”，备注中也标明“华东军区后勤油料部征用美商美孚大油公司房地产，于52.4.8前房管处接管征用”。可见八层高的江宁公寓原起码二分之一属美商美孚公司（至于其他部分是否原也为美孚公司所有，后逐渐出售则待考），上海解放后两年即为部队征用，石油公司为油料部接管，也可谓顺理成章，得其所哉。

即使否定洛克菲勒和沙利文的传说，也并不表明这一地块两个门牌的建筑没有传奇。

总结陈词：根据传说和文献档案资料，当年法华区十三号二十七丘，解放后静安区50号（后长宁区230号）31丘5.035亩地块的前世今生为：

关于769号，1932年前为215号。（洛公馆，Rosebery Court）地块建筑：

1. 1911—1913年　洛克菲勒家族委托沙利文设计（暂无实据）

2. 美国商人们的私人会所（暂无实据）

3. 军阀孙传芳属下旅长颜景崇居所（暂无实据）

4. 犹太托益家族居住（1930年建造）

5. 英侨沙斐亚托克（确认）

6. 好八连驻地（确认）

关于753号，1932年前为211号（江宁公寓，Rivers Court Estates Ld）地块建筑：

1. 1911—1913年　洛克菲勒家族委托沙利文设计（暂无实据）

2. 美国商人们的私人会所（暂无实据）

3. 军阀孙传芳属下旅长颜景崇居所（暂无实据）

4. 中国商人边瑞馨家族（1925 年前后）（确认）

5. 国民政府飞行员公寓（1927 年）（暂无实据）

6. 疑为犹太托益家族产业（1930 年建造 8 层公寓，有案可稽）

7. 有姓名者 20 人居住（1937 年，时名江上大楼，确认）

8. 美商美孚公司（二分之一产业，确认）

9. 华东军区后勤油料部（确认）

10. 好八连驻地（名江宁大厦，确认）

关于 754 号，与托益家族相关的第三幢建筑（1937 年已存在）。此门牌建筑 1998 年因地铁建设，迁址在愚园路 750 弄内，归属同仁医院。西班牙风格，坊间称犹太建筑，实为犹太人的建筑，长宁区第二批历史保护建筑。门前铭牌上标识为英籍犹太人 Rosebery 建造，可能是误将建筑之名当作人名之故。其建筑年代标识为 1931 年，存在两种可能，一是此建筑如和其他两幢同时开建，则应为 1930 年建，此处有误。二是此宅在另两幢建筑建成后次年建成，但未见确切资料。据张长根先生《上海长宁近代建筑鉴赏》，此宅主人于 1937 年抗战爆发后回国。1939 年前，戴笠情妇（传说胡蝶）曾居于此，历经汪伪和国民党政府，1949 年后由上海警备区使用，1987 年与同仁医院交换房屋使用权，医院将其作为仓库使用，直至移位，由原来的南北朝向改为东西朝向。张先生还记录了当地居民的传说：1930 年愚园新村建造前，犹太人（应即托益）购置下了 754 号所在地块，原以为浙江兴业银行为建愚园新村，必定要以此为出入通道，可就此待价而沽。但因要价太高双方谈判陷入僵局，犹太人索性在此建造了这幢建筑送给儿子。真假莫辨，姑备一格。

打破飞行中的美丽传说有些残酷，我们期待有更深入开掘的原始史料（我们的文献档案许多还处于封存状态）可以印证这些传说。如同三皇五帝和夏商西周从神话传说到文献信史的过渡，十三号二十七丘的历史文献也有点类似夏商之间，若隐若现，似有还无。由此感喟：即便百年历史，已是如此朦胧依稀，更何况几千年前的历史，其考证之难，之精准可信，又何其不易和可疑。所以，传说是一回事，信史是一回事，更大量的是介于传说与历史、虚构与非虚构之间的广袤地带，供研究者们争论探究，或可为上海史学者有所裨益，也未可知。若问此考证有何意义，此之谓也。

女性回忆中的历史迷云与真相

保志宁、黄慕兰、董竹君都有自己公开出版的自传或回忆录。自传的高标是“不隐恶，不溢美”，但谈何容易。三位女性的传记和回忆录出于自护本能或难言之隐，或多或少都有自我溢美和回避之处，也可能只是一面之词，甚至掩盖某些事实。她们用坦荡心态赢得的高寿使她们成为大时代中的奇女子，但在日常生活中，她们又常常是情绪使然的小女人。有趣的是，在传记和回忆录中，三位女性有过交集和共同的交往对象，对事实的叙述却并不一致，对她们交往人物的评价也并不完全一致。可以作为案例，引发我们从历史研究的角度，对自传回忆录的学术价值进行思考。

愚园路 1136 弄 31 号是愚园路上具有地标性的著名建筑，它的原主人是国民政府交通部长王伯群和保志宁夫妇。

在《人生事　总堪伤》回忆录中，保志宁谈及抗战胜利后的 1946 年初，她乘机返沪回到愚园路家中的情况：

那时我们在上海愚园路1136弄31号住宅，在八年抗战中为汉奸汪精卫占用，抗战胜利后由政府代为接收，到沪后我即与军政当局商洽。并承市政府协助收回出租，内中所有家具陈设所剩无几，该屋由于建筑坚固，故八年来除了花房及厨房须修理外，皆未受损坏。

——待一切准备就绪，我即飞赴重庆将先母和孩子们接回上海，住在愚园路，数月后始搬到南京入学读书。

我则奔走于京[①]沪之间，因上海房屋的花房及厨房需雇工修理，暑假时候孩子们到上海居住，直至民国三十六年，上海房屋须人照应。孩子们和我也有事要离国，为保护房屋起见，遂将该屋暂租于英国大使馆新闻处应用，租期二年，我们自己亦留一部分自用。

说明房子是由市政府协助收回的，并没有论及黄慕兰丈夫陈志皋律师代其收回此屋并出租给他们夫妇的事情。

而在《黄慕兰自传》中，却有与保志宁完全不同的回忆和表述：

志皋[②]的妹妹秉璋有个很要好的同学叫保志孝，她的姐姐保志宁当年在大夏大学读书时，有校园皇后的美名。抗战期间，王伯群去世

① 作者注：京应指南京，保氏也有房子。

② 作者注：黄慕兰的律师丈夫。

了，上海的那所大花园洋房，曾被汉奸头子汪精卫占作伪官邸，后来又被日伪特工占作秘密机构。抗战胜利后，保志宁知道陈秉璋的哥哥是一位有名的大律师，就委托志皋代他把这所房子接收回来，当时言明条件是：房子收回后由我们负责代她修理好，她只保留楼下的两个客厅以及二楼的全部；其余楼下的四间大厅、餐厅、书房以及三楼的全部，还有后面的一部分附属用房，都租赁给我们使用，租金按美金支付。但双方没有签订书面合同，那时，从大后方复员回上海的人数以万计，上海的住房十分紧张，我们能住进这样高级的大花园洋房，自然大喜过望。

志皋把这个花园修饰得很好，取名“隅园”，我们曾在这里利用宽敞的洋房客厅和美丽的花园，举行聚会或游园活动，接待过上海文化界的许多朋友——名为“隅园雅集”。

田汉常常借我们愚园路住处请客，因为他在文化界交游甚广，熟悉的朋友太多，只要听说田老大请客，就会有不少不请而闻讯自到的来客，远远超过预定的人数，往往使我们措手不及，穷于应付，好在我们预定的酒席不是董竹君大姐开办的锦江饭店，就是吴湄大姐当家的梅龙镇酒家，她们两位跟我们都有友谊关系，跟上海文化界的人事关系也很密切，所以临时只要打个电话去，增加几桌酒菜，还是没有什么问题的。

我们在愚园路住有约一年半光景，房主保志宁却背信弃义地把这所房屋以 3 万美金全部顶让给了别人，逼迫我们迁居。

那天，通易公司的董事长王艮仲借我们这所花园洋房举行宴会，款待上海教育界的知名人士时，保志宁的仆人剪断电线，使满堂顿时一片漆黑。——志皋十分生气，拟向法庭上诉，与之论理打官司。保志宁自知理亏，自己不敢出面，赶紧请王伯群的妹妹王文湘（何应钦的老婆）到上海来打圆场，做说客，还请了好多官方权要的头面人物作陪，请志皋吃饭，她讲情说，保志宁孤儿寡母没有依靠，也是怪可怜的，她是为了培养儿子去美国留学，钱不够用，没有法子才出此下策，把房子顶出去了——志皋是个服软不怕硬的人，见王文湘当众如此卑颜恭词，以礼软求，只得应允了她的恳求。

孰真孰假，孰是孰非，过程和细节可能只有当事人最清楚，但黄慕兰在 31 号花园洋房住过，有照片为证，应是不假。然而，与她自称有友谊关系的董竹君大姐在《我的一个世纪》自传中，却对她的丈夫陈志皋有完全不同的评价。

1932 年，董竹君因家中被搜出一包进步宣传品而被法捕房逮捕。董竹君回忆道：

我临走时去前楼看了一下正在酣睡中的孩子，我叫醒国琼（董竹君的女儿），她翻身跳起擦着眼睛，抬头恐怖地看着我和包探，我把书桌抽屉内仅有的十九元交给了她做家用，并且关照她去隔壁找张殊明一道去聘请那位在法捕房里有势力而且专为进步人士辩护的律师陈志皋做我的辩护律师。

在特别标明“律师的敲诈”一节中，董竹君又回忆入狱后的情况写道：

有一次，安南巡捕给我一张小条，并且告诉我：你的大女儿国琼被陈志皋律师和提你的两个包探包围在陈律师的办公室，陈的家人也在旁（案：家人应有所指），说你的案情严重，要你大女国琼拿出3000元才肯把你营救出来。如果现在手头没有钱，可以打电报给父亲或者南洋华侨，或者南京政府里的要人戴季陶，又说戴季陶是你大女儿的干爸爸，不然，说你可能被枪毙。他又接着告诉我，你的女儿年纪虽小，却很聪明能干，她回答他们说，母亲自从和父亲分开后就和这些人不来往了，对于母亲这案子，他们这些人不会同情的，她也不愿意去求他们。母亲如果被枪毙了，她就带三个妹妹去跳黄浦江！钱，说什么也没有！

我听完安南巡捕的话，便拆开看他偷偷送来的小条子，这纸条是国琼女写给我的，信里这样说，“亲爱的妈妈。您好，我们都想念您，望您保重身体，陈志皋律师找我到他写字间去谈话，他和两个包探逼我一定要拿出3000元，我拒绝了，结果我在无可奈何中，答应付 600 元诉讼费，签了字，他说要我们把这笔钱完全付清才能开庭，我已经设法付了他 200 元，其余的钱没有办法，怎么办?”

我看完信条，大吃一惊，原来陈志皋这个人披着进步的外衣，以所谓“左倾”的面貌出现，真不知有多少人受了他的欺骗!

董竹君出狱到杭州暂避后，接到国琼女和友人们的信：

说我们走后，巡捕房来家里勒索钱的人有好几个，姓刘的大怒，说他上当了，陈志皋律师则逼着大女交出租来的一架钢琴，抵作余欠的 300 元诉讼费，幸亏国琼女的一位青年朋友谢涛（他的哥哥军界有些势力）挡住了。

因为比董竹君活得更久，因而可以读到董竹君自传的黄慕兰，又在自己的自传里为丈夫陈志皋辩解道：

前几年公开出版的董竹君的回忆录《我的一个世纪》内容丰富生动，具有很高的史料价值，但在书中有一处与事实不符。文中提到，1932 年，她在上海受冤枉吃官司，孤立无援中，她的女儿慕名去找陈志皋大律师求助，不想竟遭对方“勒索巨额酬金”，见死不救。这真是天大的误会，按董在书中所叙的时间，正值志皋因其父介卿公病逝，在家守丧百日，也正是为

“周少山启示”避风头之时，他闭门不出，不接任何案件，根本不可能受理董的诉讼委托，更谈不上乘人之危勒索巨金之事。我想很可能有人冒充志皋之名敲诈勒索，而董在恼怒中就把这笔账错算到了根本不知此事的志皋头上，并一直耿耿于怀，但令我不解的是，解放战争时期在上海，我们奉命开展文艺界的联络工作，常在家中举行游园聚餐活动，所设席不是由吴湄大姐的梅龙镇酒家，就是由董大姐的锦江饭店供应，彼此间有过十分愉快且颇为频密的友好合作关系，为何从未听到董对此事流露过丝毫的不满情绪呢？当然，1932年时，董大姐尚未参加革命，其社会身份犹是夏都督刚离异的夫人，又是与人合伙办企业的老板，个别律师不知董大姐的实际困境，而仅凭他的身份和社会地位索取巨额酬金的可能性还是有的；但绝不是志皋，不仅当时处境不符，更不符合志皋一生为人处世的准则，如今董竹君和陈志皋都已去世，我决无意在此再挑起新的争论，只是如实说明事实真相，以免继续以讹传讹。

董竹君是不是那么容易搞错，陈志皋当时的情形及为人，因为没有更多的史料和旁证，我们也无从分析，只能让当事双方各执其词。此事也可以说是死无对证了。

《春秋公羊传》有“三世说”，即“所传闻世”“所闻世”和“所见世”，说明了所见—所闻—所传闻之间的差别，历史学家熊月之先生也曾列出闻—见—历对历史研究者的采信序列。就此案例分析，证明自传只是自传，回忆录也只是回忆，可以参考，却不可作为信史，否则历史就会变成长寿者的历史，尤其是对于一些似乎无所不知、无所不对的回忆录，更应警惕，相比自传和回忆录，当时的日记和原始档案相对可靠些。

有人说：历史本就是“人们认为往事曾应当如何发生”。只有真切感悟亲历者们“认为往事应当如何发生”这一环节，才可能使“我们以为发生过的事情”最大程度地接近“真实地发生过的往事”。不厌其烦地盘查所有最细小的情节或信息，是为了对描述对象有一种“如肌肤触碰般”的深切了解，以便从海量叙事中寻找“身临其境”的感觉，这对历史研究来说非常重要。但历史研究真正要“还原”的，并非这些细节的真实，而是活动在那个时代的人对那个时代的切身感知。细部研究通过当时人如何感受其生存环境，最终要还原的是那个特定时代的精神气质和宏观历史图景。真正出色的微观研究非但不回避对宏观图景的应有关怀，而且恰恰是宏观叙事不可或缺的血肉基础。董竹君刻意指出、黄慕兰反复辩解、保志宁力图回避的东西，可能正是最重要、最真实、最能说明问题的东西。作为大时代中的女性视角，这些高寿女性的自传和回忆录尽管不可避免地具有主观色彩，但对于我们“身临其境”地体会一个世纪的风云变幻和世道人心，仍然弥足珍贵。

UNI QLO
UNI QLO
UNI QLO

文化记忆

城市：
一个可阅读的文本

法国历史哲学家德·塞都曾把城市称作一个文本，不过，如果说他只是使用了一个形象的概念隐喻，那么，上海则把它变成了一种巨大的社会实践，这就是“建筑可阅读”活动。“建筑可阅读”可概括成三个关键词：建筑、故事、人。从 1.0 版关注物质遗产的建筑，到 2.0 版关注非物质遗产的故事，到 3.0 版关注阅读建筑的文明市民，“建筑可阅读”活动正在上海这座城市不断升级和深化，并用不同的表现方式在文化领域之外产生溢出效应，大大提升了城市软实力。

建筑介于历史与未来之间，没有深入的阅读，便不可能有真正的发展。上海原南市区是典型的老城厢，这里面临迫切需要改善的民生和保护历史风貌的两难问题，而如何以战略思维解决这一问题，离不开对这一地区的深入阅读。从改善民生角度来说，老城厢的居民，十几个户口、三四代人蜗居在十几平方米、几十平方米的破旧房子里并不鲜见。居民对于专家的保护要求，有时候会嗤之以鼻，说："让你到这个地方来住上三个月，你愿意吗?"这是从底层老百姓角度表达的改善民生的迫切愿望。但是从更大的城市发展视野来看，上海作为一个国际大都市，对标"纽（约）伦（敦）巴（黎）东（京）"，到目前为止还缺少世界级的文化遗产，保护老城厢这片上海境内最典型的中国传统城市的历史风貌，就显得非常之重要。如果能够将它与外滩沿江万国建筑博览群、北外滩大杨浦沿江工业遗存，包括浦东小陆家嘴后现代建筑群连成一个整体，是一个很好的申报世界文化遗产的设想。

保护老城厢的历史风貌意义不同寻常，在保护和开发的关系上，一定要站高定位，做好顶层设计，处理好短期与长远、局部与全局的关系，不做历史的罪人。从毗邻市中心的地理位置来看，老城厢地区保护与开发得当，可以成为上海的超级文化地标：如果引入黄浦江水，通过方浜中路抵达湖心亭，恢复其原有的部分水系和沿圆形城墙旧址，构筑绿色植被带或篱笆墙，可以使之成为离市中心最近的江南水乡，或至少具有部分江南风貌，同样会产出经济效益。上海市中心的城市魅力由此倍增，其产生的间接经济利益不可估量。

居民的居住困难问题的确需要解决，但如果真正读懂这片建筑的现实困境、历史渊源与空间关系，真正理解这片老城区是"上海历史风貌发源地"意义，相关各方就不会轻举妄动。

拆除老城厢，拆的不仅是历史，也可能拆掉了上海的魅力，拆掉了长远的巨大的经济利益。必须从这个高度紧迫地认识这个问题，否则一旦老城厢土地出让完毕，由开发商各自为政拆屋造楼，上海就会丧失最值得保护的成片历史风貌区。

在全球城市纷纷形成中央活动区（CAZ）的新趋势下，老城厢也可以打造成集居住生活、企业办公及政府服务于一体的多功能活动中心区域。以老城厢为“文化心脏”的CAZ有望成为吸引国际资本、国际人才集中的区域，扮演上海全球化的交互窗口，成为让世界惊艳的城市活力之源。用多功能、多元化吸引多样化的消费者和居住人群，保持持续的经济活力和城市吸引力，在文化和经济之间达到最优化收益。这是我们通过阅读老城厢的建筑风貌所形成的认识。

随着20世纪90年代城市研究的不断演进，城市地理学中的文化转向和城市社会学中的空间转向在地理学和社会学之间架起了一道桥梁。学者们开始把城市当作一个文本来解读，认为城市本身就是一种陈述，越来越关注城市的主观体验，开始以表面效应而不是通过对过程的解释去解读城市，形象方法在城市研究中得到广泛运用。

在语言学中，字母、音节、单词构成了文本，德·塞都在2002年出版的《The Practice of Everyday Life》一书中创造性地把城市看作一个“文本”，而“步行”不过是对这个文本作精微的语法考究。德国城市研究学者迪特·哈森普鲁格明确地将城市环境假设成一个可以被阅读和释义的社会文化文本，借用符号学方式将空间现象视为符号，进而视之为意义和感知的载体，并将符号分为三种类型：图像性符号、指示性符号和象征性符号。在城市的建成环境中，建筑、街道、广场、公园、雕塑、广告、屏幕、轮廓、立面和体量，包括各种各样的人，作为三种类型的符号系统，共同构成了文本，他们以难以穷尽的方式存在于城市空间之中。

从符号学的角度来看，城市空间要素既是意义和感受的载体（能指），又是它们所指向的意义和感受（所指）。为了能够以一种非主观投射的方式来赋值意义，我们需要拥有那些始终铭刻在有生命或无生命的物体上的记忆。人类为了更好地生活，创造了城市空间，在空间中赋予他们所需要的、所追求的形式和内容。如果人们能够读懂这些人类栖息地所呈现出的空间"印记"，便能理解包括规划师、建设者、居民等在内的空间设计者、使用者的生活、思想以及冲突。我们常说：假如石头能开口，它们会告诉你许多故事；假如建筑会说话，它们会告诉你许多真相。阅读城市可以有不同的视角。比如你站在东方明珠或是上海中心楼上俯瞰尘市，就是空中视角，在这个高度下，你和城市产生了一定的距离，迷人的城市变成了你眼前一本可以随意翻阅的书，你的眼睛就像上帝一样向下俯视，这时候和你的视角联系在一起的是知识的构成，而不是其他东西。此时此地，城市的复杂性似乎可以被解读，其不透明的流动性静止在透明的文本上。移动的隐喻性城市变成了规划的可读性，城市文本清晰可见，但这可能只是一种视觉的幻象，正如我们在很多无人机拍摄的照片上所看到的外滩全景、城市全景的净化效果，我们就此摆脱了日常生活，将自己置身于这些景致之外。与强调这种虚假极权的上帝视角不同的是另外一种视角，即平行视角、街道视角。在可见性的门槛下面，普通的城市从业者作为行人生活在地面，通过城市经历的基本形式，诸如在城市行走、驱车等漫游方式，他们的身体在自己书写的却又读不到的城市"文本"的拥挤或空旷处流动。这些从业者们没有被地方化，而是在空间里，就像相拥的恋人一样，他们对这些空间熟视无睹。在城市的舞台上，每个身体都是这出熙熙攘攘的城市戏剧的基本元素，被其他许多身体所标示。身处街道洪流中的我们像“游荡者”本雅明那样真正关注过城市吗？我们真正留神去看周围的建筑物了吗？很可能我们长期以来的熟视无睹或者关注的只是城市的皮毛，周围的建筑就像纪念碑，它既矗立在那儿，又不在那儿，只是偶尔受到关注。相比我们对它的关注，更多的时候是它在凝视着我们。在我们幼小的时候，限于交通工具，我们的大部分活动空间只是双腿所能抵达的范围，偌大一个城市，我们所熟悉的区域很可能仅是我们居住或工作的区域，同时因为社会关系的封闭和隔离，我们甚至无法熟悉和拥有更大、更自由的社会空间。今天不同了，吃饱饭的人多了，交通工具发达了，空间范围扩大了，文化视野开阔了，但因为我们的漫不经心，我们的来去匆匆，我们仍然可能对自己所处的街道和城市熟视无睹。这就需要有第三种观察视角，那就是本雅明的“游荡者”视角。

所谓“游荡者”，即用新的方式注视城市，用一种超越日常生活和经验层面的视角去看待建筑物和城市空间，将之视为有意味的形式，出入其间，得到一种“超以象外，得其寰中”的认识。在解读城市的时候，本雅明对细节和日常生活十分迷恋。他捕捉日常生活的边缘细节，通读这些细节中的换喻和隐喻，继而表现整个城市生活转瞬即逝的象征因素。本雅明的视角是对城市总体现代性探讨的视角。许多参加过城市走读活动的学者也可能承继着本雅明甚至带点儿超验主义的眼光和思考，把经济与文化、理论与经验、技术与感性联系起来，把现代城市看作时空中积累的现实。“将再现理解为与对象的连接，而不是高于或远离再现对象”，把景观当作视觉组织的产物，开启了视角主义与城市生活之间关系的研究。

通过追问经验哲学，本雅明迫使哲学认识到城市经验，并把我们引向了认识城市的感官系统。由此我们可以再回到日常生活经验的层面。无疑，阅读建筑的时候我们也在阅读无数建筑群所构成的街道、阅读无数条街道所构成的城市。正如“建筑是可阅读的”后连带的“街区是适合漫步的，城市是有温度的”，我们阅读建筑的最终目的是认识城市和城市中的人。

网络上流传着一段视频，拍的是一个坐在上海老城厢路边的老太，96 岁的老阿婆一动不动地望着前方，她的家被动迁走了，目前借住在南浦大桥附近，等待佘山的新房落成。老阿婆每天上午花 2 元钱坐 66 路公交车到光启路老宅附近的马路口坐着，下午再回去，日复一日。老邻居四散，但在这里坐着，她仍然能和路过的麻将搭子打打招呼，和开电瓶车的邻居相互问候“吃过饭没有”。老阿婆或许讲不清楚其行为动机。其实，在一个快速变化的世界中，过去所留下的可见、有形的遗产因其所传达的场所感和连续性而体现出特殊的价值，各种历史建筑的存在是特定地区时代变迁的见证。城市学家阿什沃思与特布里奇认为：场所的亲近感在保持个人的心理稳定中十分有用，而物质环境的突变往往会使人一时间无所适从，难以适应。

今天，为什么有这么多人来关心老房子的拆迁，是因为“爱屋及乌”，城市更新中的迁徙如同背井离乡，一样使人失去了“原乡”。著名人文主义地理学家段义孚在他的学术专著《恋地情结》中谈到“熟悉与依附”时，难得地用形象化的语言描述说：

> 当某人将他的部分情感倾注在家庭或社区后但又

被强行赶出去时，就会像被强行脱掉了外套一样，剥夺了他身上具有的能与外界无序世界隔离开来的保护层。有些人很难下定决心去扔掉穿过多年、皱皱巴巴的外套然后买件新衣服，而另一些人，尤其是老年人则不愿离开他们熟悉的社区而搬迁到新房子里去。

建筑，寄托的是一种文化记忆，也是一座发展得太快的城市需要留下的地标。诚如城市人文学者所云：建筑遗产和历史风貌在某种程度上扮演了抵制变化的安全区和庇护所的角色，似乎是一种稳定不变、可见而有形的历史参照物。在这个意义上，我们可以看到怀旧实际上意味着“不仅仅换回令人愉快的记忆，还有无法重归过去的痛苦的体验”，“对个人来说，怀旧过滤掉了过去的不快乐和从前的那个自我，创造出一种能够帮助我们超越现实烦恼的自尊”。

通过阅读建筑、弄堂、马路、街区这样一些自我认证的物化符号，可以使现代城市人的“乡愁”有所附丽。可见的历史证据对人们建立文化认同感，延续与某个特定场所或个人有关的记忆都具有特殊意义。这种对过去的诠释有助于明确当代社会与历史传统的关联性，并赋予其以现代含义。“建筑可阅读”活动反映了在城市转型过程中，市民探究一定场所范围内所包含的生活历史的兴趣在不断增长，希望通过保留地方记忆遗产而使场所认同感和社区得以延续，这种兴趣源自整个社会对于千城一面和全球文化同质化倾向的担忧。文化地方主义反映出铭刻在人类生活时空印记的深层意识。“建筑可阅读”的提出之所以能产生高度共鸣，是因为已在市民中具备了广泛的社会基础和心理基础。

城市无疑是要发展的，尤其是一些衰落的地区。更新肯定意味着变化，但“突变”和“断裂”式的大拆大建不仅破坏城市肌理，连城市建筑风貌也一起破坏了，居民赖以生存的邻里社区和社会网络因之荡然无存，这无异于“休克疗法”。而城市的有机更新和微更新却可以通过逐步的替换，让城市在转型过渡中，仍然成为一个自然连续的有机生命体。莎伦·佐金在《裸城》一书中提出了“原真性”概念：如果我们将“原真性”重新定义为让所有人可以在城市里生活和工作的一项文化权利，那么“原真性”也是一个强有力的工具，与近年来城市更新中的负面效应作斗争。塑造“原真性”的城市场所的权利有两个层面的意义：历史上的老旧和创意上的新潮。这也为追求“高大上”的城市更新提供另一条出路，至少不像“士绅化”城市更新那样要将其他阶层都排挤出去。对某个地方宣告一种“原真性”，是一种获得所有阶层认同的有效途径。重塑“原真性”开始于创造出一种能够将起源的审美观和新开端的社会观相连接的形象。美国学者莎伦·佐金曾经说过一段很精彩和深刻的话：

> 原真性是一种生活和工作的连续过程，是一种日常体验的逐步积累，一种人们对眼前房子、身边社区每天依然如故的期待。当这种连续性中断，城市就失去了灵魂。

我们所希望和认为正确的城市更新是渐进式的、过程式的、日积月累的、具有时空连续性的，是听取各方意见、照顾各方利益、共同讨论协商的结果。撇开“是”与“不是”的哲学判断，我们要的是“似”与“不似”。成功的城市更新案例，往往在“似与不似之间”，“好像改变了什么，又好像没改变什么”，比如外滩建筑群、武康大楼和愚园路，这是历史风貌区的城市有机更新的最高化境。

阅读的内涵：
建筑、故事和人自身

“建筑可阅读”的第一个关键词是“建筑”

2020年，由上海市政府牵头，上海世纪出版集团组织各路专家和专业人士，从1058处优秀历史建筑和现代建筑中甄选了56处代表性建筑，出版了《这里是上海：建筑可阅读》一书，成为“建筑可阅读”活动的导航。除了阅读这样具有全面介绍性的书籍之外，作为深入的阅读者，还应该再进一步细读郑时龄先生的《上海近代建筑风格》、伍江先生的《上海百年建筑史（1840—1949）》、黄元炤先生的《中国近代建筑纲要》等专著，甚至熊月之先生新出版的30卷《上海通史》作为知识背景。我们不光可以了解上海历史建筑形成的几个重要阶段，从最早的传统建筑、西式建筑到新古典主义建筑，到传统建筑和中国古典建筑复兴，到现代主义建筑、装饰艺术建筑；了解英、法、美、德、俄、日、地中海和西班牙等不同地域风格，教堂、学校、饭店、市政工业设施等不同功能风格的建筑；还可以欣赏建筑的细部：入口、山花、窗棂、塔楼等，光一个我们俗称的“罗马柱”，其实就有塔司干、多立克、爱奥尼亚、科林斯和复合式等多种形态。欣赏中西不同建筑师的设计风格，更是妙趣横生。邬达克的名字如雷贯耳，几乎成为上海20世纪30年代建筑设计的标杆和代名词。各种研究性书籍和纪念活动层出不穷，邬达克故居也成为一个令人关注的民间纪念馆，邬迷更不在少数。设计了武康大楼、国际饭店、大光明电影院等成为上海人心目中永远的经典记忆的邬达克无疑是非常成功的，但是我们在承认邬达克成就的同时也不要忘记同时代的建筑师群体，比如：设计了外滩汇丰银行、海关大楼、有利银行大楼、沙逊大厦的威尔逊和公和洋行；设计了上海邮政大楼、怡和洋行、武康路正广和大班宅的思九生；设计了哥伦比亚乡村俱乐部、西侨青年会和大量公寓住宅的哈沙德；以及设计了法国球场总会（今花园饭店）、培文、淮海、麦琪公寓等共66处可考著名建筑的法国设计师赉安和赉安公司，只不过建筑完成后，赉安不喜欢个人署名，而喜欢和赉安公司的另两位合作伙伴韦什尔、克鲁兹共用缩写字母“LVK”来签名而已。更不应该忘记的是：与这些外国设计师同时代，上海还诞生了很多非常杰出的本土设计师，他们也同样在上海设计了大量流传下来的优秀建筑，这是绝不应该被轻易忘怀的，比如主持规划设计整个江湾地区“大上海计划”的董大酉。仅一条愚园路上，主要的建筑几乎都是中国设计师所为：有设计百乐门舞厅的杨锡镠（本土培养）、设计王伯群住宅的柳士英（留日归国）、设计愚谷村和涌泉坊的杨润玉、杨元麟和周济之（本土培养），设计四明别墅的黄元吉（本土培养）、设计渔光村的李英年（本土培养）、设计荣氏锦园的赵深（留美归国）、设计岐山邨东苑别业的庄俊（留美归国）、设计沪西别墅的黄迈士、设计俭德坊张惠长住宅的李锦沛（留美归国）、设计万荣村的卓文扬。当年康有为的游存庐应该也是本土设计师的杰作，可见在那个年代中国的建筑设计师不仅没有缺位，而且是一个非常强大的团队。我们对他们为上海这座城市面貌改变而作出的贡献，实在是了解太少，应该撰写一部专门的著作为他们立碑。这些中国建筑设计师的名字在业内并不陌生，只是因为没有深入地挖掘和研究，在社会上还不为人所熟知。除了传统豫园外，一大会址所代表的石库门建筑、圣约翰大学建筑群、“大上海计划”中的建筑群、外滩的中国银行大厦、外滩源的女青年会大楼、新华路上的辞书出版社建筑，以及许多合璧建筑中的中国元素，许多花园别墅中的江南园林风格，无疑都承载着中国设计师的智慧。柱式有男柱、女柱的形象差别，建筑有没有意识形态可以讨论，但有文化特质是肯定的，或像一大会址那样具有红色印记，或像外滩建筑博览群那样具有海派内涵，或像豫园那样具有江南风格。即使许多优秀历史建筑都建在原来的租界和越界筑路地区，反映了帝国主义的强权和半殖民地文化，但它们本质上还是中国人民创造的财富，不仅很多为中国本土设计师设计，它的营造施工更是中国人。一旦收回主权，这些建筑也就毫无疑问变成了我们的文化遗产。20 世纪 30 年代，上海和世界城市发展同步，这些建筑作为不可复制的城市历史遗产，无疑也是属于上海的。“西化”的同时也在“化西”，这正是上海作为中西文化的交汇之地所具备的包容性魅力，也是我们在阅读建筑时应该掌握的辩证法。

“建筑可阅读”的第二个关键词是“故事”

在上海的“建筑可阅读”活动中，一方面，在市、区、街道三级政府主持，专家学者与民间人士的推动下，上海出版了一大批这方面的书籍，如以区域和马路为焦点的《上海 24 小时的马路表情》《最上海》《南京路》《武康路》《衡山路》《愚园路》《长乐路》《江宁路》《乔家路》，以弄堂和单体建筑为焦点的《成为和平饭店》《住在武康大楼》《河滨大楼》，以邬达克等建筑师为焦点的一批人物评传；出现了一批不花政府一分钱讲述建筑故事、普及历史知识的自媒体公众号和视频号，如《外滩以西》《弄堂longdang》《上海老底子》《上海老洋房》《上海城市考》《跟俞菱逛马路》《老周望野眼》《愚园路上》等；拍摄了《愚园路》《陕西北路》等以一条路为叙事主体的电视纪录片。与此同时，各种政府和民间团体，如文联、作协、图书馆、博物馆、美术馆以及书店、旅行社等商业机构都在组织相关讲座、读书会，线下组织实地行走上海的活动，出现了一批较专业的“带路党”和更多的志愿者，讲者和听者不同年龄、不同职业，新老上海人都有，不同语种都有，甚至吸引到了不少外国朋友参与。

要讲故事就要讲清楚、讲结实。以讹传讹有时在所难免，为了让听众产生兴趣，说一些美丽传说也可以，但要尽可能避免仅仅根据网上资料就胡言乱语，谬种流传。比如说，很多人参观过老城厢乔家路上其貌不扬的九间楼，参观过徐家汇南丹路文定路（徐光启谥文定）口的光启公园，却搞不清老城厢的徐光启和徐家汇的徐光启是什么关系？为什么徐光启故居在上海东边，徐光启的墓却在上海西面？传说九间楼建于明代，原有三进三出一百多间，遭兵燹后仅存最后一进“后乐堂”，原来的两层九间建筑也仅存七间。但也有学者考证后认为此说还不能定谳，只能说故居在“九间楼”附近。而徐家汇原为徐氏农庄别业，也是徐光启赐葬的墓地，因徐氏后裔守墓聚族而居，且有肇嘉浜等多条河流汇聚而得名，也因为徐光启的影响而成为近代中国最具规模与影响的天主教文化重镇。又比如，衡复艺术中心的门口有两个醒目的尖角形，有人说是宗教机构的标记。当年在上海有些什么活动？与这幢建筑又是什么关系？入内还可以看到两块原来就有的圆拱肩木板匾额，上面有一排英文字母“ROLL of Worshipful Masters”，在这些滚动的历年尊贵主人名单中，有毕业于美国宾大的著名建筑设计师范文照的名字，范文照和宗教机构、和这幢建筑又是什么关系？这些都值得探究清楚，把故事讲圆。再比如：建于 1933 年的上海延安中路 816 号，现解放日报社所在地严同春宅，其设计师林瑞骥甚至没有留下一帧清晰的照片，但这一件上海滩独一无二的优秀建筑作品却足可让他留名建筑史。20 世纪 30 年代是上海中西文化交汇的年代，因此出现了许多中西合璧的折中主义风格的建筑。所谓折中主义，按照粗浅的理解，就是说不清楚属于哪一种典型样式和纯粹风格的建筑。将各种风格元素杂糅在一起的混搭，但混搭成功，也可以成为“集成创新”，体现上海开放、创新、包容的城市品格。这幢建筑的设计内涵是五世同堂四合院的中国传统文化观念，女儿墙的立柱祥云花饰、雀替、水桶门扇的格子都是中式的，其别具一格之处是一二层四面都有连廊联通，既是仆道，又可避雨。迄今中式庭院内仍保留着当年的曲桥、池塘和重新配上对联的凉亭。但围合式建筑外立面却具有当时领世界潮流的阿黛克风格，内部 71 间房间中居然有 14 间配置齐全的卫生间，充分体现了当时引领潮流的现代文明生活方式。在一帧当年主人留下的照片中，还可以看到年轻的小姐在庭院中骑着自行车的时髦照片。几代主人从经营沙船到经营钱庄，再到经营房地产，非常典型地折射了上海经济转型的几次大潮。我们说江南文化的影响，并不是一句虚言，许多看似西式风格的建筑却有着江南的园林，西洋的彩色玻璃可以和中式的佛堂祖屋并存，这是因为来自江南大地的富商巨贾有这方面的要求，他们作为出钱的业主，审美趣味并不能逃脱中国传统士绅的范畴，自然，为他们服务的本土设计师也就有了充分发挥的空间。本土设计师既有传统中华文化的修养，内心也自然而然地恪守一份家国情怀，这在他们的设计作品中必然会有所体现。即使像百乐门这样的娱乐建筑，也洋溢着当时出于民族情绪的“国货”观念，设计师是一位名叫杨锡镠的中国人，他在撰写设计理念的文章《百乐门之崛兴》中自陈：“除非没有，都尽其可能用本土生产的材料。”其拳拳爱国之心和民族感情由此可见一斑。如果了解了百乐门的这一设计理念，我们就不会那么忌讳它，将之单纯误读为旧上海灯红酒绿的标志而摒弃在优秀建筑之外。开埠之初的上海建筑设计市场主要为外国洋行所垄断，慢慢地，中国设计师逐渐成熟，越界筑路地区，其中国业主一方面出于爱国之心，一方面也因为设计费较低廉，大部分聘请本土设计师设计，成为一个比较特别的现象，值得深入研究。

再讲两个具体的故事，之一：愚园路上有条弄堂叫田庄，迄今还在，关于它，有一个非常能体现上海人冒险精神以及契约、精明、算计甚至滑头等海派文化特征的故事。时在 1938 年，上海沦为“孤岛”，但房地产业仍如火如荼地畸形发展，房地产掮客也动足脑筋玩花样。该年7月18日至22日，在上海《新闻报》上，连续出现一则引人注目的广告：

> 陈述昆、孙钟尧会计事务所信托部第一批代建洋房
>
> 地点：愚园路608弄（静安寺附近），环境绝佳，1路、9路公共汽车直达弄口。
>
> 建筑：真西式构造，阔14尺，深50尺，花园、钢窗、卫生器具、冷热水管，一应俱全。
>
> 造价：二层每宅4100元，计有大小房间六间；假三层每宅4700元，计有大小房间8间；三层每宅5500元，计有大小房间9间。
>
> 特点：建筑期内由殷实银行保证交房；住满20年由著名银行保证还本；自来水免费供应。

根据徐葆润《记愚园路田庄租地造房的经过》介绍：这是由两个梦想发财的会计师和两个房地产掮客合伙开设的建华企业公司，一番“头脑风暴”后，策划出的“租地造房，分室出售，到期还本，屋归地主”一出好戏。他们商定妙计后，就着手寻找合适的土地，得知靠一次世界大战时做金子买卖发财的中国垦业银行老板王伯元在愚园路有一块13亩多的土地可以出租，就前去求租。王老板鉴于这块土地坐落在沪西越界筑路区，当时“八一三”抗战房屋被毁不少，西区新建草棚近万所，此处若不早日建筑房屋，有被人占用搭棚屋之虞，若奠基建屋，则地价还可提高，故

一拍即合。广告刊登后，引起了中产阶级市民极大兴趣，他们掐指一算，以愚园路上类似的新式里弄为例，一般每月需租金80元，外加顶费800元，而众筹田庄一次付出5500元，存银行每月利息才50元，既可免付顶费和20年租金，到期本钱仍可如数收回，只是在20年中以息抵租而已，所以认为很合算。四人便同王伯元商量，长期存款由垦业银行收储，还本凭单由它签发。王伯元对这个办法当然欢迎，因为一方面为他的银行拉来了一批长期存款户，另一方面又为他本人存下了一笔到期还屋的保证金，妙计可谓三赢。而所谓到期还本，不过是这些聪明的年轻“精算师”在造房成本上又另加了587元6角8分，20年后利滚利正好够还本。总计建华企业公司以1000元的资本，租进土地13亩多，分批建房近一万平方米，费时不到一年，获利约4万元。建华首开此例，上海华商房地产经营者争相仿效，成一时风气。

这个20世纪30年代高明而成功的众筹案例说明太阳底下其实并无新事，与当年精算设计的房地产掮客相比，今天房地产商的那些伎俩未见得高明多少，上海的商业底蕴由此可见一斑。

故事之二：市中心的张园正在更新之中，现在一期已经向市民开放。张园最早是一个园林，也是上海举行过许多重要社会活动的最著名的公共空间，后来开发成一个住宅区，里面有很多是不同年代建造的石库门建筑，有老式石库门建筑，有新式石库门建筑，还有石库门公馆；有的有煤卫设备，有的没有；里面的建筑样式非常丰富，称得上一个小型石库门博物馆。其中2号门洞是一个非常漂亮的大宅子，改建中已经整旧如故。宅子的主人叫周庆云，1949年新中国成立前夕，有很多国民党军政官员，包括许多有钱人都纷纷携带了家私上船逃往台湾。船行驶到舟山群岛附近，跟荣氏家族的一条货船相撞，本来船已超载，又没有注意航行规则，所以碰撞后就沉没了，1000 多人遇难，跟泰坦尼克号差不多，这就是著名的太平轮沉船事件。惨案发生后，遇难者家属当然要提出索赔，本来船是有保险的，但保险公司在这个当口宣布破产，保险无着。船是租给一家公司运行的，这个公司的很多董事这个时候都失联了，剩下的就是 2 号主人周庆云，他是这个公司的董事兼财务经理，只能出面承担赔偿工作。在上海的遇难者家属找到他，把张园 2 号包围起来，不让他的家人进出。周庆云把家里好几间房让出来给遇难者家属居住，然后跟太太商量这个事情怎么办，最后两个人商定：倾家荡产赔偿遇难者损失。作出这个决定以后，就把遇难者家属组织起来谈，把谈判代表请到自己房间里。他把自己所有的家产，“大黄鱼”“小黄鱼”、大宅子的房产证、汽车牌照，还有金银首饰，一家一当全部堆在房间桌子上，说我准备拍卖赔偿你们的损失。你们监督我拍卖，最后拍卖所得全部用于赔偿你们的损失，但希望拍卖所得，先把保姆和司机的工钱付了，然后按照你们的赔偿金额进行赔偿。人家一看他有诚信态度，才放他家人出去。他叫他的小舅子在一个小旅馆里租了一个小房间，准备住到小旅馆里面去，然后把全部家产都拍卖掉了，还了 80%的赔款。从此周庆云一家倾家荡产，到处借钱度日。最困难的时候，家里连饭也吃不上，他的太太本来也是富家女，到了实在没饭吃的时候，就到外面去卖血来维持家庭生计。就这样，一直到新中国成立以后，通过朋友介绍，到了一个五金厂当厂长，有了一份正当收入。本想终于可以维持家庭基本生计了，结果还有几个遇难者家属，发现他生活好转了，又来找他索赔，每个人要 500 块钱。周庆云本来已没多少钱。但出于诚信，跟单位里预支工资，又把家里最值钱的橱柜卖掉，最后凑钱，通过派出所调解，满足了索赔者要求。后来五金厂迁去北京，他就跟到北京去，上了火车以后喝了一瓶酒，一兴奋，下了火车心脏病发作，送到医院已告不治。这个事情还没有完，因为他借钱度日，留下了许多欠条，他的太太到最后，因为老是献血，58岁就去世了。去世时，医生发现她的血管因为一直献血的关系萎缩得很厉害。老太太临终之前，把子女找到身边，叮嘱孩子要把欠的钱全部还清。孩子们记得母亲的遗嘱，一直到80年代才把所有借条都一一还清，然后把收回来的借条到父母坟上烧掉了。不管这个故事的细节是不是都真实，但大的事实应该是有的。这样一个故事，不仅能说明中国人传统的仁义道德，也能说明上海人的靠谱、守约、自律和海派文化中的商业文明和伦理。没有诚信就没有商业，过去如此，今天也如此。

王安忆《长恨歌》开头第一句是："站一个制高点看上海，上海的弄堂是壮观的景象。"它是这城市背景一样的东西。站在外滩万国建筑博览群的任一制高点上，都可以近看百年风云老外滩，远眺风华正茂陆家嘴。不仅优秀历史建筑可阅读，优秀的后现代建筑也可阅读。2021年7月，地处"诗歌级"地段，由普里兹克奖获得者让·努维尔设计的浦东美术馆成为新晋网红。让·努维尔在答记者问中谈及他的设计理念："小陆家嘴不缺少标志性建筑物。我和我的团队花了很长时间调研，认为浦东美术馆这座建筑应该从属于它所处的小陆家嘴、从属于黄浦江，而不是参与到上海城市天际线的竞争中去。""我们选择让浦东美术馆成为一方艺术'领地'。这像是沉静融合在广袤大地上的雕塑，一整块延伸至江边、与地景及空间小品自然而然连贯在一起的白色岩体。美术馆建筑在这块岩体上被雕琢出来，表面由4公顷温暖的白色花岗岩覆盖。起伏的景观和周围的大边缘，构成了一个边长约700米的巨大V形线性花园，分布着雕塑、当代艺术品及灯光。我特意想要模糊美术馆与所处区域的边界，像是在和黄浦江、和周边空间玩一场互动游戏。”正对外滩的镜厅、屋顶花园观景台、13个经典“白盒子”展厅都成为此建筑的看点。

在一篇题为《上海向右，深圳向左——从浦东美术馆观察到的》的自媒体文章中，作者颇有见地地评论道：“结论是显而易见的：作为中国文化消费能力最强的城市，上海已经度过了需要‘看上去很有文化’的地标型建筑为城市的文化属性赋能的阶段，在那些看上去很‘乏味’的白盒子里，是顶级的文化产品，是最拥挤的看展人群。而作为中国最有经济活力的城市，深圳仍然需要前卫的文化建筑为这座城市的文化属性加分，来吸引市民走进博物馆、美术馆。”“当然大型公共建筑的决策其实是非常专业的一个过程。这些公共建筑都会长时间地在城市里留存，最重要的是要经得起时间的考验。……这种方向性选择无关对错，只是城市经济和文化发展阶段不同而已，重要的是背后支撑这些城市文化消费的经济发展和文化生产。”所谓向右，似乎是指风格平常，趋于保守；所谓向左，意谓风格大胆，趋向激进。但恰如作者所说，向左向右，都只是城市经济和文化发展阶段不同而已。对这些后现代建筑的阅读，不仅可以让我们了解世界建筑设计潮流的变化，更可以估量一座城市经济文化的发展程度和趋势。更何况，浦东美术馆并没有因为它外形设计不够大胆而落寞，相反，因为它以“观众为中心”的内在之美而备受关注，与上海市民的欣赏水平很是匹配。

时至今天，以全球城市和“开放、创新、包容”为城市品格追求的上海，继续成为世界建筑设计师的舞台。除了江欢成主持设计的东方明珠、何镜堂主持设计的世博会中国馆（今中华艺术宫）外，新天地（[美] 本杰明·伍德）、大剧院（[法] 夏氏建筑设计事务所）、上海中心（[美] Gensler 龙形中标）、金茂大厦（[美] 阿德里安·史密斯）、环球金融中心（[美] 威廉·佩德森）、西岸美术馆（[英] 大卫·奇普菲尔德）、光的空间（[日] 安藤忠雄）等都是世界顶级设计师的作品。这些后现代建筑虽然没有像历史建筑那样，因为时间带来的历史“包浆”和故事，但作为公共建筑，从现代设计理念角度欣赏，也是有丰富的细节可供阅读的。

建筑故事研究可以从“三文一野”开始。我们从“建筑可阅读”的实践中总结了“三文一野”（文物、文献、文化老人和田野调查）故事打捞考证法。所谓“三文一野”，第一个“文”是文物。有人说上海市中心没有文物。其实有文物，但市中心的近现代文物不在地下，而在地上，百年以上的优秀历史建筑就是地上的文物。第二个“文”是文献，包括来自全球各级档案馆、图书馆、文史馆，以及地方志、过旧期刊、房地产信息中心的各类文字记载，影像资料。第三个“文”是文化老人。通过文字或影像的口述实录，记录思维清晰的老人尤其是文化老人有价值的回忆。“野”是指田野调查。参照费孝通先生的“江村经济”的社会学调查方法，在城市里面穿街走弄，到街区现场进行田野调查；并通过“逛马路、穿弄堂、进客堂、听故事、有感悟”的阅读建筑五步法，让参加“建筑可阅读”活动的受众有各种感悟：一是感悟近现代中国历史，二是感悟上海城市发展史，三是感悟上海建筑演变史，四是感悟市民文化发育史，五是从人物故事经历中感悟人生。这分别包含了建筑可阅读的历史层面、社会层面、知识层面、文化层面和人生境界，以此寻找城市精神品格的历史基因并厚植于心。

“建筑可阅读”的第三个关键词是“人”

阅读建筑，最重要的是关注讲故事的人和阅读故事的人。上海一批有责任感的优秀专家、学者和作家前瞻性地提出了设立上海历史风貌区和64条永不拓宽道路的设想，在“建筑可阅读”活动中又提出了“城市是可以行走的”概念，使漫步城市、走读上海这一活动风生水起蔚然成风。他们热情洋溢地开设各种讲座，呕心沥血地出版各类读物，在市民群体中很受欢迎。他们甚至化身为建筑可阅读大使，身体力行地参与到这个活动中。作为城市公共知识分子，他们对营造建筑可阅读的氛围、为政府提供决策依据和智慧、纠正商业资本的弊端起到了非常积极的作用。

在建筑可阅读过程中，还有三个现象值得我们注意。一是出现了一大批社区志愿者群体，如上海市江苏路街道组织的各类“志愿者宣讲团”中，既有白发苍苍的原住居民，也有风华正茂的在地艺术家，还有稚气未脱的青少年，大大提升了活动的广泛性和公众性。二是许多知识分子群体通过微信群组织兴致勃勃地参与到走读上海的实际行动中，大大提升了建筑可阅读活动的人文价值和学术品位。三是吸引了许多设计师和在地艺术家参与到城市社区的微更新之中来，大大提升了活动的艺术含量和审美趣味。上海市委提出：打造共建共治共享的社会治理共同体，要畅通渠道平台、完善协商民主、加强基层治理，更好地保障人民群众有序地参与。坚持广纳群言、广集众智，做到有事好商量、众人的事情由众人商量。建筑可阅读活动可以成为“最大限度调动人民群众的积极性、主动性、创造性，让人民群众成为城市发展的积极参与者、最大受益者、最终评判者”的有力实践。

城市的发展不仅仅指硬件，还有软件。最主要的是人的发展，只有人的全面发展，才能回归到城市发展的本意，让我们的城市发展得更好。数字化是有效的快捷的传播手段，但归根结底还是要具备人文情怀，以提高市民审美素养、文明素质为旨归，不忘城市建设的主体是人民，重心在社区，目标是“四宜”（宜业、宜居、宜乐、宜游），最终检验是“三感”（获得感、幸福感、安全感）。不忘城市作为文化容器和记忆器官，塑造向善人性、培养新型人格、升华人类良知的根本目标，实现人和城市的全面发展，协调发展。

阅读实践中的思考：保护与活化

“建筑可阅读”活动在上海兴起分三个阶段：

第一个阶段以 2003 年 1 月 1 日起实施的《上海市历史风貌区和优秀历史建筑保护条例》和 2007 年正式出台的《关于本市风貌保护街道（街巷）规划管理的若干意见》为标志，上海划定 44 片历史风貌区和 64 条永不拓宽的马路，成为全国最早提出历史风貌街道保护的城市。但是，保护意识当时还仅仅局限在专业群体和部分民间力量的散兵游勇之中，并没有形成全社会共识，也没有涉及“建筑可阅读”概念，仅仅是出于对前一阶段大规模改造拆迁过程中出现的诸多现象的忧虑。在这一阶段，仍然出现许多优秀历史建筑被拆除的情况。

第二个阶段以 2017 年 5 月中共上海市第十届第十一次党代会正式提出“建筑是可以阅读的”为标志。当时，这个有文学色彩、体现对城市历史尊重的概括，在与会代表中激起了强烈共鸣，并由此激起了广大市民对历史保护建筑的兴趣和热爱。无论是在专业人士中，还是在社会和民间，都出现了大量建筑可阅读方面的书籍和公众号，形成了自发的“上海建筑”“上海马路”写作热。对历史建筑和风貌的保护逐渐向形成共识的方向发展。由此，上海市委、市政府开始大力推动“建筑可阅读”工作。

第三个阶段以 2019 年 11 月习近平主席考察杨浦滨江讲话，2020 年 6 月上海市委十一届九次全会审议通过《关于深入贯彻落实“人民城市人民建，人民城市为人民”重要理念，谱写新时代人民城市新篇章的意见》为标志。2021 年，上海市文旅局进一步发布了《2021“建筑可阅读”春季打卡推荐榜单》和《2021 年“建筑可阅读”十大行动计划》，包括数字体验“五个民”和服务体系“五个一”，全面开启“建筑可阅读”数字化转型新时代。

上海市文旅局从 1.0 扫码阅读到 2.0 建筑开放，再到 3.0 建立完整的服务体系，步步推进，并注意和基层治理结合，表明了“建筑可阅读”活动向纵深发展的趋势。

2021 年 6 月 22 日，上海市第十一届党代会第十一次全会通过了《中共上海市委关于厚植城市精神彰显城市品格全面提升上海城市软实力的意见》，“建筑可阅读”活动成为全面提升城市软实力的重要平台。围绕该意见阐述的“精神内核、文化特质、人居环境、治理模式、全球叙事能力、硬实力的提升”六个方面，“建筑可阅读”活动可以说环环相扣，成为提升软实力的有效载体：城市建筑环境正是城市精神品格的践行结果，不同的建筑风格和内涵反映的是多样化的文化特质；人性化的优秀历史建筑和注重生态的后现代建筑所形成的“城市表情”，相比雷同建筑的千城一面更适合人居；市民的参与感和认同感所积累的“信任资本”，可以形成超大城市治理和基层治理的有效社会资源；作为城市景观重要组成部分的建筑故事，无疑是融入全球网络的城市最好的形象传播；而最终“活化”和“振兴”的建筑和街区，在经济和文化日益难解难分的全球发展趋势下，可以成为提高效益、提升城市经济的最佳手段。

政府引导，对“建筑可阅读”活动向纵深发展起到了推波助澜的作用。许多学校和单位，或是早已开展了类似的活动，或是闻风而动、后来居上，“建筑可阅读”活动和媒体的传播结合起来了，和旅游产业结合起来了，和科技应用场景结合起来了，和大中小学教育结合起来了，产生了很大的溢出效应和带动效应。其意义主要体现在以下六个方面。一是通过发现建筑之美、马路之美，进而爱屋及乌，发现社区之美、城市之美，激发起市民的认同感和自豪感，使他们自然而然地爱家乡、爱上海、爱祖国，培养家国情怀，真正使上海的城市精神和城市品格化解、深入到市民心中，成为思想和行动的基因。二是通过对建筑历史文脉的理解和建筑美学的熏陶，可以提升市民的文明素质、审美修养和人文情怀。社会有贫富差距，但有时候，人与人之间的文明差距、审美差距比贫富差距还要大，推广建筑可阅读活动可以成为缩小这些差距的一个很好的抓手，为上海未来打造全球文明城市铺下一砖一瓦。三是有利于建立良好的互动协商机制，完善基层社会治理尤其是文化治理，塑造基层全过程的民主氛围，由此培养社区文化，最终形成有凝聚力的社区共同体。四是从实际功效来讲，发展市境内旅游，漫步历史风貌区的街道马路，欣赏孕育出上海文化的马路风貌建筑里弄，发现身边之美，同样其乐无穷。此外，利用一些较成熟的 IP 开发周边文创产品，还可以拉动经济。五是在提炼体现独特内涵的上海城市形象视觉符号体系，精心设计城市地标、城市天际线、城市徽标和城市标语等形象标识中，离不开建筑和街道的强大元素和力量。首发于上海的“建筑可阅读”活动在文明互鉴中最易为多方接受，树立上海文化品牌，讲好城市故事，提升国内国际形象的抓手。六是对于方兴未艾的城市更新有一个正向的推进作用。城市有机更新需要在一个十分敏感的文脉和环境中展开。阅读建筑，不仅可以让我们了解建筑的历史，还可以进一步让我们了解整个城市的文脉，提升场所感和认同感，并可从中洞察民意，为上海的城市更新和未来城市发展模式提供最广泛的群众基础和认知基础，使政府既能考虑短期经济效益，又能谋划长远社会效益，让城市通过对历史的创造性诠释“回溯式前进”，为提升城市活力，建设有机城市谋篇布局，实现建设人文之城、创新之城、生态之城的目标。

“建筑可阅读”活动的开展，需要思考以下问题：一是如何保护好优秀的历史建筑。历届上海市委、市政府深刻意识到保护历史建筑的意义，出台了一系列细致、可操作的法规。近些年，上海还开展了一系列文物和历史建筑的保护活化工程。三年间共对474 处文物建筑和 96 处优秀历史建筑进行了修缮保护，在空间上“修旧如故”，在功能上活化利用，对标最高标准和水平，坚持长远眼光、延续城市文脉。更重要的，是借此广泛活动深刻顾及了优秀历史建筑的社会价值和经济可能性。出于人文情怀保护历史建筑和出于改善民生需要发展城市经济，看似是矛盾，但对照国际案例经验，保护与开发也并非不能平衡。保护与振兴既是一种限制条件，也是一种激励因素，所有的城市街区都在发生变化，而历史街区的变化就是在发展经济所导致的变革与保护需求对物质环境所做出的限制之间寻找平衡。如何根据物质结构、功能形象、所处区位、法律规定、财政状况，精神价值；根据社会价值、文化价值、美学价值、文脉价值、建筑价值、历史价值和场所感价值；根据稀缺性、购买力、需求性和实用性要素，对历史建筑有一个精细、科学、全面的分级摸底和评估，以此为依据在"留改拆"之间有一个定量定性的科学取舍，是一项必须完成的基础工作，对历史文脉发源地和策源地更要从未来前瞻的全球文明城市视野加以特别重视。

二是如何"活化"优秀历史建筑，把两难变成双赢。"建筑可阅读"活动有很大的溢出效应，与文旅产业、文创产业、科创产业以及其他产业结合好，可以为城市的经济发展做出特殊贡献。我们既不能一味只讲经济发展，让在城市新旧转换中已体现潜在价值的建筑和风貌，再在我们手里付之东流（许多地方因历史风貌改变而衰落，无法求得进一步发展的教训可谓惨痛），也不能一味出于人文情怀而不管民生改善，尤其是在经济回落财政状况并不理想的情况下，只讲保护不讲经济发展。我们既不能指责人文学者只讲情怀保护，试想如果没有他们的大声疾呼，我们的城市会很可能在大拆迁中变得千篇一律，寡淡无味。我们也不能不理解政府在民生疾呼下的无奈和窘迫，一方面是高昂的动迁成本，另一方面是翘首盼迁的人们。在经济发展的强大压力下，城市不可能一直处于保护的静态，问题是怎样用绣花功夫，在精细化治理实践中找到一个最佳结合点，通过探索成功的案例，让两者积极互动，产生最大的社会效益和经济效益。

著名城市人文学家芒福德在分析资本主义社会商业的扩张和

城市的解体时曾深刻地指出：“新的经济的主要标志之一是城市的破坏和换新，就是拆和建，城市这个容器破坏得越快，越是短命，资本就流动周转得越快。”对此，我们决不能不汲取前人的经验教训，决不能再重蹈覆辙。政府为政绩，企业为业绩，本来也无可厚非，但如果求之过甚，就可能一叶障目，忘记以人为本的工作出发点，忘记“人民城市为人民”的初心。没有发展速度不行，发展速度太快也会带来许多后遗症，新城的发展速度可以快，上海具有历史风貌的中心城区更新一定要谋定而后动，动迁那部分渴望改善没有煤卫的蜗居状态的困难群众是必须的，解决基层百姓的倒悬之危是人民政府义不容辞的责任，但切忌以“人民的名义”一刀切、一锅端，以此获取背后巨大的商业利益。殷鉴不远，忠言逆耳。社会需要在各司其职、不同立场的博弈和碰撞中通过共商机制，慢慢走向对话、沟通，最终达成共识。“建筑可阅读”活动所提示的城市更新不是简单的建筑更新、物理更新，而是社区的更新、人的更新。这需要解决的是城市在后现代全球化和快速发展过程中的机遇和挑战问题。

“建筑可阅读”是一项有良好群众基础、正能量满满的活动，是一项能充分体现中国特色、上海特点、时代特征的活动，它为上海这座城市走向全球文明城市提供了内在的驱动力和激情。市民自发的参与热忱，知识分子的出谋划策，都是机不可失的社会信任资本，应该受到政府的重视。只有让市民真正当家作主，才能体现“人民城市人民建，人民城市为人民”的发展理念。因此，“建筑可阅读”活动，始于建筑，成于故事，最后的归结点应该是一个字：人。

海派文化：近代转型及当代意涵

海派文化是一种发端于上海，但并不局限于上海区域的现代性城市文化类型，是中国近现代社会城市化、工业化、现代化转型的产物。关于海派文化的内涵和价值，在不同时代、不同领域、不同语境下，会有不同理解。当下，历史概念的海派文化经过转型与创新，在价值取向和精神内涵上都产生了本质性的变化。

为全面梳理海派文化的形成、延续、传承、流变的脉络，构建一个较为完整的海派文化知识体系，带领读者领略风格独特、内涵丰富的海派文化，上海社会科学院文学研究所科研团队在2021年10月特别推出《海派文化新论》一书。

海派文化并不是保存在博物馆的文化过去式，它的精气神渗透于每个上海市民的言谈举止、每个家庭的生活细节中。海派文化的研究，也为城市的发展提供了丰富的精神滋养和文化动力。

近年来，海派文化及其研究越来越受重视，然而，很多时候人们说到海派文化，还大多局限于描述表象，而非将其作为一个规范的概念来使用，对海派文化的起源、发生、流变、内涵和在新时代的价值也缺乏深刻的研究和把握。

《海派文化新论》中的“新”可以总结为三个方面。第一，也是最重要的一点是，把书眼放在了“新时代海派文化”的研究上，注重当代视野，吸纳最新的实践经验和研究成果。比如，在第一章“海派文化的历史流变与时代建构”中，我们从时代建构的角度对过往的海派文化研究文献做了系统的梳理，这是一个全新的角度。听取了许多专家的意见后，我和郑崇选研究员一起提炼了“人民本位、开放引领、创新发展、包容共生、经世济用”20个字来概括新时代海派文化概念内涵，并厘清了新旧海派文化之间的联系和区别。第二，除在海派书画、海派戏剧、海派文学等重点门类做出新意之外，《海派文化新论》还对海派民俗、海派电影、海派学术、海派生活方式等过去文献中较少论及的门类进行阐述，丰富海派文化的内涵，这些也是新的内容。第三，我们充分尊重各章作者的学术积累和个性发挥。例如，第二章“从传统到新变：江南文化与海派文化”的作者叶舟是研究江南文化的专家；第四章论及海派京剧与近代上海城市文化娱乐空间，作者张炼红对戏曲研究颇深，在书中从中国戏曲观演空间、海派京剧讲到新中国的戏曲改革和新上海的文化改造，可谓厚积薄发；第六章聚焦公共文化空间，作者李艳丽曾留学日本，特别注意日本作为“东洋”在上海东西方文化交流中的“中介”作用，谈域外文明对日常生活方式的影响，也可见其研究特长。

当然，这本书尚有不足之处，对新时代海派文化本质内涵的实践总结和理论展说还不够充分。因此，《海派文化新论》只能算是研究新时代海派文化的起点之作，更深入的研究还有待五湖四海的专家学者来共同完成。

早期，“海派”一词多用于艺术表现领域，是某种艺术流派的代称，且常作为“京派”的对立面出现。首先是戏剧。1917 年，“海派”一词首次出现于大众视野里。《清稗类钞》中有云：“京伶呼外省之剧曰海派。”20 世纪 20 年代的民国报刊文章中，“海派”一词的论述几乎都与戏剧相关。其次是书画。1932 年刊登在《申报》上的《名画家王萝白到沪》一文中最早提到书画界的“海派”，称“画家向有所谓海派、北派之分，大致海派尚生活，北派尚骨干”。[①]潘天寿先生早在 1926 年出版的《中国绘画史》中尚未提及“海派”，但在 1936 年修订重版时增加了有关“海派”的内容，率先提出了“前后海派”之说。1937 年，俞剑华在谈论晚清山水画时首次提到绘画中的“海派”，将寓居沪上的画家视为一派，称其“以生计所迫，不得不稍投时好，以博润资，画品遂不免流于俗浊，或柔媚华丽，或剑拔弩张，渐有‘海派’之目”。“海派”一词就此正式进入绘画史。20 世纪 30 年代，文坛也出现了“京派”与“海派”的对立。沈从文在《论“海派”》一文中这样总结海派文学：“‘名仕才情’与‘商业竞卖’相结合，便成立了吾人今日对于海派这个名词的概念。”

1949 年以后，针对“海派”的讨论暂告一段落。20 世纪五六十年代，“海派”更是成为“崇洋媚外”“轻浮奢靡”的代名词。到 20 世纪 80 年代，“海派”重新回归学者的视野，如何看待“海派”也成为讨论的焦点。为此，各界学者召开了很多围绕海派文化的大型研讨会。1985 年，

① 郭骥著：《近代上海的海派文化》，上海人民出版社，2020 年 1 月第 1 版，第 31—32 页。

“‘海派’文化特征学术讨论会”首次使用了“海派文化”这一名称。陈旭麓在《说“海派”》中将海派文学的特征总结为：“一是开新，开风气之先，它敢于接纳新事物来变革传统文化。二是灵活、多样。”这一时期，学者已不再以优劣来评判“海派”与“京派”，并积极发掘其优点，正面评价海派文化中的市场化、通俗化等特点。

20世纪90年代，随着国际大都市地位的凸显，海派文化的研究重心转向城市史与都市文化的交叉研究。21世纪以来，海派文化的研究更加深入与系统化。借着2010年上海世博会的东风，海派文化的研究更受关注，取得较丰富的研究成果。

总而言之，海派文化是自下而上、无自觉无领袖的状态下自然生发的，通过技术引进、日常生活、器物层面、生活方式自然而然地广为传播的，进而逐渐进入上层建筑成为戏曲、绘画、文学等流派，乃至于演变成一种文化现象和文化思潮，并固化和被“追认”为一种文化风格和类型，成为一种正向追求的现代性文化精神。

海派文化以近代上海开埠以后的城市发展为时代背景，在江南文化深厚积淀的基础上，积极吸收和融合各种新的文化滋养而形成。

新时代海派文化具有内在联系且互为支撑的五个层面的特质和取向，可概括为五句话：“人民本位的价值追求”“开放引领的融合优势”“创新发展的动力机制”“包容共生的活力源泉”和“经世济用的实践路径”。先说“人民本位”。传统海派文化中以人为本，顾及市民基本利益和需求的基因非常浓厚，新时代的海派文化更应将人民放在首位，人民至上是最根本的价值追求和出发点。当今上海，是中国共产党领导下的人民城市的新版。再说“开放引领、创新发展、包容共生”。上海应开放而生、因开放而兴，始终用自己的改革探索和创新实践给全国以启示，创造了中西、雅俗、古今等多元文化和谐共生的良好生态，进而凝聚了为广大市民所认同的城市精神和城市品格。最后说“经世济用”。在波澜壮阔的改革开放创新实践中，上海始终贯彻当好全国改革开放排头兵、创新发展先行者的要求，在长三角一体化中发挥积极作用；同时，不断寻找超大城市的治理新路，打造有智慧、有温度的城市治理，让上海成为在者舒心、来者倾心、未来者动心的魅力城市。也许其他城市也具有上述的某个特征，但五个特征相加就是独一无二的上海。

海派文化、江南文化和红色文化同为上海的三种文化资源。熊月之先生曾说：“江南文化是海派文化的根基，海派文化是近代上海对于江南文化的熔铸与升华。”同时，红色文化之所以在上海灿烂呈现，也与海派文化中爱国、开放的文化特征与创新、务实的产业特点有关。海派文化落实到具体层面的描述自然有更多特点。除了“海纳百川、追求卓越、开明睿智、大气谦和”以及“开放、创新、包容”，客观描述海派文化或上海人的词语更有大把：谨慎、理性、聪明、灵活、多元、杂糅、新异、叛逆、重商、法治、理性、人本、务实、得体、求新、多变、自律、实际、通达、老练、担当、精致、精细、精明、工匠、专业、温和、摩登、时髦、优雅、靠谱、革命、自治、法治、市民气、国际范、都市性、会打扮、守规矩、讲规则、有情调、有品位、有分寸、职业道德、见过世面、市场意识、商业伦理、契约精神、雅俗对流、秀外慧中等。负面的有：小气、恶俗、自恋、自负、浮华、势利、滑头、高傲、小市民、崇洋媚外、精明不高明、看不起乡下人、冒险家的乐园等。不过，最精髓、最地道的还是用上海话来概括的词语：克勒、上路、噱头、老嘎、挺刮、大兴、海威、门槛精、有腔调、会过日脚。这些描述既是对社会风气、生活方式的概括，又是指上海的人与人之间的文化，最主要的是指人的品质。张爱玲曾说过："上海人是传统的中国人，加上近代高压生活的磨炼，新旧文化各种畸形产物的交流，结果也许是不甚健康的，但是这里有一种奇异的智慧。谁都说上海人坏，可是坏得有分寸，上海人会奉承，会趋炎附势，会浑水摸鱼，然而因为他们有处世艺术，他们演得不过火。"

在研究海派的过程中，我们经常会发现对海派文化的特征描述互相矛盾的现象，同一个特征可以从相反的角度去理解。比如"灵活"也可以理解为"滑头"，"各人只扫门前雪"可以理解为"自私自利"，也可理解为尊重别人隐私。同时，也有学者将海派文化理解为都市文化、码头文化、窗口文化、石库门文化、弄堂文化、市民文化、商业文化或士绅文化。这些说法都没有错，这也正是海派文化的最大特征。海派文化具有多元的矛盾性、强烈的异质性和高度的可化约性。海派文化存在着一体两面甚至多面的现象，其内部并不是铁板一块，而是互相冲突、碰撞，同时又包容共生，在一定条件下互相转化的文化体。

从宏观角度来看，打造新时代的海派文化，首先要加强理论研究，进一步提炼和明确新时代海派文化的内涵和特质。关于海派文化的核心特征和外在体现的梳理，直接影响了海派文化的广泛传播和价值认同。当务之急，应该不窄不泛，尽快厘清海派文化的准确内涵和合理外延，要在既有海派文化优秀传统中融入更多新时代的文化基因，让海派文化的当代价值日用而不竭。更重要的是，盘清海派文化资源家底，形塑新海派城市文化景观，打造包括品牌、区域、场所、建筑、非遗、作品等在内的符号系统，找准“四梁八柱”和着力点。通过重新释义，将历史“起源”和现代“开端”紧密勾连，将历史文脉延续伸展至现代。

在历史风貌区和永不拓宽的马路的基础上，建议从外滩核心区、老城厢地区、外滩源地区、陆家嘴地区、北外滩地区、衡复地区、徐家汇地区等打造出适合步行的2公里海派文化阅读区；将中共一大纪念馆、龙华烈士陵园、上海中心、上海历史博物馆、新天地、和平饭店、国际饭店、大光明电影院等高光场所以及张园、武康大楼、上生新所、田子坊、今潮8弄、思南公馆、黑石公寓等新晋网红地，南京路、淮海路、四川北路、愚园路、陕西北路、多伦路等马路打造成新海派文化的地标。例如，大世界可以通过梳理其层叠的历史含义，打造成以海派青年为受众的文化场所；百乐门可以通过新的释义，利用其品牌变身为“最美海派文化空间”。

从微观角度来看，了解海派文化也很重要。无论是在上海土生土长的原住居民，还是来到上海学习、工作的新上海人，只要认同上海的文化、认同海派文化，就可以轻松地融入这座城市，就是地道的上海人。发掘海派文化的历史、内涵和时代价值，会对塑造上海城市软实力产生很大的帮助。城市精神与品格是软实力的组成部分，也是城市综合实力的重要标志。从文化传承来看，海派文化是上海标志性的文化形态，保护和传续海派文化下的建筑、非遗、民俗、方言等，就是传承上海的城市文脉；从城市内部来看，新时代海派文化是上海城市精神的集中体现，深入发掘海派文化与上海城市精神的内在契合，对海派文化进行重新梳理、传播与应用，提炼新时代海派文化的特质，有利于培育更多的上海文化艺术精品，增强市民的价值认同与文化自信；对外传播上，海派文化提供中外交流、开放包容的文化环境，同时作为上海重要的本土文化资源，有利于打造上海文化品牌，提升国际传播能力和上海城市软实力。软实力的根本在于人。对于海派文化的传承创新和创造转化，有利于塑造注重人情味、充满亲近感、洋溢文化味的“城市表情”，让城市更有温度、更为雅致、更有韵味。

（本文为《解放日报》“读书周刊”访谈录修正稿，感谢采访者王一、刘芳旭）

江南文化：空间生产与海派新变

法国哲学家列斐伏尔认为："空间产品是一种整体性的社会产品。空间概念连接了精神与文化、社会与历史，重构了一个复杂的过程：发现（新的或未知的空间、大陆或宇宙的发现）——生产（社会的空间化、组织化特征的生产）——创造（各种作品的创造、风景、具有纪念碑意义和装饰风格的城市）。"[①] 空间是一种产品，但这种产品不是一种事物或物体，而是指一种关系。江南文化是上海文化形成的重要基础。江南文化的兴起离不开背后的社会空间生产和再生产。

一、江南作为地域空间

当然，江南首先是一个地域空间。在不同历史时段，江南的涵盖范围有所

① ［法］亨利·列斐伏尔著，刘怀玉等译：《空间的生产》（第二版），北京：商务印书馆2021年10月，法文第三版前言。

不同，较确切的江南概念直到唐代才最终形成。“江南”大致有以下三重含义：其一，广义范围，即是“江南”字面上的意义，泛指长江以南地区及江、淮之间的部分地区。其二，基本范围，指长江下游三角洲地区，即今天太湖流域为中心向东、西两侧延伸，不仅包括江苏的南京、镇江、扬州、仪征、泰州、南通等地，浙江的绍兴、宁波地区、浙东诸州，还包括安徽的芜湖、徽州等皖南地区、江西的婺源地区。其三，核心范围，亦即狭义的“江南”，指太湖流域地区的“八府一州”：苏松常镇应杭嘉和太仓州。明清以降，大量繁荣市镇绘出了江南的都市线，市镇成为江南文化形成发展的核心区域，由于中国传统社会的城乡关系经常表现为高度互动的模式，市镇也是贯穿起江南乡村经济的地域枢纽。我们今天所讨论的江南，主要是指长三角 27 个城市及辐射地区。早在改革开放之初，国家就提出“以上海为中心建立长三角经济圈”的构想。2018 年，长三角一体化又上升为国家战略。2019 年，《长江三角洲区域一体化发展规划纲要》正式发布。2020 年，长三角生态绿色一体化发展示范区正式成立，标志着长三角一体化实质性启动。长三角一体化战略的制定为重新建构和全面提升江南文化谱系提供了一个历史性机缘。

二、江南文化的空间意象

说起江南文化，脑海中浮现的意象，如果用一个字来描述，就是“水”，用两个字来概括，就是“灵动”，用三个字来表现，就是白居易的《江南好》：风景旧曾谙。日出江花红胜火，春来江水绿如蓝。能不忆江南？而上海奉贤区用“十字水街、田字绿廊，九宫格里看天下，一朝梦回五千年”，“百里运河、千年古镇、一川烟雨、万家灯火”来形容本地区的新江南文化意象，也非常生动。自古及今，无数成功表现江南神韵的艺术样本，但在我眼中最为典型的，一是吴冠中的中国画江南系列，二是陈逸飞的西洋画水乡系列。人们常用“粉墙黛瓦，小桥流水”来比喻江南。白墙、青瓦、木桥、流水，本来都是客观的物象或是自然的现象，但当它们由诗人画家组合在一起后，就代表了人化的第二自然，映射出江南文化灵动雅致的意境。如列斐伏尔所说：“空间性符码显然绝非仅仅是阅读或解译空间的一种手段：毋宁说它是在空间中生存的一种手段、是一种理解空间、生产空间的方式。”上海“五个新城”的诸多村镇都在规划建设体育公园、宠物公园、美丽产业、国际学校、露营基地等生活和消费场景，但保留本地区越来越稀缺的自然水系是首要的，消灭了自然水系的空间营造和注重自然水系的空间营造是完全不同的生产方式。新江南城乡美学空间应该既有《清明上河图》的繁华市井，又有《富春山居图》的自然诗意。

三、江南作为历史空间

江南的崛起除了沿海位置、土地质量、交通运输、生产方式等因素外，与多次战乱所引发的人口迁徙重度相关。始自两晋南北朝的中原之乱造成北方皇权逐渐式微，空间权利逐渐南移，空间权利首先表现为政治权利，其次是经济权利，再次是文化权利，而其最直观的表现是人口迁徙，人口的迁徙带动了技术流、资金流、信息流、人才流。西晋“永嘉之乱”可以说是中国古代政治经济中心南移的肇始。谭其骧先生曾对西晋永康元年至刘宋大明八年166年间的流动人口做过估算，侨居今江苏省的最多，约26万，侨居安徽的约17万，其他大江南省份也不少。南徐州（今江苏镇江一带），人口一共才42万，其中22万为南迁人口，超过了土著人口。刘宋时期的余姚全县编户齐民不过3—4万，但一次清查出的“黑户口”却达1万多人。由于南迁流民大增，东晋还专门侨置了许多州、郡、县。人口流动尤其是精英阶层的南下，自然带来了文化兴盛。所以有“永嘉之后，衣冠违难，多所萃止，艺文儒术，斯之为盛”之说。而唐代安史之乱，更进一步推动了江南的发展，“赋出天下，而江南居十之八九”。至北宋后期，其中经济最发达和发展速度最快的路（相当于省），绝大多数在南方。学者统计：神宗元丰年间，南方总户数约1097万，占全国总户数1660万的66%。同期的簿载耕地面积南方约315万顷，占全国耕地总面积的近70%。徽宗宣和元年，全国各路上贡钱物共1503万，南方为1284万，占总数85%，其中，江南东路和两浙路占总数的56%。“国家根本，仰给东南。”宋代“靖康之变”发生后，北方民众又兴起了一波南迁高潮，据估计，约有5000万北方移民定居南方，南方的粮食生产已成为支柱，时称“苏湖熟，天下足”。南宋定都临安，成为江南文化真正成熟的时间开端。三次战乱客观来说成就了江南之盛。当然，元代为打通南北开拓大运河，明清两代官府强制和民间自发的人口迁徙潮，也不断推动着江南的发展，以至“苏松税赋半天下”。作为纯粹中国佛教的产物“禅宗”与波浪式出现的流民问题息息相关。安史之乱后，中原地区社会经济呈现长期持续衰退状态，伴随这一现象，中原文化也开始大转移。唐武宗会昌灭佛，可以看作慧能南禅宗走向繁荣、取得成功的转折点。禅宗在南方的兴起和隆盛，实际上是经济文化中心南移的重要标志。儒教中心也在逐渐南移，虽说孔子唯一的南方弟子言堰在常熟和奉贤都留有痕迹，但真正对元明清三朝产生重大影响的儒学集大成者朱熹是诞生在南方的。

四、江南作为社会空间

江南不仅是可感知的地理空间和物理空间，还是一个包括知识空间和活生生的日常生活体验的社会空间。列斐伏尔说：空间是某种“行走在大地上”的现实，即某种被生产出来的社会空间中的现实，是社会关系的生产和再生产。城市规划思想家芒福德也曾说：城市是“象征着人类社会中种种关系的总和”的某种“象征形式”。为什么相比齐鲁文化、荆楚文化、巴蜀文化、岭南文化等地域文化，江南文化能够率先进入现代文明？毫无疑问，江南文化经过发展率先诞生了工商文明的基因，相比先有十三行的广州，上海开埠后的发展却远超之，上海在接受域外文明时似没有多少违和感，但是否可以就此断言：如果没有外力作用，仅靠自然发展，江南文明也能顺利过渡到现代文明呢？江南文化中的这种现代文明的孕育究竟是“未受精之卵”还是“已形成之胎”，仍需要从历史和空间的维度加以深入研究。空间是被生产出来的，不同的生产方式会生产出不同的空间。我们需要探讨江南文化背后的空间生产方式和组织形态，以及如何从中诞生了敢为人先、开放包容、崇文重教、精益求精、尚德务实、义利并举的江南文化特质。上海地区开埠前原就是江南地区的一部分，今天的上海市境大部分地区也别无二致地有着水乡泽国的地貌，即便到了 20 世纪初，当年的静安寺路（南京西路）一带也还是沟渠纵横的郊野水乡，城墙内外的老城厢地区，也曾经水网密布。近代以降，太平天国运动和日本侵华战争造成了江南地区的凋敝，更重要的是全球化、工业化、城市化的现代化大潮造成了江南传统文化的衰落，并由此改变了空间格局。有专家指出：开埠之后，近代上海与江南的关系可以分为三个维度：其一，从地域上说，上海是江南的一部分，为局部与整体的关系。其二，从空间性质上说，上海是国际大都会，上海以外的广大江南地区是水乡和市镇，上海与江南的关系是城市与乡村、大城市与一般城镇的关系。其三，从相互关系上说，上海是江南经济、社会、文化中心，政治重镇与交通枢纽，上海与江南的关系又是中心与腹地的关系。

五、江南文化的海派新变

江南文化是长三角地区以吴越文化和一部分徽文化为基础，建立在传统中国以农业和手工业为主的基础上的一种诗性文化，海派文化则是一种发端于上海的城市文化类型，是全球化背景下中国近现代社会城市化、工业化、现代化转型中的产物。海派文化以近代上海开埠以后的城市发展为时代背景，特别是在江南文化深厚积淀的基础上，积极吸收和融合各种新的文化滋养而形成，具有海纳百川、开放创新、重商守约、崇法敬业、精致得体等特质。正是在和西洋、东洋、苏俄等域外文明交融激荡之中，江南文化发生了海派新变。其间，思想观念的传播固然十分重要，但我们也不能忽视衣食住行等日常生活实践的影响，且这种影响更时日长久、潜移默化。江南文化的海派新变充分体现在城市空间意象和物质器物层面：河浜变成了马路，沙船变成了轮船，马褂变成了西装，马车变成了汽车，石库门变成了花园洋房，私塾变成了公校，木马桶变成了抽水马桶，蜡烛变成了电灯，柴灶变成了煤气，扇子变成了电风扇，书信变成了电话电报，茶馆变成了咖啡馆酒吧，私家园林变成了公园。以今天的上海展览中心，当年的爱俪园（哈同花园）为例，主持营建的是哈同夫人罗迦陵特意从镇江金山寺请来的乌目山僧，整个园林的建筑风格是西洋建筑和中式园林混搭，这种中西合璧风格为一时之选，张园、愚园均染此风，申园甚至在组织方式上采取了股份制。江南文化在此过程中自然而然蜕变成了海派文化，器物层面变化的背后是社会关系的变化，传统中国农业空间生产变成了现代化空间生产。费孝通先生曾对太湖流域的开弦弓村作了一个多月非常细致的社会调查，写成《江村经济》。调查发现，蚕丝业的发展给开弦弓村带来了合作工厂、技术学校、机械生产、股份制等先进生产方式和组织形式，费孝通先生因此指出："如果没有社会组织的相应变革，技术变革是不可能的。"现代生产方式、流通方式、消费方式和现代文明正以成为沿海国际大都市的上海为中心，梯度扩散到苏杭城市、沿河市镇，并最终影响到江南农村地区。

"城市里的江南"是一个现代城市出现以后的概念，意味着江南文化不再作为整体呈现在各个市镇之乡村之中，而是作为多元城市文化的一种，在走向国际大都市的进程中继续焕发生机。如果说"上有天堂下有苏杭"可以视作传统江南市镇文化的典范，那么"城市里的江南"，更适合用于形容上海这样一座现代都市中所呈现出来的新江南文化。由此，从江南的上海到上海的江南，从"江南里的城市"到"城市里的江南"，从江河文化到海洋文化，从传统文明到现代文明，从中国视域到全球视域。江南文化首先在上海，然后辐射周边，发生了海派新变。一方面，海派文化从江南文化的土壤中汲取丰富的营养，完成了从承继江南文化到熔铸江南文化，再到引领江南文化的历程，最终确立了上海文化在整个江南文化格局中的引领地位。另一方面，海派文化对江南文化的继承、集聚、融合、创新，使得无论是海派文化，还是江南文化都变得更具现代性。长三角地区成为中国现代化运动的一个重要推进器，至今仍是中国最充满魅力和活力的地区之一。

六、海派新变如何再蝶变

江南文化的海派新变要在新时代继续蝶变，就必须将江南文化放到与时俱进的全球城市发展视野中来发酵。城市的发展可以有多种范式，任何定于一尊的想法都会陷入机械主义的泥沼。芝加哥学派的同心环状城市和洛杉矶学派的公路蔓延城市曾经是两大模式，而在当下中国，重归市中心的努力和包括“乡村振兴”的发展，或者建立城乡一体化的美学城市，都是可能的选项。这其中，霍华德在120多年前提出的田园城市在当下又变得重要起来，无论是公园城市，还是花园城市、田园城市，当然都离不开绿色和生态，但按照霍华德的理解，更重要的还不仅仅在于它有花园和绿地，而在于能够通过一个组合体，对错综复杂的情况加以合理而有序的处理。由于有了快速交通线和瞬息即达的通讯手段，过去只有靠建筑的密集才能办到的事情，现在靠组织的紧凑也能办到。霍华德将这样一种社会组织称为“社会城市”。他眼中的“城镇群”是布置在永久性绿色矩阵中的城镇，是一种新的生态和组织单元，是胜过历史城市的新型城市胚胎，其优势在于能够克服大城市无限制的单一扩展。霍华德的设计规划之所以享有盛名，在于它不限于某一特殊的城市物质现象，或某一种特殊的规划方法，或某一种特殊的建筑形式。在此之后，柯布西耶的“光辉城市”、雅各布斯的“芭蕾城市”、莎伦·佐金的“原真城市”也产生了各自的影响。视域更为当下的卡斯特尔认为：我们一方面进入了以城市为主的世界，一方面又面临了文化形态城市的解体，城市变成了都市地区。全球城市不是一个城市，而是一种新的空间形式，是一种流动空间。在互联网时代，没有中心性，只有节点性。全球地理成为研究对象，交通带来的物理全球化和网络带来的虚拟全球化，使地方空间与流动空间的对立统一关系成为研究的重点。新的城市文化是一种由流动空间和地方空间之间的多模式界面展现出来的互动交流的文化。作为文化特色之源的城市，要在一种新的技术范式中生存下去，就必须变成结合符号、虚拟、物质等各种交流渠道的超级沟通。用“海纳百川、追求卓越、开明睿智、大气谦和”的胸襟包容世界，江南文化才能蝶变为新江南文化。

七、新江南文化的海派实践

在上海中心城区，江南文化的表征性空间正在城市化进程中逐渐消退，从自然禀赋来说，江南文化的振兴在青浦、松江、嘉定、奉贤、临港、金山、崇明等周边区域展开更有条件。上海“五个新城”有各自的地理优势和产业特点，可以总结出不同的新江南文化内涵，但更重要的，是要充分利用长三角一体化的国家战略，以海派文化为引领，通过江南文化的海派新变，吸引三省一市汇聚在“新江南文化”的大旗下，共同参与江南文化的振兴计划。改革开放后的上海城市发展，毋庸讳言，早期延续了西方梦幻城市、形体城市、辐射城市的发展模式，这是必须经过的阶段，否则就不会有我们今天引以为豪的城市景观。但时至当下，我们进入了立足新发展阶段，依靠新发展理念，构建新发展格局，推动高质量发展的新时代，如何进一步体现“人民至上、生命至上”“开放、创新、包容”的发展理念和城市品格，是需要重新思考的新命题。一方面中心城区多样性，一方面周边新城差异化，且让中心城区和五个新城，五个新城和长三角地区有一个物理和组织上的快速连接和功能呼应，让不同年龄、不同职业、不同爱好的人有更多进入不同城市空间的选择权利，是中国特色城市发展的积极选择。作为排头兵、先行者，上海无疑应该在城市发展模式上成为“试验田”，在新的时代背景下探讨江南文化空间再生产和海派新变，通过文化融合，为重构一个新时代的江南文化空间提供上海经验、上海制度、上海标准，借此全面提升上海的城市软实力并赋能硬实力。

城市更新

城市更新怎样做到心中有人民

习近平主席在第二届进博会期间考察杨浦滨江时指出："城市是人民的城市，人民城市为人民。"明确提出了以人民为中心的城市观。无论是城市规划还是城市建设，无论是新城区建设还是老城区改造，或者概括为我们所热衷的城市更新，都有了一个基本出发点。

一、从本体论高度谈城市更新

谁的城市？这提出了一个比如何寻求城市的多样性更直接地本体论的问题。谁有权决定谁应该居住城市，谁应该离开城市；谁有权定义城市的形象，规定什么应该被看见，什么不应该被看见；谁有权控制我们的城市，是政治权力还是经济权力，金融权力还是文化权力，在城市更新中，起决定作用的是规划设计师还是政府部门、企业、机构、商家、居民或游客……我们从习近平主席的话里得到了明确答案：一切要以人民为中心。

应该说，近年来，以人民为中心的城市观在上海城市建设中已有了不同程度的贯彻。比如主政者再三呼吁：不能让堂堂国际化大都市还有市民拎着马桶奔小康。也不止一次地听到许多地区领导和街道干部感慨万千地说：上海发展了这么多年，外表这么繁荣，但每逢看到还有耄耋老人住在老旧里弄破败逼仄的斗室里，心里都非常难受和内疚。从中我们感受到了一批心中有人民的好干部的情愫。同样，我们的市民，也在用主人翁的态度精心呵护着自己的城市，无论是文保专家还是普通市民，都自发地关注着城市的历史文化遗存，他们的“火眼金睛”避免了许多风貌建筑被误拆，避免了许多改造项目误入歧途。最近看到一个视频，纽约大学的一个女教师为了老宅一棵有故事的百年老树被砍，四处奔走，大声疾呼，最后在各个部门的干预下，终于保住了四分之一的树根。还曾经看过两位普通市民跟踪一年，耐心拍摄下静安区 72/73 地块拆迁过程的摄影集，尽管对《申城之殇》的标题不太认同，但真实记录下的从酝酿动迁到最后搬家整个过程的几百张照片，作为不可复制的资料弥足珍贵。我认识的一位小伙子业余坚持几十年作田野调查，记录下上海郊野消失和未消失的各种桥梁，拍摄了几万张照片。我为有这样的市民感动。俗话说：“群众的眼睛是雪亮的。”不要害怕有保护“洁癖”的市民的监督，其实，这正是上海市民文明素质的体现。

二、从认识论层面看城市更新

首先，需要充分了解城市的成长史。要为人民办好事，就需要为政一方充分了解所在城市的发展史，如此，才能在历史中科学地把握未来。许多人不理解黄浦区作为繁华的市中心、高大上的CBD区，为什么还会有那么多拎马桶的老旧小区，其实稍稍了解一下上海的城区发展史，就不难找到答案。传统上海城市主要是南市老城厢，现代上海的发展则以黄浦江为起点，南北延展生产线，东西绵延生活线，而东西线最先开发的地区正是现在包括当初南市区在内的黄浦区所在地。上海的里弄住宅起源于1853年。小刀会起义打破了原来租界“华洋不得杂居”的规定，租界人口陡增。1869年以后，世界资本主义发展迅速，工商贸易日益兴隆，城区人口逐年递增，为防止稠密的木板房引起火灾，中西合璧的砖木结构里弄住宅代之而起，即老式石库门住宅。这种建筑的布局配合城市道路辟建，以街坊为单位，采取毗连行列式，形成了上海特色的里弄住宅，但这些坐落在现在上海中心城区的里弄住宅因为属于早期建筑，都没有煤卫设备。里弄住宅开始安装卫生设备是从1920年开始的，其主要建筑形态是从新式石库门住宅中演变出的新式里弄住宅。这类住宅随着租界的扩张和越界筑路，由市区东部向西发展，直至中山公园和襄阳路一带，以现静安、徐汇、长宁一带最为集中。这就是为什么我们心目中高大上的黄浦区反而暗藏着许多没有煤卫的旧里的历史原因。这些二级以下的旧里被包裹在火柴盒中间，平时不为人注意，成为繁华背后的沧桑，只有站在高处，才会被清晰发现。

其次，在社会实践中人民是具体的。以人民为中心，并不是一个抽象概念，在现实生活中，人民是具体的，每一个群体，每一个人的诉求都体现了不同的利益。原住居民、新移民，租客、商户，要求都是不一样的。因此，需要我们对不同群体开展深入细致的调查研究。比如：在一些街区，一部分住户可能仍是年纪较大的原住居民或二代原住居民，一部分是爱好上海里弄市井生活的文青和外国租客，一部分是因为性价比高而合租简租的打工群体。而自己居住的房东和出租给别人的房东，长租客和短租客，其需求都是不一样的，都要量化统计和分析。还比如：对于老建筑，由于历史原因造成的现状，存在“围城”效应，即里面的人想出来，外面的人想进去（关键还在于居住的舒适度）。再比如：力主保护者从前瞻研究角度已开始关注工人新村等其他历史建筑形态的保护，力主发展者则出于现实考虑认为没有必要动辄保护，妨碍城市发展和改善群众生活。追求高质量CDP最终是为了人民，从长远观点看，保护好城市的历史文化遗存最终也是为了城市更好发展，也是为了人民的长远整体利益。如何把握好这些矛盾间的辩证关系，领会习近平主席反复强调的时度效概念非常重要。如何真正做到该保护的保护到位，而不是为保护而保护，留下一幢没有凭依、与改造后的周围环境并不协调的类似失孤老人的建筑。而明确不需要保护的却借口弄不清原委，迟迟疑疑，没有作为，让老百姓煎熬。当然，现实情况千变万化，但只要我们用“绣花”功夫点面结合，去做一个深入细致的调查，并在真正透彻掌握好社情民意的基础上，找到一个最大的公约数，制定一个科学合理、凝聚共识的规划，从“大写意”变成“工笔画”乃至“施工图”，狠抓落实，善作善成。这样，才能既关注舆情，又不完全为片面舆情所绑架。

第三，要秉持文化是城市的灵魂理念。文化是城市的灵魂，我们要善加理解。从文化的角度，我们可以更加深入细致地了解人民的复杂需求，而不是简单化地情感用事，否则也会出现好心办坏事的情况。比如：一方面我们要改善老人逼仄的蜗居条件，一方面也要了解老人重土安迁的心理。为什么一些老人在动迁时会抱着一块门牌泪流满面，因为这里有他们大半辈子生活的甜酸苦辣，有几乎一生的记忆。《百年孤独》的作者马尔克斯曾说过："生活不是我们活过的日子，而是我们记住的日子。"随着城市大建设大拆迁，人们急遽失去的童年居住地和大半辈子生活过的地方，就是他们的"原乡"，同样会产生"乡愁"，这其中包含着深刻的社会心理和文化密码。今天，世界急剧变化，技术的飞驰、信息的泛滥、物质的异化、社会的浮躁，"脱实向虚"所带来的焦虑感，使人们无所凭依。身处社会转型期和互联网时代的人们，更渴望抓住些什么来留住自己的根，寻找"吾心安处"。而马路、弄堂、里居，正是这样一些自我认证的物化符号和所指，使现代城市人有所附丽。习近平主席强调：城市历史文化遗存是前人智慧的积淀，是城市内涵、品质、特色的重要标志。要妥善处理好保护和发展的关系，注重延续城市历史文脉，像对待"老人"一样尊重和善待城市中的老建筑，保留城市历史文化记忆，让人们记得住历史、记得住乡愁，坚定文化自信，增强家国情怀。

三、从方法论角度看城市更新

首先，要探索融入基层社会治理的协商治理机制。

城市更新与探索超大城市基层社区治理结合，上海理应作为全国的排头兵先行者，提供有价值的经验和示范。高层、基层、社会人士、专业人士、居民、商家、机构各方应该以人民为中心，共建一个有效的协调机制，组建街区命运共同体，在多方协商中逐步达成更科学的共识。这方面的正面创新经验有很多。如长宁区江苏街道利用区域横向党建组织、发动社区志愿者、发展原住居民当讲解员参与城市更新；徐汇区环复—南昌路跨界自治会在同济大学专业教师的指导下，经过外调内研，对标东京等世界城市，制定《店招导则》，这些案例都值得好好总结。互联网上有许多热心城市更新的自媒体公号和朋友圈，他们对历史建筑和小店问题的关注，犀利的分析和调查起着“啄木鸟”作用。如何把这些社会力量汇聚在一起，在城市更新中发挥出正能量，值得研究。在一些地区和街道，除了大规模动迁，还通过具体情况具体分析，分类管理，尝试探索原地留改（春阳里和承兴里）、拆落地、抽户、改造里弄并逐渐延伸到内部公共部位等方式，用一项一策的精细化方式进行“微更新”，都体现出来自基层的强大首创精神和实践智慧。在动迁改造过程中，不同地区做什么、怎么做，是按CBD模式还是做成社区商业；改造既要注意天际线，也要留意地貌线，设计如何体现；关闭小店、统一店招，要不要具体情况具体分析；具有海派文化特色的弄堂生态要不要保护，保护的度在哪里，这些问题都可能通过协商平台逐步取得共识，最终实现“努力创造宜业、宜居、宜乐、宜游的良好环境，让人民有更多获得感，为人民创造更加幸福的生活”的要求。

其次，要正确处理文化保护和经济发展的关系。正如城市文化研究者莎伦·佐金《阁楼生活》一书所阐述的，利用艺术家的工作室或阁楼来刺激房地产市场，提升房地产价格，是鼓励艺术事业产生的意外后果。田子坊就是一例。艺术家开路，逐渐商业化，艺术和商业结合，成为一个激发文化动力和创新活力的高密度空间，一个文旅结合的城市地标。一些人存在不能很好理解文化和经济依存关系的认识缺陷和实践短板，认为保护了文化，就没法发展经济，不知道在知识经济、象征经济、体验经济和互联网时代，文化即经济。开一家书店直接不盈利，但它对一个商场、一条街道，一片区域，乃至于增加我们所在城市的魅力和软实力，吸引海内外游客和人才回归却是有很大帮助的。如果仅从书店的直接经济效益去衡量价值，那无疑都应该关门，或让给租金更高的商户，但为什么几乎所有的大型商场都要把书店作为标配，就是因为他们认识到书店所带来的文化品质和档次，即“声誉资本”，很多人记得爱琴海购物公园是因为有安藤忠雄设计的光的空间书店。而像日本的金泽、意大利的博洛尼，都是用文化推动城市更新的成功案例。有学者介绍金泽通过内发性发展，挖掘扎根于生活及地域共同体之中的文化艺术力，创造性地利用本源之力为城市复兴服务，最终成为一个创意城市，结合多媒体技术、生物工程技术和类似人脑功能的神经技术、计算机控制自动化技术，成功地发展出高触感领域的新都市型经济。在那些著名的历史街区，联合办公空间兴起，有很多亿元楼，而且往往一幢楼就是一条产业链。历史风貌区的保护可能会在某种程度上制约经济发展，但在更大层面上却可以推动整个区域的发展，它的背街、辅街，都可以靠此发展起来；64 条永不拓宽的马路的左邻右舍，曲弄后街，还有很多没有利用这些道路积累起来的“声誉资本”，发挥出应有的经济效应。在这些地区，创意产业大有可为。

其三，注重高文化动能和有效密度。许多专家指出：有序复杂性有助于激发城市活力。城市中大量人口的存在，应该作为一个事实得到确确实实地接受，而且应该将这种存在当作一种资源，在需要激活城市生活的地方提高人口密度，同时，把目标定在促进街区生活的活跃程度，不仅在经济，而且在视觉方面极尽全力激发和增加多样性。但在实际操作层面上，往往会碰到一个容积率配比的问题，在许多行动者眼中，容积率限制了进一步开发，是个拦路虎。但此认识可能似是而非。按照专家的分析：高住宅密度和住宅的过于拥挤是两种不能混淆的情况。高密度是指每英亩土地上住宅的数字大，而过于拥挤是指在一个住宅里人口的数量要大大超过房间的承载量。从专业经济学角度统计，一个区域，究竟有多少是工业用地，多少是居住用地，多少是日间活动人群创造的 GDP，多少是夜间人群创造的 GDP，也需要精准分类，方不致陷入误区。我们可以试着用高密度一词来取代容积率思考。城市住宅区合适的密度应该是多少？林肯回答：一个人的腿应该有多长？长到能够够着地。所以，重要的是有效密度和合适的容积率。对标同类型的国际大都市，上海的容积率仍有提升的空间。细化城市分类管理，不同的地区应有不同的容积率标准。多少是不能动的历史文化遗存，多少是可以功能转换的历史建筑，多少是仍可以向上或者向下改造的，甚至必须改造的存量空间，我们需要盘清家底，做到心中有数。即便是历史风貌区，一些角落里也有可以利用的空间，有违保护准则的违章建筑，质量低劣的建筑也是应该拆除的，拆了更利于展现历史风貌。仔细去实地看看，仍有许多因为种种原因，没有好好利用，甚至闲置的建筑和土地。我们看似缺土地，但其实不是缺土地而是缺项目，有了好项目土地总能挤出来。而吸引好的项目，需要一个充满创新活力的城市氛围，离不开文化和有文化活力的市民。加拿大学者雅各布斯认为：大都市应该提供人们只有在旅行中才能得到的东西。那就是新奇，因为新奇会导致提问，并且打破已有的观念，并认为城市多样性体现的正是有序复杂性，它应包括四个条件：主要功能最好多于两个、街段必须短、建筑物应该各式各样混合均匀、人流的密度必须要达到足够高的程度。混合首要用途，频繁出入的街道，各个年代的建筑以及密集的使用者，让城市不同用途之间互相融合，不但不会使城市陷入混乱，相反，代表了一种高度发展的复杂秩序。

高密度的文化动能可以带动科创、文创等高端产业的发展，形成有效的产业集聚区。一个 1.5 公里以上，包含了历史文化遗存、注重城市空间景观、街道街段设计、多样性内涵、产业用地和住宅用地合乎比例、日间和夜间人流合乎比例、具有有效密度、有序复杂性的混合型街区所产生的高文化动能能够极大地催生和激发城市创新活力，推动整个城市核心区域，乃至都市圈的经济发展。而这，也正是中央所要求的“合理安排生产、生活，生态空间，走内涵式、集约型、绿色化的高质量发展路子”。

其四，借用先进城市保护经验付诸实践。现在城市历史建筑列入名单的已保护有据，二级以下的旧里可以拆除。关键是处于两者之间的灰色区域，因为缺乏一个存量的细化排摸分析，存在较大争议。做前瞻研究的希望进一步扩大保护范围，急于要发展经济的则希望趁还未纳入名单赶紧动手。标准何在，多年来一直存在争议。究竟哪些需保护，哪些可以拆，尚未列入名单的建筑哪类要保护，哪些不需要保护，是采取高阶保护还是低阶保护的原则。两位澳门学者曾根据 Doratli 的“不适时性”原则，归纳出六种主要类型：1. 物理/结构不适时性。2. 功能不适时性。3. 区位不适时性。4. 形象不适时性。5. 法律上的不适时性。6. 财务上的不适时性。除此以外，还有一种经济上的不适时性，即当建筑物所在的地块地价升高后，原来的使用者不可能承担相应的支出，于是重新开发成了实现该地段经济价值的最佳途径。并提出了相对应的物理保育/改造方法，有觅地重组、原址保存、翻新、重整复原、重新开发、改建（用途转换）等。采取的经济活化方法有功能再生、功能置换、多元化功能等，在历史建筑保育方面走在前列的澳门经验和标准很值得上海借鉴。

其五，不断深化突破保护城市遗存的理念。城市空间的改造，无论是叫作“城市更新”还是“城市复兴”“再城市化”，还是“有机成长”“有机缝合”，日本所提的“都市再开发”“地域保全”“景观保全”，港澳地区所提的“文物保育”，都只是不同阶段的不同理解。本文仍然沿用较有学术共识的“城市更新”一词，但无疑，中国特色的“城市更新”在丰富实践中有了许多不同于该词初义的内涵。有专家指出：在保护形态方面，我们还要进一步打破物质文化遗产与非物质文化遗产的壁垒。从重视“物质要素”的文化遗产保护，向同时重视由“物质要素”与“非物质要素”结合而成的文化遗产保护的方向发展。在着力保护文化遗产物质载体的同时，还必须重视发掘和保存其蕴含的精神价值、思想观念和生活方式等非物质文化遗产，探索物质与非物质文化遗产保护相结合的科学方式和有效途径。这正是建筑可阅读的涵义。建筑并不是水泥砖块的堆砌，而是一个承载着记忆的生命体，人们认识建筑的过程，就是赋予它全新内涵的过程。近来，“上海马路”写作热的兴起，市民自发形成的街区故事挖掘，各区域“建筑可阅读”类丛书的陆续出版，正是这一方面的体现。在城市更新过程中，不可能把所有历史建筑都保留下来，但城市历史文化记忆可以用口述实录、多媒体等方式记录下来，在拆迁旧址，竖一块小石碑、挂一块小木牌，铭牌上加二维码，扫描可阅读相关历史故事，都是通过数字技术联结过去的有效方式。遗产资源可以转化为高价值的文化资产，通过“理解（挖掘遗产所蕴含的文化密码）—对话（从时代的高度解读遗产的现代意义）—复原（用现代艺术形态展示遗产的魅力）—赋能（以先进科技赋予遗产以强烈的感染力）”环环相扣，形成高效的文化创新链，激发城市的创新活力，推动城市的持续创新。从“爱城主义”升华到“家国情怀”，就是精神文明。

一位诗人说：文明的价值就在于让生活方式更加复杂。若问生活有价值否，唯一答案就是你是否拥有足够的生活。一个多样性的城市可以让人拥有足够的生活，通过复杂的生活方式走向现代文明。上海作为改革开放的排头兵、先行者，理应可以在城市更新的人民性原则、文化灵魂塑造的经验探索上对全国产生示范效应。

原住居民是在地文化的“灵魂”

关于城市更新，最近有一条令人欣喜的新闻：愚园路一条老弄堂口新开了一家叫“愚园市集”的社区商店，提供传统“四大金刚”小吃及修鞋、修锁、裁缝等服务，里面还有个微型菜场和美术馆，开业日，附近居民来得还不少。

之所以欣喜，是因为愚园路的更新从一开始不问不顾的高大上，慢慢接到了地气，有了生活的烟火气。过去那些调香店、买手店、文创店固然潮，但若把满足居民基本需求的民生小店全都升级，很多居民并不认同：是不是要把我们赶到其他地方去生活？改造成生活美学区，很好！将艺术生活化，生活艺术化，也很好！但不能光有美学，没有生活，光有艺术，没有生活啊。

像愚园路这样梧桐树下飘着钢琴声的居民区，尚且有如此反映，遑论其他地方。由此想到，城市更新的底线应该在哪里？目的又何在？

城市更新，首先要研究历史底蕴。上海的许多马路，都是有自己独特个性和文化气质的。如果不了解一条路的文脉，更新很容易误入歧途。像历史风貌区内的愚园路，历史上就是个住宅区，现在仍是。愚园路不是南京路和淮海路，不是CBD，其商业形态也就不应该是CBD的商业形态，而是街区商业。街区商业和CBD商业有何区别？说一条就明白：街区商业店主和顾客往往是知根知底的熟人，有亲近感，而CBD大商场的营业员都是陌生人。街区商业首先是功能需求。

推而类之，许多地方搞创意园区、文化街区，因为不了解街区的历史和文化，不了解周边居民，只是简单地招商引资、推倒重来，其实既无创意，也无文化，又缺乏必要的交通条件，自然也就没有人气，其经济效益可想而知。还有些历史街区，为了高大上，把区域内原住居民都赶跑——历史建筑倒是保护下了，原住居民却不见了。

《城市历史街区的复兴》一书的作者说："历史街区的活力和生气必须是'真实'的，而不是刻意设计的或过分美化的；一个'真正'有效的和正常运转的街区，是自然和富有活力的，而不是一群受人雇佣的演员刻意表演的舞台。"① 历史建筑和原住居民，本是天仙配，一个有机共同体，用辩证法来讲，是一个事物的两面，可以说是鱼和水的关系，两者匹配，才是完整的城市文脉和生态。留下建筑赶走人，没有人气的建筑也就变成了冰冷的建筑，空空荡荡亮着舌苔，毫无意义。一些拆空的区域，问起陈年旧事，周围已找不到明白人，真叫人近乡情

① ［英］史蒂文·蒂耶斯德尔、蒂姆·希思［土］塔内尔·厄奇著，张玫英、董卫译：《城市历史街区的复兴》，北京：中国建筑工业出版社，2006年，第19页。

更怯。

城市更新中，“人气”是振兴成功的一个指标，也正如里普凯马所言：“在历史街区中，一座虽经整治但却无人问津的空建筑对经济振兴没有任何作用，而一座住满房客的建筑却十分有用。是人和经济活动，而不是壁画和室内管道装置，最终增加了街区的经济价值。”[①]同样地，只有通过人的活动，物理的“场所”才成为文化的“空间”。

有人说，靠游客也可以有人气，但其实，游客们也希望历史建筑有原住居民相伴。他们之所以喜欢老建筑，喜欢逛历史街区，除了建筑本身，就是因为这些建筑承载着历史沧桑和传奇故事——如果还能在这里碰到一个坐在藤椅上晒太阳的耄耋老人，说说与他同时代的那些人和事，才是有意味的旅游。了解地方历史的原住居民，其实是历史风貌区和街坊内的活化石、活导游、活地图。一些街道值得推崇的做法是发动当地的原住居民来当历史风貌区的志愿讲解者，因为了解和有感情，效果很好。

有人说：不能让原住居民一直住在72家房客式的破房子里。还有人说，现在的老房子里哪有原住居民，都已经出租了。事实不完全如此——即便如此，也不表明原住居民或二代原住居民在房子居住条件改善的情况下重新搬回的可能性。安土重迁，故土难离仍是人心常态。抽户改造，拆落地，或者在保护区内适当保留一部分居民住宅和适合的机构单位，或者一个原住居民的怀恋场所，都是可以探索的方式，这方面，上海也是有许多好经验的。让历史文化街区不仅可赏可游，也可居可用，利用“声誉资本”

① ［英］史蒂文·蒂耶斯德尔、蒂姆·希思［土］塔内尔·厄奇著，张玫英、董卫译：《城市历史街区的复兴》，北京：中国建筑工业出版社，2006年，第209页。

打造经济价值，这方面，成功的例子也不少。

从全部拆除到初萌保护意识，留下标志性的孤幢历史建筑，到发现孤幢的保护并不能完整体现历史风貌，提出要成片保护历史风貌区和历史街坊，上海城市历史文化保护和治理一直在进步中。而如今，我们更应进入到保护历史文脉的新层面。通俗讲，建筑是硬件，文脉是内涵，而作为历史文脉的载体，人不可或缺，其中原住居民和长住居民，又是最重要的不可分割的一部分。

懂历史，有意味的更新很重要。城市更新的目的不是赶跑原住居民，而是让他们更宜居；优秀历史建筑的保护也不是只要建筑不要人。因此，不要把居民尤其是原住居民当包袱——“一刀切”把人赶跑自然容易，但没有“人”的历史建筑，阅读不起来。

而把人留住了，才有真正的“生活艺术化和艺术生活化”，才能真正实现“城市，让生活更美好”，因此，城市更新，心中一定要有人。

城市人也有自己的“乡愁”

20世纪80年代的某一天，我途经家附近被拆迁的一片区域，在满地的废墟中突然有一个声音叫我，是我的一个小学同学。“侬晓得各是啥地方伐，阿嘞屋里嘞啥地方?”他一脸茫然地问我，然后在凛冽的寒风中前后逡巡，时而望去废墟，时而抬头仰天。我知道，那里埋葬着他和他的家庭难以言说的悲凉故事，以致他变得有些神经兮兮。其实那在我们眼里，只不过是一片很简陋的平房区域，拆不足惜。我还读到过一篇题为《江水流过董家渡》的文章，复旦大学李良荣教授回忆：工作后带着自己的儿子去出生的弄堂看望父母。母亲悄悄告诉他：“不要给我们钱，给我们带点大包小包的礼物，一路拎在手里走进来，好叫弄堂里的邻居们看到，说李家门阿二又来了，东西又带来交关交关，这才高兴。”李教授感叹：父母离开了这条弄堂，便离开了这份受人尊重的感觉，父母不再感到自己“是个人物”了。在崭新但独门独户的公寓房内，老人们说自己像离了水的鱼。“我们只有回到老房子才活起来。”

我想，这就是为什么许多老人会在拆迁的最后一天抱着一块门牌流泪的原因，因为这里可能有他们一辈子的甜酸苦辣，他们的童年、少年，恋爱、出嫁娶妻和为人父母的所有经历，他们的光荣和悲情，人际关系和社会关系，他们所有一生的记忆。

作者用点睛之笔收尾：“江风依旧从渡口吹来，一如60年前。昔日曾见证过市民窘迫与奋斗的石库门不复存在。董家渡地块上，如今拔地而起一幢幢新高楼。”

城市人有没有“乡愁”，城市人的“乡愁”在哪里，在填表“祖籍”一栏里吗？或许是，但更多的可能是在他有真切回忆的出生地里。耄耋老人和新上海人尚有原乡可忆可回，而对于出生在城市里的一代人来说，“乡愁”可能就是他随着城市大建设大拆迁而急遽失去的童年居住地、大半辈子生活过的地方。套用一句当下流行的句式：哥们，拆的不是房子，是乡愁，是人生。

人走得再远，也是传统的一环。冲得太快的人，更需要回望人生的路标。今天，为什么有这么多人来关心老房子的拆迁，为什么会形成马路写作热，微信里，弄堂邻居纷纷建群；为什么流寓外省和海外的上海人，都这么关心母城更新中的问题，是因为那是他们怀恋的故土。望得见山，看得见水，记得住乡愁，不仅是农村，城市更新中的拆迁和迁徙一样使人失去了“原乡”。建筑和特殊的风貌，寄托的是一种文化记忆，它也是一座发展得太快的城市需要留下的地标。这对于上海这座从沧桑的历史中走来，承载着光荣与梦想的城市来说无疑是极其重要的。我们不能设想没有“万国建筑”的外滩，没有国际饭店和四大百货公司的南京路。如果没有武康大楼和巴金故居，武康路又要逊色多少？没有那一条条名人出没的毗连式深弄，愚园路又要寡淡多少？一个没有可供阅读的优秀历史建筑和风貌的上海，还会有魅力吗？还是上海吗？

法国作家普鲁斯特的《追忆似水年华》企图说明：一切物质的东西都要被时间销蚀掉，只有感觉到了的、经历过的东西才是真正的存在。人世间“真正的乐园是已经失去的乐园”，只有通过回忆，通过对过去感性经验进行再创造，生活才有真正的意义，人才有存在的价值。精神上流离失所的现代人更渴望把他们失去的乐园当作心灵的“乡愁”来守住自己，归属自己，知道自己是谁，来自何方，去向哪里，才不至于在虚空中迷失。这也是为什么甜蜜的“乡愁”会让人如此眷恋的缘故。想一想，为什么我们要过年回老家？父母不在了，老宅没有了，故乡的小路和青山绿水没有了，那是什么味道。

在城市更新过程中，我们或许不能保证每一幢建筑都保留下来，这样既不现实成本也太高，我们也不可能为了一份纯粹的情怀而让许多居民在脏乱差的房子和环境中煎熬，更不能让堂堂国际化大都市还有市民拎着马桶奔小康。在对存量建筑进行细致排摸定性后，该拆的拆，该留的留，都是可以理解的。但我们是不是可以在城市治理上更精细化、人性化一些，比如在动迁改造过程中不要一刀切地把原住居民都赶跑，比如在规划改造过程中也可以听听原住居民的想法和愿望，而不是仅仅把原住居民作为动迁对象，让巨大的商业利益说了算，尤其是不同地区做什么、怎么做要根据具体情况分类施策。这方面，发达国家，包括港澳台地区都有很多好的经验可以对标。又比如，保留下了红色文化的遗迹，却拆掉了江南文化的符号，对具有海派文化特色的弄堂生态也还没有足够的重视。再比如，我们在拆迁改造过程中，对城市的记忆可不可以用口述实录、图像、多媒体等文献形式加以保存，不至于后来者对此处历史一无所知（包括许多红色遗址就是这样不知所踪的）。尤其是当下的互联网大数据时代，数字留存手段的丰富性和公众参与的便捷度，都使之成为可能，这比保护一幢楼的成本要低得多，每一个原住居民也都可以成为其中的一个贡献者。还有，更新过的区域，可不可以留一块地方作为原住居民的活动点，让他们享受点原住地的商业优惠，让刚退休下来的志愿者担当故事员、讲解员。

千条路，万条路，世界上的路其实只有一条，那就是回家的路。

特色马路是城市经济的增长极

随着《愚园路》《陕西北路》《江宁路》等由市民参演的“上海·路”系列电视纪录片在电视台播出，上海特色马路越来越引起新老上海市民的关注，与之同步，一股马路写作热潮在草根中自发形成。上海的城市文化在这种自发的众筹写作和拍摄中得到了深度复盘。

长三角一体化需要互相学习。近年来，特色小镇建设已然成为邻近省份的新经济增长点，像乌镇、周庄、南浔、同里、拈花、西塘等，皆已闻名遐迩，上海游客趋之若鹜。在一次文化讲坛上，乌镇开发者向大家介绍经验时反响热烈，小镇振兴的精髓，值得上海仔细品咂。上海的朱家角、新场、枫泾、金泽等古镇，也有振兴的空间，但上海的核心竞争力归根结底并不在此，上海的核心竞争力不是古镇古街，而是近现代发展起来的城市马路和弄堂。到上海来的游客，首先还是来逛外滩、南京路、淮海路、兴业路、思南路、吴江路、武康路、愚园路等特色马路，如果我们有意识地像江浙一带发展特色小镇那样大力发展历史风貌保护区内更有故事可讲的特色马路，特色马路也会像江南的特色小镇一样让人流连忘返。毕竟，游客来上海是为了寻找一座不一样的城市，而不是和他们自己的城市一模一样的城市。

要振兴上海的特色马路，历史研究是一个重要基础，上海的许多马路都因为有自己的历史底蕴而独具个性和风貌。引进世界顶级的咨询公司和一流设计团队很有必要，但如果不深入调查研究，就根据沙盘来推演，恐怕也很难给每条路设计出精准的定位和气质，如果再不接地气地乱开药方，就会闹出许多笑话来。我们一直讲“不忘本来，吸收外来，面向未来”，三句话应该是一个整体。其实，历史研究—城市更新—产业发展是一条发展城市经济的有效路径，也是一种高质量的城市发展方式。但是，如果想跳过第一个环节，或者第二个环节上出偏差，或者只想着抓产业出效益，恐怕产业也未必生得了根。至少，要使上海特色马路成为像特色小镇这样的新经济增长极，历史研究的功课是不可少的，找到文脉接上地气，城市更新才会是有机的更新，才会得到广大市民的拥护，才能真正有效拉动产业发展。而这需要城市治理者对每一片街区、每一条路有尊重文脉和特色的个性规划和细致设计，而不是千篇一律，制造许多没有创意的创意园区，没有文化的文化街区。关键是对文化要有真正的敬畏和理解，有没有文化内涵，需要实践的检验，细节的考验。真正的文化，看似无用，实则有效。在体验经济的时代，还以为搞文化会影响经济、干扰经济，无疑是短视的表现。文化的溢出效应已有案可稽，远如外滩、新天地、田子坊、武康路成为上海的名片，近如愚园路上

“愚园市集”的初具人气和“愚园里”的租金上升现象。保留每一条马路的特色，利用其“声誉资本”，充分发挥后街、次街、小街、支街的作用，甚至带动起背街；或将时尚与历史结合，找到文脉和根系来规划沿街铺面，盘活弄堂资源，提升路的品质和影响力；或者利用市场和民间力量任其发展一段时间看看再说，上海特色马路应该有很大的空间可以作为。通过开发我们的一条条特色马路，上海就可以找到一个比标签化概念化的创意园区更好的经济增长极，极大地推动和上海国际大都市相匹配的产业发展，汇聚人流、物流、信息流，最终产生由名楼、名路、名街构成的商街价值并造福民生，成为上海一张张闪亮的文化名片，为上海的文化品牌擘画渗透历史包浆的未来。我们不妨通过增加政策供给和税收扶持，让一些有想法但陷入振兴瓶颈的路先行试验，逐步积累经验，再扩大开来。

向历史致敬，朝未来迈进，通过上海特色马路振兴，我们不仅可以形成一个多样化的城市，也能解决容积率和亩产坪效问题，达成向城市更新要效益的目标。上海的特色马路完全可以成为新的经济增长极，在城市经济发展中起到如同江浙一带特色小镇所起的重要作用。

城市更新的“活化”和“财力”

随着《上海市第五批优秀历史建筑》名单及其保护技术规定推出，无论是参照英国的“高限登录”还是法国的“低限登录”，上海历史保护建筑的家底逐渐趋于明晰。但随之而来的问题是：如何使这种保护在经济上可持续，城市更新更需要的是可持续的商业模式和配套政策。一位名叫普凯马的文化学者指出：“很少有人会说历史建筑没有用或市场对它们没有需求。关键在于这些建筑的经济价值比那些替代方案要低。”① 假如历史建筑的使用成本比它们的竞争对手低，就会自然吸引到投资者。而历史建筑的经济价值和商业价值在于它的审美魅力、地位象征和稀缺性，以及它转化为实用性的能力，如果能形成社会需求，就能吸引社会购买力。

① Rypkema, D. D (1992), 'Rethinking economic values', in Lee, A. J (ed.), Past Meets Future: saving America's Historic Environments, National Trust For Historic Preservation/The Preservation Press, Washington, DC.

难度在于如何挖掘它们的经济价值，形成真正的社会需求。

从 20 世纪 70 年代开始的城市历史街区更新在世界范围内有很多案例可以借鉴。比如巴黎的马赖街区、纽约的苏荷区、伦敦的泰晤士街区、曼彻斯特的卡斯菲尔德街区、意大利的博洛尼亚中心区、都柏林的坦普尔街区等，“菲奇原则”根据建筑损坏程度确定进行干预的梯度，将“整治”分为保护、修缮、整修、改善、改造、重建与复制诸类，或以旅游和文化产业为先导实现振兴，或以住宅建设为先导实现振兴，积累了很多成功的经验乃至教训。作为一座百年城市，香港在 1960 年代经济繁荣时，并没有注意历史建筑保护，许多老建筑被拆建成商业大厦，直到中环的邮政总局和利舞台等老建筑被拆，才如梦初醒，终于在 1970 年代颁布了《古迹古物保护条例》，并于 2007 年推出“活化历史建筑伙伴计划”，其主旨是：政府和专业人士监督，授权社会机构营运，减轻政府负担，提升营运效率，保障社会公平，提高居民社会参与，普及民众保护意识。香港的城市更新有四种类型：重建发展、楼宇复修、文物保育与旧区活化。上海的优秀历史建筑保护，好的案例其实也不少，如荣宅为普拉达公司租用作为公益形象和品牌文化展示；邬达克旧居由个人出资修缮作为纪念馆开放；严同春宅在新闻媒体机构的使用中开放。改造后的思南公馆因为读书会的嵌入而渐聚人气，无疑是一种有益的活化方式。

所有成功的案例都离不开一个词：活化。曾有专家分析历史街区的社会、文化、美学、文脉、建筑等多重价值，还有一个很关键的价值叫场所感，恰恰在这一点上我们明显还注重不够，所谓场所感，我的理解就是活化，有人在里面从事积极的经济文化活动，才构成活化的场所。

支撑所有价值的基础无疑是“经济价值”。曾经有专家指出：要对一个特殊地段或历史街区注入投资，必然需要一种商业上的理由。各种鼓励措施和其他公共活动时常是投资意愿的重要组成部分。在缺少大规模的公共补助金时，城市历史街区需要保持并确立其地位，尤其需要利用其本身具有的重要价值：即历史文脉、历史关联性以及场所感。历史风貌保护区之所以有经济价值，在于其可以利用积累的“声誉资本”，产生地段级差房价和租金，引入更有价值的企业和商业租户。众筹民宿开发、开发长租公寓，带动旅游业和相关产业、周边产品，产生板块效应和地区溢出效应，乃至适度允许参与保护的企业进行不影响风貌的梯度房地产开发，导入新的居住人口和消费人群，等等，都是可以探索的方式。当然，作为公益性的公共空间，政府的配套投入也是必需的，且可以对参与开发优秀历史保护区域的企业和个人，像欧洲、美国和日本那样，给予直接的资金补助、地税减免、税收优惠、低息贷款和转移容积率等鼓励举措。巴黎马赖街区的做法是视对公众的开放程度允许维修成本的50％—70％抵消税金，政府部门最高可能支付历史名录级建筑修缮费用的40％。美国规定改建费用的20％可从业主缴纳的所得税中免除，日本规定可享受1/2的地价税减免，修缮时的监理费用1/2由国家补贴，修缮工程等还可获得低息贷款。

政府从财政上给予支持是应该的，但从长期来看，经济振兴更重要，因为最终还是必须依赖富有成效的市场运作才能维持公共领域的正常运转。香港特区政府在城市更新中的角色定位，由原来的执行者向执行者和促进者并重转变。促进者角色指的是：在部分项目中真正的执行者是市场主体，政府只是从旁协助，提供资金、技术和资讯等方面的帮助。为了更好地发挥促进者的作用，香港还设立了市区更新地区咨询平台、市区更新信托基金、市区重建中介服务有限公司等机构，提供政策、规划、利益协调、技术、资金等方面支持。上海现在强调“一网通办”，为什么不可以搭建一个“历史街区保护和振兴”的网络专属平台，各项法规政策、保护要求、操作规程、扶持措施透明，协调社会各方力量出谋划策，对一些城市设计也可以事先广泛征集市民意见，以避免一些明显的失误。

城市更新资金有限，即便是历史街区，政府在规划考虑时，也应先着眼于那些脏乱差的区域，违章区域和因长期弃修而破败的区域，所谓的堵点、乱点、过时点。在保护历史与改善民生结合的当下，不能完全“靓女先嫁”。无论是成为红色文化、海派文化和江南文化的承载区，还是形成社交、体验、休闲、文化消费结合，住宅区商业和跨界业态汇合，社区、街区和园区融合的振兴计划，使历史街区既可赏，又可游，还可居，归根结底是充分用起来，将之真正“活化”，成为生机勃勃的场所，才可能持续发展。理想的状态是，原住居民住得舒服，背包客游有内涵，年轻人积极介入，产业发展前途宽阔。

“活化”了，才有“财力”，有了“财力”，才能活好活久。

协商：
过程烦一点是为了结果好一点

在城市更新过程中，时常会碰到这样一对尖锐的矛盾：保护主义者极力主张建筑风貌环境保护优先，但那些居住和工作其间的人，却主张居住环境改善优化和保持街区的功能特征优先。如何处理好协调保护与街区振兴的关系以及在尊重历史风貌的前提下平衡经济发展，对于城市管理者来说是一个极具挑战性的课题。

而协商是应对挑战的一个处方。我们不妨来对标一下其他城市的做法。蓝屋是香港城市更新的一次成功案例，经活化的蓝屋建筑群，2017 年荣获“联合国教科文组织亚太区文化遗产保护奖”最高级别的卓越奖项。一位朋友向我介绍了去香港考察“蓝屋”活化的经验。香港人把第二次世界大战前没有电梯、底楼大都为商铺的多层房子称为唐楼，蓝屋是少数有露台的唐楼，建于 1920 年，现为香港一级历史建筑。更新过程中，颜色是否需要保留首先成为问题，因为蓝色并不是建筑一开始就有的色彩，而是几十年前政府在维修时刷上的颜色。有人觉得蓝色不吉利，在第一次社区投票讨论中，绝大多数居民不希望蓝屋继续姓蓝，但在一次又一次讨论后，蓝色被保留了，因为大家意识到蓝屋客观上已经是湾仔区的地标建筑了，特别是蓝屋周边的社区居民强烈倾向保留，何况蓝色也反映了蓝屋在香港历史中的一段经历。蓝屋从计划动工保育开始，街坊、建筑师、社企、保育人士都积极参与，每月举办居民大会，商讨活化项目的细节。虽然商讨过程时有摩擦，比如建筑设计师的角度是如何修复这座历史建筑，街坊居民则视之为自己房屋的装修，但难得的是最后大家都愿意作出妥协。原来的居室都没有独立卫生间，改造后辟出的洗浴间和厕所，由居民自主选择装修风格，这都是协商的结果。经过居民大会、家访、访谈和小组会议，最终制订的“蓝屋可持续保育计划”，与其说是一个建筑改造计划，不如说是政府、企业、社区、公益组织共同协商的一个过程。政府在利益分配中，强化了业主、租户、商户等各权利人的利益保障。市建局提出的收购价相当于“同等地段 7 年楼龄住房”的价格，业主可选择现金补偿或者“楼换楼”。如果选择“楼换楼”，业主可以通过补差价方式，购买未来在原址建设的新单位。蓝屋建筑群在活化前有 30 户旧街坊，改造时大部分业主最后选择拿钱搬走，但有 13 户原住居民留了下来，因为对他们有租金优惠。改造后，蓝屋的人口结构悄悄发生变化，“好邻居”计划使年轻人和移民多了，虽然新租户要按照市场价付房租，但吸引他们的是优化的社区生活。房租在涨，但老租户有补贴，楼内新开商铺不少，酒肆餐厅吸引了较高消费水准的人群，区域中产化趋势明显。现在，坐落其间的“香港故事馆”和商品以时间标价的“时分天地”成为游客络绎不绝的景点，游客还可预约老街坊作导游。上海风貌保护街坊春阳里的探索也有类似成功经验。尽管作为首次试点，居民的观念转变需要过程，但居民区书记表示：“在我们不断的宣讲沟通中，大部分居民还是支持理解的。”昔日风姿绰约的“大家闺秀”由此“返老还童”，随着时间推移，这种既保全肌理，又保护肌肤的更新方式，得到了社会的认可，不仅原来的租户满意，“租房管家”模式还将这里变成了配合北外滩航运金融产业集聚的人才长租公寓。

春阳里和“蓝屋”的“活化”经验告诉我们很重要的一点：由街坊居民参加的协商机制很重要，如果能在规划前期就听取居民想法，而不是仅仅在闭门做好商业规划后才把他们当作简单的搬迁户做工作，并在整个协商过程中逐步达成共识，就会排除至少是减弱居民对改造的敌对情绪，取得他们的理解和帮助。我曾经参加过一个中外设计师团队的设计前调查，他们深入里弄街巷，向居民询问的问题是：这条路上什么东西最需要保留，什么东西最应该拿掉；你们愿意搬去新的大房子还是愿意留在本地；你们希望这里改造成什么样的街区，假如还是住下来，你们有什么需求。我们一直说为人民服务，强调加强基层治理，听取居民意见应该也是一种步骤，区域性的城市更新完全可以成为基层社会治理的一个合适抓手，参与感所带来的主人翁精神会激发市民智慧，告诉你关于城市设计更好的方案。

从近两年的社会实践来看，上海的城市更新一直走在全国的前列，规划越来越高明，方案越来越精细，上海的历史风貌也大部分得到了保存。但与此同时，市民的素质也在这一过程中不断提高，一些在其他地方可能不以为然的败笔在上海就逃不脱市民的火眼金睛，一些本来历史街区保护意识较好的中心区域，也因为众目睽睽之下更易为市民挑剔，这并不说明这些区域的政府文化意识比其他地方弱，有时候恰恰相反，事非经过不知难，并不值得大惊小怪，更不要为之气馁，坏事会变成好事，且这些区域的政府，闻风而动知错即改，值得称道。如果还能举一反三，未雨绸缪，建立有专家、调查人员和居民、市民参加的协商机制，事先不怕麻烦，进行深入有效的调研、讨论和沟通，一些明显的失误就可以避免，城市更新举措也会更高明。

近期，市民热情关注“上海马路”，不仅大大激发起了市民对自己城市的热爱，同时，各级政府也在参与过程中尝到了甜头，不仅形成了越来越壮大的社区志愿者队伍，且在居民的参与中优化了因地制宜的更新方案。协商机制的逐步形成和协商过程的开放性，没有比这更自然而然的了。大到历史风貌、自然风光、现代风情的有机构成，小到一招一式、雕塑街具的布局，通过各方共商，力求在协商过程中达成共识，或寻找到最大共赢点、最大公约数，不失为城市更新和设计的一种有效办法。

协商协商再协商，过程烦一点，是为了后面好一点，别小看这一点。

空间生产

全球背景下的“人民城市”发展理念与上海实践

中国特色社会主义城市发展的核心理念无疑是“以人民为中心”。“人民城市人民建，人民城市为人民”既是我国现阶段城市发展理念的充分表述，也是城市治理的根本目的所在。以人民城市建设为崇高使命和价值追求，涉及城市的正义、权利、治理等“根的本质”问题。在“人民城市”理念前提下，提升中国城市的软实力才有价值意义，并由此在城市建设的理念和实践之间构成一个连续的、有机的整体。

中国经历了四十年高速城市化进程后，将逐步从以城市建设为中心的增量期转变为以城市更新为中心的存量期，从城市外延的扩张转型为城市内涵的提升。共同富裕的时代会使城市更新更加注重公众参与、公平竞争、共享空间和社区建设。作为改革开放排头兵，上海在城市建设和更新方面积累了大量经验，上海也是许多重要城市发展理念的“策源地”：2017 年 5 月 8 日，上海市委第十届十一次代表大会的报告题目是《勇当排头兵敢为先行者，不断把社会主义现代化国际大都市建设推向前进》，会上提出了之后深入人心的“建筑可阅读，街区可漫步，城市有温度”。2020年6月23日，上海市委第十一届九次全会的报告题目是《中共上海市委关于深入贯彻落实“人民城市人民建，人民城市为人民”重要理念，谱写新时代人民城市新篇章的意见》，根据习近平主席考察上海时提出的建设“人民城市”精神，具体化了这一重要发展理念。2021年6月28日，上海市委第十一届十一次全会的报告题目是《中共上海市委关于厚植城市精神彰显城市品格全面提升上海城市软实力的意见》，提出了全面提升“城市软实力”的主张。在上海，“建筑可阅读”“提升软实力”与建设“人民城市”构成了关于城市的富有内涵、连续而有机的整体论述：“建筑可阅读”是形象手段，提升“城市软实力”是实现战略，建设“人民城市”是根本价值追求。

一、人文主义观念在城市理论中的形成与发展

二十大报告总结当代中国城市发展状况，提出“人民城市人民建，人民城市为人民”的发展理念。明确将“人民”作为城市的核心，力求在城市建设中做到宜业、宜居、宜乐、宜游，让人民有更多获得感、幸福感、安全感。在这个意义上，“人民城市”观念是对中西城市发展理论的有机创新，既是依据中国当代城市现状作出的深刻归纳，也体现了现代城市理论在发展中不断凸显的人文转向。

在现代城市理论话语中，关于城市建设大体可分为两种不同

的发展理念：一种是形体主义的发展理念，强调规划决定论、功能主义、机械增长，注重规则、秩序；一种是人文主义的发展理念，强调城市多样性、历史风貌保护、可持续发展，反对破坏城市活力的机械规划①。形体主义的实践代表是巴黎，1853年拿破仑三世时期奥斯曼男爵持续18年之久的改造工程，造就了今天巴黎的基本格局②。早期城市思想家中，芒福德（Lewis Murnford）和霍华德（Ebenezer Howard）是兼具规划和人文思想的代表人物。芒福德在《城市发展史》中推崇中世纪城市，霍华德在《明日的田园城市》中，设想建成一座田园城市后，再建上一圈同样规模的六个城市，在正中央建一中心城市，各城市之间有环形交通线，与中心城市之间也有交通线。这些新城镇一旦发展到一定个数，就组合在一个新的政治文化组织中，这种社会组织被称为“社会城市”③。芒福德认为，霍华德的这种乌托邦城市设想可以遏制通过土地、工业、人口扩张，有效抵制资本推动的城市建设④。

之后，活跃于1930—1960年代的现

① 通常认为，由形体主义向着人本主义转变的思路，最鲜明地体现在土地开发和城市更新的主张当中。人本主义的出现是为了修正形体主义发展中的不足，近年来更有提出人与自然并重的发展主张。参见国土资源部土地整治中心编著：《美国土地开发与再开发》，北京：地质出版社，2017年，第257—258页。

② ［法］丹妮尔·查第奇，多明尼克·勒伯涅著：《巴黎　一个城市的故事》，北京：中国友谊出版公司，2018年，第220—229页。

③ ［英］埃比尼泽·霍华德著；金经元译：《明日的田园城市》，北京：商务印书馆，2010年，第103—115页；［美］刘易斯·芒福德著，宋俊岭，宋一然译：《城市发展史：起源、演变与前景》，上海三联出版社，2018年，第482页。

④ 刘易斯·芒福德著；宋俊岭，宋一然译：《城市发展史：起源、演变与前景》，上海三联出版社，2018年，第487页。

代城市规划家勒·柯布西耶（Le Corbusier）的“光辉城市”直接来源于花园城市概念。值得一提的是，柯布西耶喜欢把飞机作为工具，用空中视角进行规划建模，像上帝一样主宰城市建设。在这位认为“房屋是居住的机器”、强调功能主义的“机械美学”奠基人眼中，空中城市的美丽图景是由摩天大楼、宏伟广场、宽阔绿地和笔直干道构成的[①]。不可否认，柯布西耶的“光辉城市”有其历史性的巨大贡献，很大程度上塑造了现代城市的样貌，但也带来了负面影响，如在大拆大建中逐渐消失的社会创造力、文化多样性和城市活力，伴随着现代城市建设，反而加剧了贫富隔离和市民的通勤时间。

后期持人文主义立场的代表人物是加拿大的简·雅各布斯（Jane Jacobs），雅各布斯于1963年出版了《美国大城市的生与死》，强烈批判了现代城市缺乏“家”的概念，也缺乏人与人之间有意义的接触，从而提出地面视角下自然生长、曲线、小街段、混合街区、人性化的芭蕾城市。她说：“如果一个城市的街道看上去很有意思，那这个城市也会显得很有意思；如果一个城市的街道看上去很单调乏味，那么这个城市也会非常乏味单调。”[②]雅各布斯认为，之前的城市规划把城市当作积木玩具，缺乏对现实生活中互相关联机制的研究，甚至在未充分理解的情况下，批评芒福德提出的规划先行理论已经过时。在雅各布斯影响下的一些规划师、设计师相信，城市应该建立在几世纪以来连续变化过程的基础上，而不是“瞬变”所造成的现代断裂上。尔后，莎伦·佐

① 汪民安，陈永国，马海良主编：《城市文化读本》，北京：北京大学出版社，2008年，第387—398页。

② ［加］简·雅各布斯著；金衡山译：《美国大城市的死与生》，南京：译林出版社，2005年，第29页。

金（Sharon Zukin）在此基础上又发展出“原真城市”（Naked City）的理念，对此她说：“原真性是一种生活和工作的连续过程，是一种日常体验的逐步积累，一种人们对眼前房子、身边社区每天依然如故的期待。当这种连续性中断，城市就失去了灵魂。”[①]

简单概括：形体主义的城市发展理念强调“空中”视角[②]，强调城市的整齐划一、井然有序，强调规划性和可控性。人文主义的发展理念相比之下更强调一种“地面”视角，强调有序复杂性和文化异质性，强调烟火气、市井气、接地气、聚人气。围绕着这两条主线以及移动互联网时代所形成的各种城市发展理念，就可以清楚地看到过去四十年来中国城市化进程的成就得失。总的来说，中国改革开放以来的现代化和城市化道路，尤其是上海的现代城市建设，无论是理念还是实践都深受西方现代城市的影响，在对于城市建设的理念上，也多

① ［美］莎伦·佐金著；丘兆达、刘蔚译：《裸城　原真性城市场所的生与死》，上海：人民出版社，2015年，第6页。

② 空中摄影始于18世纪80年代的巴黎，之后越来越成为满足规划者空想与现实双重理想的特有手段。这种视角完全脱离地面，势必增加摄影媒介固有的“距离感”，因而增加了其假想的客观性。当然，还有由于缺乏难以处理的个人或社会对象而固有的可操控性。照相机在20世纪20年代阿特格特的重新发现之后，其真实效果成为抵制空中鸟瞰视角规划者的工具，为激进者和怀旧者们提供了站在地面的视角，倡导城市规划艺术应顾及历史及社会情境。照相机日益突出的便携性，使得日常生活中的无数瞬间被作为事实真相捕捉下来。照片揭示了一个城市的私密，而不是它的“正式性格”。皮埃尔·麦克奥兰在《阿特格特》著作再版序言中说：“城市并不是通过官方建筑来显示，而是通过一些外表模糊的热闹街道。”关于摄影视角在城市规划中的辩论和应用，重新提出了早在奥斯曼之前就开始的拆除与重建之争。这场论战两个时刻，一是20世纪20年代和30年代，勒·柯布西耶把飞机作为建筑模型以及规划的工具，迷醉于其带来的平静和净化效果，确定了空中视角的规划作用。二是50年代和60年代对这种观点不完全成功的抵制。空中视角和地面视角的对立，其实也是“宏大叙事”与“日常生活”的对立。

少经历了从形体主义向人文主义的转变过程。上海改革开放后的城市建设相当部分其实也是延续了形体主义的规划思路，在城市进入高速建设的城镇化初期，电影中玻璃幕墙的现代化大楼内的办公场景对当时的人们很有诱惑力。笔者当年在《解放日报》社工作时，编辑部和宿舍分别位于汉口路上的历史建筑“申报馆”和“新闻报社”，然而在1990年代，上海处在城市建设的发展期，为了建造现代化大楼而把历史建筑“新闻报社”大楼拆除时，当时并没有多少反对的声音。2012年报社整体搬迁至空旷地区的5A级办公大楼之后，才慢慢感觉到建筑光有“形体”而没有“人气”的问题，最终在2017年重新搬回到市中心的优秀历史保护建筑严同春宅，在充分感受到庭院式历史建筑人文魅力的同时，又重新恢复了“人气”和“活力”。

但是，如果没有那么多新的现代建筑、现代景观，今天的人们也不会深刻认识到保护历史建筑和城市固有风貌的必要性，更不会去反思形体主义城市建设的不足。这一阶段的上海一方面付出了3000万平方米建筑、8000多条里弄拆除的代价，但另一方面，也正是这一时期的城市建设，改变了当时上海陈旧的城市面貌和市民逼仄的居住条件，造就了今天上海引以为豪的澎湃景观和现代化生活。这说明，对城市理念的认识通常伴随着城市建设实践曲折上升的发展过程，对于中国城市以往城镇化进程中的诸多做法，要以客观而辩证的态度去看待和评价。

二、“以人民为中心”的中国当代城市实践

“人民城市”理念指明了下一步建设中国特色社会主义现代化

城市的正确方向。今天强调提出“人民城市”的中国特色社会主义城市发展理念，同全球城市发展从形体主义向人文主义的逻辑转向是密切相关的，是从形体主义、规划主义、空中视角，向人文主义、有机成长、地面视角的一种转化。以“人民城市”发展理念为指导，中国城市应建立起以获得感、幸福感、安全感“三感”为依据的中国城市评价体系，力图使未来的理想城市在生产、生活、生态和生命之间实现有机统一，以共建、共治、共享为实现路径，在城市更新和治理过程中努力贯彻人文主义导向和全过程民主。只有将全面提升软实力与全面建设人民城市紧密联系起来，才会走出一条不等同于再版、翻版西方发展道路，真正“以人民为中心”的中国城市发展新版。

对此，本文认为，根据当代中国城市实际，更好地推进“人民城市”的建设，应着重处理好发展和目标之间的关系，“以人民为中心”既是发展的目标，也是衡量城市发展价值的试金石，为下一阶段中国城市品格的塑造指明了方向。具体而言，尤应注意以下几个方面。

首先，“人民城市”要求城市稳步健康发展，应抵抗过度资本化。在中国城市化起步阶段，曾一度强调“发展是硬道理”“一年一个样，三年大变样”，形体主义城市建设理念迄今对于改善城市景观、塑造城市形象仍有一定价值和持续影响。但同时我们也应该看到，由于对人文价值重视不够，也带来了历史风貌和城市肌理破坏严重，城市社区活力和文化多样性受损的问题。就上海而言，在笔者多次进行的调查中，喜欢浦西和浦东的市民（包括游客）之比为8：2，说明人们还是向往有人文气息的活力地区。今天的另一重挑战来自商业资本和数字化时代对城市建设的影响：

一方面，20 世纪 70 年代以后，在城市竞争背景下发展起来的城市企业主义占据了主导地位，认为对经济发展采取企业化立场的城市将会获得积极的效应[①]，城市管理和城市建设实际以企业的思路展开。尤其是在美国，城市企业主义形成了一整套完整的城市治理策略，其实际结果是对科技园、贸易中心、大型室内购物中心等场所的复制，同时强调地方营商环境，突出为地区管理提供基础设施、劳动关系、环境控制，甚至关于国际资本税收政策等方面的重要性。

一旦城市企业主义占据了城市政策制定和城市发展战略的中心舞台，就会产生过度资本化的问题。过度强调发展速度和规模，忽略居住在城市中的人的感受，既不利于实现人在城市中“幸福生活”的目标，也将极大地影响城市发展的质量和前景。另一方面，移动互联网时代的到来，使得未来城市发展具有很大不确定性和可能性，但同时也面临着数字对“人”的侵蚀和忽略。在这个过程中，我们应该充分利用数字化给城市生活、城市治理带来的便利，却不过度倚重资本对城市数字化建设的干预，使新技术革命成为服务于人民生产、生活的手段而非目的。

其次，践行全过程人民民主，重塑城市人文特质，让“烟火气”回归城市生活。现代城市在高速发展的同时往往伴随了一系列无法避免的“城市病”，从 20 世纪 60、70 年代开始，以列斐伏尔、卡斯特尔、哈维等为代表的一批西方学者针对现代工业文明时期的城市问题，如焦炭城、贫民窟、贫富差别、犯罪率、污染、传染病等，对西方现代城市在后工业时期的状况进行了猛烈批评。

① 城市的企业主义相关研究可参见张建清，张燕华：《城市企业主义理论研究：路径与趋势》，《理论月刊》，2014（05）：5—8；李凌月：《国外城市企业主义研究综述》，《上海经济》，2017（01）：48—57。

事实上，“城市病”之所以产生的关键原因，就在于没能把握好城市究竟归属于“谁”的问题。

“人民城市”的理念对这一问题作了明确回答，在“以人民为中心”的中国城市，“人民”才是城市的主人。列斐伏尔和哈维就曾用“权利”的概念指出，城市权利是一种按照我们的愿望改造城市同时也改造我们自己的权利①，我们究竟需要什么样的城市？城市应该是什么样的？城市究竟应该属于谁？这些“根的本质”问题最后关联的都是权利。与之相比，“人民城市”对城市权利的归属作了更为确凿的定义。城市空间规划、城市治理、城市正义等问题，归根到底都应该以人民利益为中心去考量。

既然确定了中国当代城市建设的宗旨是“以人民为中心”，那么针对上述在城市发展过程中出现的“城市病”，践行全过程人民民主、重塑城市人文特质、让“烟火气”回归城市生活就显得势在必行。其中最重要的是在建设“人民城市”的过程中以共建、共治、共享为实现路径，在城市更新和治理过程中努力贯彻人文主义导向和全过程民主。习近平主席曾在中央人大工作会议上指出：“我国全过程人民民主不仅有完整的制度程序，而且有完整的参与实践。要继续推进全过程人民民主建设，把人民当家作主具体地、现实地体现到党治国理政的政策措施上来，具体地、现实地体现到党和国家机关各个方面各个层级工作上来，具体地、现实地体现到实现人民对美好生活向往的工作上来。”“人民城市”的一个重要含义就是充分发挥基层首创精神，这与城市真正形成

① ［美］戴维·哈维著；叶齐茂，倪晓晖译：《叛逆的城市：从城市权利到城市革命》，北京：商务印书馆，2014年，第26页，［法］亨利·列斐伏尔著；李春译：《空间与政治》（第二版），上海：人民出版社，2015年，第13—16页。

创业、创新、创意的氛围有着密切关系。今天，中国城市化率已超过63%，进入到城市高质量发展阶段，应突出“创新、协调、绿色、开放、共享”的新发展理念。随着富裕起来的市民文明素质和审美水平的提高，城市更新将从大规模城市建设时期，人人盼望改善城市面貌和居住条件，发展到更讲究人居环境和生活便利，更强调文化创意和社区建设的阶段。在这种背景下，强调人文特质和全过程人民民主的“人民城市”的理念，将决定性地影响着中国城市发展的前景。成熟起来的市民、企业、社会和政府慢慢都会认同“以人为本”应当是城市发展的基石。

第三，应对当代城市新问题和不同治理观念，皆应以是否做到“以人民为中心”为试金石。事物处在永恒的变动和发展当中，当今世界已经是一个高度全球化的世界，不断有新的关于城市建设和发展的理论、概念出现，而判断这些概念和理论是否适用于中国，应当坚持将“以人民为中心”作为检验的试金石，才有可能将理论的价值最大化地服务于当代中国城市发展。例如，新冠疫情的发生，使人们又开始向往郊区人口相对稀疏、可随时呼吸新鲜空气的自然环境，芒福德和霍华德在早期提出的人与自然和谐相处的城市建设理念被重新提起。同样也是由于新冠疫情的发生，隔离区的防疫和生活很多都靠居委会和社会组织互助完成，让人们重新意识到邻里社区基层互助的重要性。而在2022年中国一些内陆城市遭遇罕见洪水灾害，也让人们深刻认识到抵御底层风险的“韧性城市”建设的重要性，城市“韧性”不仅体现在地面城市景观、功能的复原能力上，也对向地下拓展的城市基础设施建设提出了更高的要求；城市内涝带来的水、电等设施的中断，尤其是因停电导致的网络通讯中断，启示人们在建设和发展“智慧城市”的同时，也势必要将风险和灾害防护放在更为优先的位置。所有这些围绕新型城市建设的理论，都必须放置在已有的中国城市经验中来判别，是否做到“以人民为中心”来帮助建构一种更为优质的城市生活，成为使用和判断这些理论的标准所在。

总而言之，习近平主席提出的“人民城市”和学界提出的“人文城市”本质上有相通之处。“人民城市”的发展理念是基于中西城市发展实践和理论，针对当代中国城市发展现状作出的理论创新，它对于扭转前四十年城市发展“大拆大建”所造成的一系列弊端有很好的纠偏作用，对于下一阶段城市的长效发展和有机更新也具有理论指导意义——在逐步脱离形体主义、空中视角的今天，城市发展过度强调资本在全球城市间进行资源配置的能力，显然与“人民城市为人民”的初心并不完全合拍，而数字化在塑造城市生活便利化的同时，也不能忘记城市生活以人为本的本质。在这个意义上，建设“人民城市”的主张，还对应于当今全球范围内新出现的城市发展问题，为城市究竟应该如何发展、为了什么目的而发展指明了方向。在强调“以人民为中心”的当代中国，“以人为本”的人文主义或许更能代表未来城市建设和发展的理念趋势，而对“人文转向”“烟火气”的呼唤，也是朝着世博会提出的“城市，让生活更美好”口号所蕴含的城市本质的回归。

三、上海实践对构建人民城市的经验性探索

中国的城市发展应始终以“人民城市”发展理念为根本遵循，上海实践为中国城市化建设提供了许多探索经验。人文主义导向

在上海城市更新进程中的影响日益重要，基层“全过程民主”成为推动城市建设高质量发展的重要途径。

1. 人文主义导向的上海城市更新

“城市更新”一词最早在1958年8月荷兰召开的一次研讨会上提出，从清除贫民窟发展到福利色彩的社区更新，到市场导向的旧城再开发，再进一步发展到社区综合复兴，其内涵在不断演变深化。进入全球化时代，“城市更新”又成为打造全球城市、资本寻找出路、完成产业升级的手段①。从“城市更新”概念的历史演变可以看到，在世界范围内改善民生始终是“城市更新”的初心所在，而历史风貌保护、城市社区营造，更是“城市更新”诸多要义中极为重要的内容。

上海20世纪末开始对中心城区进行全面改造和旧区重建，积累了丰富的城市更新经验，逐渐摸索出了一条人文导向的城市更新理念，这种人文导向一方面体现在对历史建筑、历史风貌街区的保护上，极大地存续了城市的宝贵文脉；另一方面则是逐渐吸纳社区居民参与到城市更新、改造的决策过程中，在社区基层层面践行了“以人民为中心”的理念。

在过去，伴随着城市更新，大量历史建筑和居民生活区被拆除，遭到社会各界广泛诟病②。但另一方面，上海自1986年被命

① 一般说来，城市更新在超大城市，主要是指根据地区社会经济发展和国土空间规划，从完备城市空间结构、修复城市生态功能、加强城市基础设施、提升城市历史内涵、改善市民居住条件、深化社区邻里建设等方面，对城市空间发展形态和功能进行可持续改善的建设活动。

② 据郑时龄院士的文章统计：历史上遗留下来的大约4500万 m^2 的历史建筑中，约三分之二已经不复存在，1949年统计的9214条里弄现在剩下不到1000条。

名为国家历史文化名城以来，就开始了城市遗产的保护。上海市先后出台了多项政府举措保护优秀历史建筑和历史文化风貌区①，并先后颁布了五批优秀历史建筑名单。这些举措在“大拆大建”的年代对上海城市的历史肌理保护起到了至关重要的作用。随着住建部发出《关于在实施城市更新行动中防止大拆大建问题的通知》，“填河砍树、拆城毁屋、大拆大建、千城一面，万楼一貌”，各地增量扩容开发式城市更新将不可持续，可持续存量有机微更新将常态化。

在上海，城市更新也走过了一条漫长的发展演变之路。最初在历史风貌区域的更新过程中也产生了一些具有争议的案例，例如上海“新天地”的改造，将住宅功能转换为商业的模式曾引发诸多争议②。但从现在的观点回看当时的更新方案，“新天地”开创性地为城市更新提供了一条可供参考的思路，那就是在历史风貌保护产生良好社会影响的同时，创造出有活力的消费环

① 《上海市优秀近代建筑保护管理办法》（1991 年）《上海市城市总体规划（1999—2020）》（2001 年）2002 年颁布的《上海市历史文化风貌区和优秀历史建筑保护条例》，将保护立法的范围由单个建筑或建筑群扩展至历史文化风貌区，保护建筑的范围由近代建筑扩大到建成 30 年以上的历史建筑，使保护工作的法律依据由政府规章上升为地方法规。2003 年 11 月，上海市政府又批准了《上海市中心城历史文化风貌保护区范围划示》，确定了中心城区总用地为 26. 96 km^2 的 12 片历史文化风貌区，约占 1949 年上海城区面积的三分之一。2006 年公布《上海市中心城历史文化风貌区风貌保护道路规划》，2007 年市政府批转了市规划局《关于本市风貌保护道路（街巷）规划管理的若干意见》，划定 14 块历史文化风貌区内 144 条风貌保护道路，对其中 64 条道路进行整体规划保护，道路红线永不拓宽，街道两侧的建筑风格、尺度均保持历史原貌。

② 罗小未：《上海新天地广场——旧城改造的一种模式》，《时代建筑》，2001（04）：24—29; 赵晔，姚萍：《从上海新天地看历史遗产的保护利用》，《中国建筑学会，中国建筑学会 2007 年学术年会论文集》，2007 年第 5 页。

境和商业价值[①]。

然而“新天地”这类早期城市更新案例中，持续存在着过度面向商业地产开发而忽视历史街区居住功能的问题，亦即过于突出更新之后的商业价值，而忽略了居住在建筑、街区中的“人”。眼下，城市更新越来越强调以改善民生为主要目标，而作为上海特色的里弄住宅保护，因为涉及民生改善问题，不断成为社会关注的焦点，同时也是城市更新难点。在这些旧区改造中，历史风貌区保护、区域经济发展和民生改善构成了矛盾的“三角体”。尽管上海棚户区的民生改善问题已基本解决，现存的被称为“老旧破小”的里弄区域，不在保护范畴内的二级以下旧里弄在拆除过程中不存在任何法律障碍，争议焦点集中在一批建造时间较早、没有煤卫设备的优秀历史里弄建筑。大部分讨论关注的是如何处理好历史风貌保护和改善民生之间的关系。但问题复杂性在于，这些街区因过于“老旧破小”而无法得到大资本的关注，而在居民构成上，除了一部分确实困难的老弱病残原住居民外，大部分房屋产权拥有人早已迁离此地，老破里弄住宅绝大多数出租给了清洁工、快递员、服务员、保安、保姆等从事城市生活性服务行业的外来群体。对耄耋老人来说，他们更需要的可能还是一个习惯了的有邻里相伴的友善社区；对于外来务工人员来说，“老旧破小”的住宅其房租性价比正合乎需求。

面对这类里弄区域内部的复杂生态，制定精细化更新方案和

① “新天地”作为上海的一张“名片”，此后尚贤坊和建业里的早期规划纷纷效法，同时期较为成功的还有泰康路田子坊的开发利用模式。这些示例带动了建筑保护、里弄保护、街区保护、工业遗存等历史风貌保护开发，标志着上海的历史建筑保护逐渐进入成熟期。除此之外，在这种思路下对上海地区工业建筑遗产的改造利用，也在2010年世博会前后得到了普遍实施。

替代方案可谓势在必行。上海已经进入深度老龄化社会，在以老人为主的里弄小区，更应当因地制宜对居住条件稍加改善，进而配置与养老相关的食堂、保姆等服务机构，使老人们熟悉的街区成为居家养老、社区养老的场所。与此同时，既然城市建设离不开外来务工人员，城市就应当为他们留下一席栖身之地，而不应将他们迁到郊区，增加居住和通勤成本。根据居住人群的特征将旧式里弄改造后以实现居民需求和资源互补，不失为城市有机更新的一个方向。在“以人为本”的思路下，对受到保护的老式里弄街区的改造，应切实通过实地深入调查，将街区居民的真实需求和实际利益放在第一位，引入精细化、网格化管理思路，甚至不惜拿出绣花针功夫，一幢一档、一弄一策、一地一策解决这些老旧历史街区的更新保护难题。一些区域，与其政府化巨大的成本完成动迁，再化巨大的成本打造动迁小区，还不如让居民过渡后原地回迁，两笔钱变成一笔钱，既保持了原有的城市生态链，又避免了因人口空心化造成周边商业的衰退，从经济学角度来说也更为经济。

一些具有重要位置和重大意义的历史风貌区的更新更是需要慎而又慎，避免一失足面临两难困境。比如老城厢是上海城市的发祥地，不仅是传统中国城市发展过程中的遗产，还是上海现存唯一的“本土生活”历史风貌区，承载着江南文化等文化样式，与外滩近代以来的文化遗存共同构成海派文化的样本。老城厢也是最能代表和体现上海东西两种不同文化碰撞、融合并产生新的文化样式的地段，是近代以来中国城市发展的先驱。老城厢内至今还保留着大量体现传统城市零售商业、人口分布格局、文化发展脉络、原生自然环境的街巷、老地名、地界碑、俚语、戏曲、河流桥梁旧址等。这些要素体现着江南文化和近代上海移民文化的特质，蕴含着自由经商、崇尚自然、多元社会网络等丰富的精神和逻辑。

上海社会科学院城市文化创新研究院团队曾经做过一个老城厢地区城市更新的预研究。老城厢面临历史建筑破旧、空间布局不合理、经济业态老化、文化要素丢失等困境。但目前的更新还是以土地为驱动要素，并没有突破老城厢的空间范围，将其放在整个上海城市更新和建设全球城市、文化高地的目标站位去思考，缺乏想象力和大格局。研究报告提出将老城厢与外滩、陆家嘴等原有的 CBD 和未来的北外滩区域相融合，探索如何驱动兼具生态、消费、海派和江南文化的上海中央活动区的创新之路，使之成为非遗活化的展示中心、传统戏曲的集散之地、江南风貌的呈现之地、水岸联动的浦江游之地。鉴于目前上海作为国际文化大都市指标中缺少世界文化遗产一项的状况，可以将其塑造成为全球独一无二的、既有国际品味又具东方魅力和江南特色，内嵌在中心城区的田园城市，与代表历史的外滩建筑群联合申遗，成为上海中央活动区的“文化心脏”，成为离历史最近、离现代最近、离未来最近的“超级文化地标”，向世界展现最能代表中国特色的“惊艳”城市发展模式。具体而言就是“一水救活老城厢”：恢复方浜中路填没的河道，引黄浦江活水至豫园湖心亭。用竹林、水杉和冬青等绿化墙、公园带等恢复老城墙轨迹，成为市中心的“生态绿肺”，用连接黄浦江的河浜水系来连接城内交通，在文献密集记载的河浜、桥梁中选择一部分进行地名复原和桥梁复原，尽可能复原水网交织，庙、园、市共存的江南人文景观。但现在河南南路和复兴东路两条十字大道已经把老城厢剖成四个象限，很难复原，且大部分地区已完成土地出让。可行的办法是盘活第一象限（豫园城隍庙，民俗商业区），开发第二象限（露香园和大境阁，现代时尚区），活化第三象限（文庙和龙门邨，文化生活区），改造第四象限（乔家路和书隐楼，传统风貌区）。概括起来就是："环绿寻痕旧雉墙，一江救活老城厢，江南风貌入肌理，四象分规百里香。"但未必能得到政府和开发商的积极响应。我们一定要认识到：城市更新并不仅仅是建筑的修葺与重建，而是产业、人口、文化等要素的重新布局与调配，是软硬实力的融合、转化和并进。

2. 全过程民主的上海市民实践

上海的另一个重要探索在于，积极尝试让市民以全过程民主的方式积极参与城市建设和城市更新，作为城市社会"马赛克"的社区力量在这个过程中逐渐兴起。社区存在于以相互依赖为基础的、具有一定程度社会内聚力的地区，反过来又形成了习俗、品味以及思考和说话方式上的一致性。从趋势来看，旧城片区更新项目正从政府与开发商紧密合作的 PPP 模式（Public-Private Partnership），转向公私社区及三方伙伴关系的 PPCT 模式（Public-Private-Community and other Third Sector）[①]。在上海，一些地区，城市建设与城市更新通过激发方方面面的积极性、主动性、

① Public 仍指政府，Private 指真正的组织实施机构，主要是开发商。Community 主要指居委会、业委会、居民代表等代表社区的组织群体，other third sector 指涵盖设计院、独立设计师、居民兴趣小组、NGO 机构、周边商户、周边教育医疗等跟项目改造密切相关的人群，包括关心这个区域发展的研究学者、学生、民间群体等。

创造性，初步形成了最大限度凝聚全社会共识和力量的参与模式，市民群众正在成为社区营造、家园建设的主体，符合2022年颁布的《上海城市更新条例》中提出的要“建立健全城市更新公众参与机制，依法保障公众在城市更新活动中的知情权、参与权、表达权和监督权”的精神。

以笔者长期参与调研并关注的愚园路街区为例，愚园路地处历史风貌区，是64条永不拓宽的马路之一，历史上是以新里弄堂为主的居住区。符合小街段、混合型、多样性的特征。与过去的愚园路相比，居民反映现在的街道社区“好像改了什么，又好像没改什么”，表层的变化发生在街区样貌上历史“起源”与潮流“新开端”的对流和汇流上，深层的变化更在于当地居民所营造的独特社区文化上。眼下，红色文化宣讲团、阿基米德“愚园路电台”、愚园雅集、“愚园路上”、故事商店[1]、社趣更馨、沿街商户微信群等社会民间团体已经成为形塑社区文化的生力军。积极参与街区保护和建设的居民，通过出版书籍、拍摄纪录影片和短视频，积极挖掘愚园路的历史文化，同时以志愿者身份向街区内的中小学生宣讲区域文化。这些热心参与的居民经常为愚园路的历史风貌保护和微更新出谋划策，营造了街区良好的商业氛围。在自发组织的社区居民聚会中，参加者不仅有街道和居委会干部，还有在地艺术家、中学校长、小学辅导员、学者、记者以及获得白玉兰奖的老外居民。活动中恋地情结浓郁，原住居民和新移民交流互动气氛之融洽令人难以忘怀，让人体会在一个以陌生人为特征的大都市里重建社区邻里关系的可能性。从越界筑路地区到“生活美学街区”，愚园路正

① 相关报道参见《愚园路上的“故事商店”又出新的“花头经”，你来吗?》，https://www.thepaper.cn/newsDetail_forward_14175675。

成为城市文化创新和建构人文城市的街区样本——同时具备便利、安全、舒适的基本需求和时尚、美学、未来的升级需求，这样的街区既是最为理想的 15 分钟生活圈，又是可供观览的全域旅游区，既“记得住乡愁”，又“找得到未来”。正是因为人人有序参与其中，激活基层社区每一个细胞单元，才有可能造就“人人都是软实力”的生动局面，造就一个文化多样，多阶层和谐共生的“活化”社区。

除了愚园路，在各级政府支持下，徐汇区构建的社区“邻里汇、汇邻里，美好生活共同体”，同济教授组织开展多年的南昌路活力文化艺术季活动，建筑可阅读大使主理的陕西北路历史文化名街展示咨询中心，年轻艺术家在新华路街区开展的“大鱼社区营造”系列创意活动，都作为实验探索，为所在街区的有机更新和社区“活化”发挥了民间多元主体的参与作用。

人民城市强调基层的全过程人民民主，强调共建、共治、共享。其中社区邻里建设很重要。上海在城市建设中重视在地精神的发挥和属地居民审美趣味培养，推行可持续参与式城市更新，打造“全过程人民民主”最佳实践地的设想正在基层一步步落实。

今天，西方的城市发展已经相对固化，中国的城市发展却还如火如荼，城市理论发展的实践基础，正逐渐转移到以中国为代表的新兴国家中，中国的城市实践将为未来城市理论发展提供丰富的实证基础。在这个大的时代背景下，“人民城市”理念的提出正当其时，一切“以人民为中心”，以生产、生活、生态和生命的有机统一为建设基础，以幸福感、获得感、安全感为衡量标准，构成了中国特色城市发展理论的主体。作为排头兵、先行者的社会主义现代化国际大都市上海，无疑应该在成为卓越的全球城市的过程中，既为中国特色的城市更新，又为世界城市发展模式提供新鲜经验和未来方向。

从形体主义转向人文主义，将宏大的“空中视角”转变为贴近人民生活的“地面视角”，将单一资本驱动的企业城市转变为把人民综合利益放在首位的“人民城市”，将是不可阻挡的世界潮流。“人民城市”需要来自基层的首创精神，而基层的首创精神离不开共建、共治、共享的全过程民主，只有让民众有机会自觉参与到城市建设和发展的全过程中来，才能面对现阶段处于复杂发展期的中国城市，破解迷思和误区，具备驾驭“有序复杂性”的能力，而不是停留于简单划一的思维。

“硬实力让城市强大，软实力让城市伟大”——城市的强大和伟大，应该始终以人民的利益为宗旨。如何将全面提升软实力与全面建设人民城市紧密联系起来，让治理的实效真正落实到人民的实感上，将是今后一个时期我国城市建设的关键所在。城市规划思想家芒福德在他的皇皇巨著《城市发展史》“特大城市神话”一章收尾时充满感情地憧憬：“让生命世界的形象、力量和目的，重新回归人类生存中心”[①]。从本质上说，城市建设的最后旨归，应该是实现人类社会的最高理想，即马克思主义者在《共产党宣言》等中提出的“人的全面自由发展”。

① ［美］刘易斯·芒福德著；宋俊岭，宋一然译：《城市发展史——起源、演变与前景》，上海三联书店，2018 年，第 525 页。

后记

转眼之间，从新闻行业跨入哲社领域，从记者变成学者已届三年。2019 年 11 月，猝不及防接到组织一纸调令，从《解放日报》任上转岗至上海社会科学院文学研究所当所长，2022 年 8 月，在市政府下达的任免通知中，得知了自己的免职消息。可谓来也匆匆，去也匆匆。三年正好是一个学徒期。在新闻行业老兵资格是可以通过许多经历得到证明的，但在哲社领域，我却还是个新兵。从争分夺秒慢不得半拍的新闻行业，转行到小火慢炖快不得一点的科研行业，不说是 360 度的大转弯，起码也是 180 度的急转弯，所幸毕业于中文系文学专业，也算是不忘初心，终点又回到了起点。命运无常，人生一切皆有可能，把一切看作最好的安排，方能随遇而安，如常喜乐，投入每一个角色，日子也就并不难过。常想起吟出“问汝平生功业，黄州惠州儋州”的东坡先生，善把惊心动魄的跌宕化成波澜不惊的寻常。在我眼里，东坡先生旷达的人生境界最能体现东方智慧和中国文人的神韵风骨，游走于出世与入世之间，恰如中国画的妙在似与不似之间，完美融合了儒释道。南浔有个退思园，年及耳顺，方能深切体悟到园主取名之意。进是一种能力，退也是一种能力，退并非无所作为，而只是弃功忘利，摆脱牒诉，勉力向学，一心问道。如东坡先生云："纵一苇之所如，凌万顷之茫然。"也正如我到文学所悟到的工作原理，光踩油门不行，光踩刹车也不行，要踩踩油门再踩踩刹车，掌握好节奏方能行稳致远而不伤车。在拜访荣获上海学术贡献奖的陈伯海老所长时，曾听他讲过，退职之后的十年，才是他真正学术志业出成果的黄金十年。文学所的使命在于"弘扬人文精神，推进现代文明"，这也是我在每届研究生入学典礼上反复讲的。在人类"超我"追求和资本"贪婪"驱动下，技术如一匹脱缰的野马，一骑绝尘，在为人类创造极大丰饶的物质生活和巨大财富的同时，也带来了人类社会持续不断的动荡骚乱和焦虑迷惘。当此技术狂飙突进之时，弘扬人文精神的责任更其迫重。后现代社会，尤其需要用"人文性""自然性"甚至某种程度的"宗教性"来冲抵消解过度的"资本性""技术性"和"现代性"，才能建构起真正合乎人性的自由王国。作为人文学者的铁肩也更须担起道义，这同新闻记者常讲的"妙手著文章，铁肩担道义"一脉相承。虽然一部分学者内卷严重，但世界仍然为其中极少数真正学者的思想所推动却是毋庸讳言的，无论是柏拉图还是苏格拉底，马克思还是凯恩斯，或者城市研究领域的列斐伏尔和本雅明。抉发"有思想的学问，能传播的道理"是我复合了学者和记者职业的理念。我相信：文字是一切社会科学工作者，尤其是人文学者的武器，这一人类文明所创造的传播工具充满了思想力量。《上海城记》其实想回答的就是两个问题：上海从什么地方来？要往什么地方去？只有充分了解了上海从什么地方来，才能找到往什么地方去的答案，因为上海是一座有自己历史发展规律的城市。我们也可以上海这座发展中的超大型城市为样本，进一步追问：作为人类文明之地的城市从哪里来？向哪里去？

此书就像我学徒期满一份差强人意的答卷。改不了记者东拉西扯的杂家本事，按照当下的说法，也算是创意写作。大部分内容是根据发表在学术刊物和报纸理论评论版上的论文和文章，加上在各高校及研修班的讲课，以及城市文化研究生课程的一小部分讲义改编而成，但不是简单汇编。在给研究生开讲《城市空间与文化研究》课程的过程中，我初步提出全球城市的三大趋势性转型：从形体主义城市向人文城市转型，从实体城市向数字城市转型，从资本城市向人民城市转型。作为中国城市，还将进一步吸取中华文明的智慧来发展出自己的特色，并为全球城市发展贡献中国经验和价值，并梳理了包括导论和余论在内的18讲头绪，具体如下：导论：为什么要研究城市与城市文化。第一讲：愚园路和老城厢的城市地理：打开上海，通向城市。第二讲：城市意象：文献阅读与个体行走经验。第三讲：上海文化：近代城市转型及其当代意涵。第四讲：全球城市发展史：起源、演变与前景。第五讲：从传统到现代：中国城市的文化选择与转型。第六讲：研究方法：从西域到中土，从学院到田野。第七讲：研究范式、学术脉络和知识传统。第八讲：马克思主义城市理论和西方马克思主义空间理论。第九讲：城市权利、公平正义与消费意识形态；第十讲：文化场景、创意产业、体验经济与Z世代。第十一讲：后疫情时代城市的韧性发展和文化创新。第十二讲：城市遗产中的历史风貌保护和城市更新。第十三讲：人工智能和网络视域下的脱域城市和混合现实。第十四讲：数字化转型与全面提升城市软实力。第十五讲：全球城市发展逻辑与人民城市发展理念。第十六讲：中国特色的城市实践与学术创新。余论：关于城市问题的若干思考。且将此书作为一个药引子，在退职不退休的学术生涯中以愚园路的微观研究为起点，以上海史研究为中观拓展，以城市研究为宏观目标。力图将基础研究、理论研究和智库研究、应用研究结合起来。跨入学界，一直循此为研究路径，期有所获。社会科学其实也和自然科学一样，有一个循序渐进、日积月累的过程，尤其是近代城市现代化的主要实践和主流理论，不可否认仍以西方为主，我们要进行学科创新、学术创新和话语体系创新，并不是一朝一夕、一蹴而就的事情，但我们也不应妄自菲薄，因为讲求人与自然、人与社会、人与人、人与自身和谐共生的中华文明也有自己的城市传统体系，而当今之世，中国巨大而生动的城市实践更为理论提升和主体性确立提供了可能性，这也是西方学者纷纷把羡慕的眼光投向东方尤其是中国的原因。不懈探索，假以时日，总有赶上乃至超越，为世界城市发展和人类共同价值贡献中华智慧的一天。正如陈伯海先生所说：传统的现代化，外来的本土化，和我们一百多年来实践经验的理性化，三者结合可以形成源源不绝的话语资源。我们已经拥有了建造巴别塔的材料。

最后，要说明的是几份基础材料：愚园路大事记、1949 年前的愚园路商业机构行号表、2022 年愚园路沿路商户表、愚园路空间弄号分布与内涵表等完全是一点一滴、一针一线，花了很大代价靠“冷板凳功夫”制作出来的，虽然对于历史真相，我们只能无限接近，但基础研究必不可少。为此要特别感谢为此书资料收集提供过帮助的上海图书馆历史文献中心主任张奇老师、近代文献整理研究部主任黄嬿婉老师，以及同样对城市历史研究有浓厚兴趣的陆琰先生、张军先生、顾蓓蕾女士、李露心女士、朱永明先生；感谢马睛女士、吴晗同学、汪淼同学和林楠女士在采访和整理资料过程中的付出。感谢对论文发表给予指点和帮助的熊月之先生、胡范铸先生、李天纲先生、汪涌豪先生、王光东先生、郑崇选先生、周智强先生、缪克构先生、朱爱军先生、伍斌先生、朱生坚先生、王多先生、朱珉迕先生、夏斌先生、王珍女士、王一女士、刘婷女士、相晓燕女士、顾学文女士、金方廷女士、刘芳旭同学；感谢提供出版指导和穿针引线的郑纳新总编辑、孙晶老师、马晓俊主任，尤其是为编辑此书不厌其烦付出心血的张馨予女士，感谢她既宽容又认真的编辑工作，还有一如既往的支持。

（2023年1月20日完稿）

附录 1：
2022 年愚园路商业地图地址一览表

南侧

序号	商铺名称	地址
1	上海宏安瑞士大酒店	愚园路 1 号
2	久光百货（上海店）	南京西路 1618 号
3	台湾人道素菜馆	愚园路 151 号
4	静安福慧楼修复委员会	愚园路 155 号
5	静安中企大厦	华山路 2 号
6	南京西路 1788 广场	南京西路 1788 号
7	紫安大厦	愚园路 309 号、315 号
8	abcplayer cafe	愚园路 313 号
9	福建千里香馄饨王	愚园路 339 号
10	苹果手机电脑维修	愚园路 341 号
11	蝉先知服饰	愚园路 341 号
12	光明便利屋	愚园路 345 号

续 表

序号	商铺名称	地址
13	稷家地产	愚园路 349 号
14	成涌建筑装饰五金	愚园路 351 号
15	圣洁亚服饰	愚园路 353 号
16	杉溪水果店	愚园路 355 号
17	好德便利店	愚园路 357－359 号
18	达田时装	愚园路 365 号
19	祥汇图文快印	愚园路 367 号
20	静生服饰店	愚园路 369 号
21	Ricci 服饰	愚园路 371 号
22	外贸袜铺	愚园路 373 号
23	外贸拖鞋	愚园路 375 号
24	FINE WRITE 文具店	愚园路 377 号
25	君亭饮食店	愚园路 379 号
26	POLO JIANI 服饰	愚园路 381 号
27	名人坊服饰	愚园路 383 号
28	古玩收藏	愚园路 429 号
29	静安设集中心	愚园路 433 弄
30	21GRAM COFFEE	愚园路 459 号
31	愚谷屋精品男装	愚园路 463 号
32	白日清澄日料	愚园路 471 号
33	甬商汇典当	愚园路 475 号
34	乐恒地产	愚园路 477 号
35	苏宁小店	愚园路 481 号
36	腾龙服饰·毛毛外贸童装	愚园路 485 号
37	AE KITCHEN 熙餐厅	愚园路 491 号
38	义源勤杂货店	愚园路 497 号

续 表

序号	商铺名称	地址
39	四方西服	愚园路 499 号
40	启现西装工坊	愚园路 501 号
41	Valley Earl 花店	愚园路 503 号
42	莲·Space 创意店	愚园路 543 号
43	茂森房产	愚园路 543 号
44	Annie. L 美甲工厂	愚园路 575 - 1 号
45	名牌宠物小公馆	愚园路 567 号
46	俪族服饰	愚园路 577 号
47	第六粮油	愚园路 581 号
48	天景房产	愚园路 583 号
49	颐品居涮肉	愚园路 589 号
50	园多多服饰	愚园路 605 号
51	朋克造型	愚园路 607 号
52	半满服饰	愚园路 609 号
53	明龙房产	愚园路 615 号
54	原单欧货 YING ZI 服装店	愚园路 617 号
55	Z. a 服装店	愚园路 619 号
56	上海愚元食品商店元华超市	愚园路 631 号
57	小每咖啡	愚园路 633 号
58	西区老大房	愚园路 635 号
59	JJ FITNESS 健身私教工作室	愚园路 637 号
60	依尚工作室	愚园路 637 号
61	佳歆房产	愚园路 657 号
62	哈尔滨刘记饺子馆	愚园路 657 号
63	麦稻湘约米粉铺	愚园路 657 号
64	绝味鸭脖	愚园路 657 号

续 表

序号	商铺名称	地址
65	花匠 Flower	愚园路 713 号
66	Lite 力特屋服饰	愚园路 713－2 号临
67	旻金房地产	愚园路 725 号
68	仕格西服定制	愚园路 729 号
69	LADY · S ELITE 慕裁服装定制	愚园路 729 号
70	My Odyssey 精品店	愚园路 731 号
71	HOW 西餐厅	愚园路 733 号
72	Hellas House 希华馆西餐厅	愚园路 735 号
73	罗森便利店	愚园路 745 号
74	光大银行	愚园路 753 号
75	嘉春 753 园区	愚园路 753 号
76	宇宙酒馆	愚园路 769－1 号
77	面包咖啡好天气	愚园路 769 号
78	得一大药房	愚园路 769 号
79	SMAKA 咖啡	愚园路 769－3 号
80	董记庐春面馆	愚园路 781 号
81	贝优月嫂	愚园路 781 号
82	全家便利店	愚园路 789 号
83	中国石化销售股份有限公司	愚园路 819 号
84	中吴咨询	愚园路 843 号
85	JY HALF 服饰	愚园路 887 号
86	悟空找房	愚园路 889 号
87	新利商务楼	愚园路 905－907 号
88	Double Win Coffee	愚园路 907 号
89	7 分甜	愚园路 907－1 号
90	兆丰世贸大厦	江苏路 369 号

续 表

序号	商铺名称	地址
91	舜元企业发展大厦	江苏路 398 号
92	Gregorius 咖啡	愚园路 991 号
93	上海银行	愚园路 999 号
94	福 1015	愚园路 1015 号
95	上海长宁区总商会	愚园路 1015 号
96	福和慧素食餐厅	愚园路 1037 号
97	福 1039	愚园路 1039 号
98	走秀 QY 服装店	愚园路 1059 号
99	房友（围莉房产）	愚园路 1061 号
100	NIDE · FLORA 花店	愚园路 1075 号
101	我慢咖啡生活馆	愚园路 1077 号
102	Ribone Cafe	愚园路 1107 号
103	弗兰克牛排馆	愚园路 1107 号 3 幢
104	Cannery 西餐厅、Commune Reserve 西餐厅	愚园路 1107 号
105	RAESTHERE 服装店	愚园路 1173 号
106	FIU GALLERY 艺术空间	愚园路 1175 号
107	萍聚护肤造型	愚园路 1209 号
108	店满三咖啡店	愚园路 1213 号
109	金蚕宝服饰	愚园路 1225 - 1 号
110	M&G 晨光文具	愚园路 1225 - 4 号
111	小野花房 Little Flower 花店	愚园路 1227 号
112	LADY Y lifestyle 西餐	愚园路 1253 号
113	COFFEE PINGPIG BAKERY	愚园路 1255 - 1 临
114	Black Star Pastry 甜品	愚园路 1265 号
115	全家便利店	愚园路 1265 号

续 表

序号	商铺名称	地址
116	泰康食品	愚园路 1279 号
117	华宁服饰	愚园路 1281 号
118	露地怪物冰屋	愚园路 1285 号
119	苏州面馆	愚园路 1301 号
120	Sei Carina Y 服饰	愚园路 1303 号
121	新成石研·中医养生·正骨推拿	愚园路 1305 号
122	日月眼镜	愚园路 1307 号
123	坤盛珠宝	愚园路 1319 号
124	缤物咖啡	愚园路 1321 号
125	WABI COFE 咖啡店	愚园路 1327 号
126	CHAO'S CHAOS 服饰	愚园路 1329 号
127	汉庭	愚园路 1333 号
128	Gracina 时尚生活馆	愚园路 1341 号
129	付小姐在成都	愚园路 1357 号
130	106NAIL&EYELASH 美甲美睫	愚园路 1361 号
131	AIR 爱尔摄影	愚园路 1361 号
132	愚巷	愚园路 1381 号
133	ect. CAFE	愚园路 1381－1 号
134	Element 生活元素服饰	愚园路 1381－1 号
135	Money Shops 西餐店	愚园路 1381－2 号
136	randomevent 服饰	愚园路 1385 号
137	三川·小町 Dining	愚园路 1389 号 1 号楼
138	柒爷叔本帮浇头面	愚园路 1391 号
139	蟹满兜	愚园路 1391 号
140	杨三孃乐山跷脚牛肉	愚园路 1391－1 号临
141	银-Gin 日料	愚园路 1391 号

续 表

序号	商铺名称	地址
142	裕兴记面馆	愚园路 1393 号
143	堂屋糖水店	愚园路 1409 号
144	Borsh&Kompot 罗宋娃娃	愚园路 1411 号
145	纯烧大红袍	愚园路 1417 号
146	Dosage Bread&Wine	愚园路 1421 号
147	有酒的房间 WINETIQUE	愚园路 1429 号
148	华氏大药房	愚园路 1435 号

北侧

序号	商铺名称	地址
1	晶品 crystal galleria 商场	愚园路 68 号
2	愚园 108 大厦	愚园路 108 号
3	汉堡王	愚园路 132 号
4	平成屋日料	愚园路 136 号
5	鲁肉饭	愚园路 140 号
6	九鼎轩脆毛肚火锅	愚园路 152 号
7	环球世界大厦	愚园路 168－172 号
8	百乐门	愚园路 218 号
9	桂林米粉	愚园路 228 号
10	霓裳茶舞	愚园路 228 号
11	南京美发店	愚园路 230 号
12	华氏药房	愚园路 232 号
13	中国移动营业厅	愚园路 236 号
14	利民惠食品店	愚园路 240 号
15	巴比馒头	愚园路 242 号

续　表

序号	商铺名称	地址
16	秦 salon 理发	愚园路 250 号
17	全家便利店	愚园路 250 号
18	及酒屋烧鸟·酒场·深夜食堂	愚园路 254 号
19	爱尚造型	愚园路 256 号
20	demo 酒吧	愚园路 258 号
21	COCO 奶茶	愚园路 262 号
22	铭洋采耳	愚园路 262 号
23	上海 COSMO 国际丽都酒店式公寓	愚园路 268 号
24	Alize BARBER SHOP 理发馆	愚园路 270－274 号
25	米范儿小酒馆	愚园路 278 号
26	金犟烧肉酒场	愚园路 280 号
27	木木三寿日料	愚园路 282 号
28	申乐大厦	愚园路 300 号
29	老上海旧货调剂商店	愚园路 476 号
30	天放咖啡	愚园路 478 号
31	食喱一家	愚园路 478 号
32	艾丽莎花店	愚园路 480 号
33	鼎梁地产	愚园路 484 号
34	Zoonimo 万物一梦 cafe&bar	愚园路 486 号
35	洽味小馆	愚园路 494 号
36	汤先生	愚园路 496 号
37	鳗重日料	愚园路 580 号
38	Shabushabu 蓮	愚园路 580 号
39	悦璞食堂	愚园路 698 号
40	德必愚园 1890	愚园路 716 号

续 表

序号	商铺名称	地址
41	小杨生煎	愚园路 816 号
42	桂源铺	愚园路 818 号
43	GENZERO 服饰	愚园路 1000 号
44	二门丁·胡同里的味道	愚园路 1002 号
45	一首歌的民宿	愚园路 1008 号
46	愚园百货公司	愚园路 1018 号
47	WF 服饰	愚园路 1034 号
48	良友便利	愚园路 1040 号
49	CALEX 灯饰	愚园路 1042 号
50	SPUTNIK 斯普尼克宠物设计	愚园路 1044 号
51	英子 de 服装店	愚园路 1046 号
52	利百路服饰	愚园路 1052 号
53	弘文馆	愚园路 1056 号
54	老伯伯内衣店	愚园路 1058 号
55	恬嬉花园·别墅轰趴	愚园路 1076 号
56	LivingWines 酒吧	愚园路 1086 号
57	愚园公共市集	愚园路 1088 弄
58	兰之物语礼品店	愚园路 1092 号
59	吉亨地产	愚园路 1094 号
60	百味手剥龙虾馆	愚园路 1096 号
61	石阿姨服饰	愚园路 1100 号
62	中国银行	愚园路 1118 号
63	故事商店	愚园路 1032 弄
64	肆楼慢原豆巧克力店	愚园路 1206、1208 号
65	JustGrapes 葡醉 Express	愚园路 1208 号

续 表

序号	商铺名称	地址
66	长宁区工人文化宫	愚园路 1250 号
67	Hugo&Jiro 栩集	愚园路 1264－1 号
68	光明便利屋	愚园路 1266 号
69	飞跃鞋店	愚园路 1266 号
70	得一大药房	愚园路 1274 号
71	REGALO 服饰	愚园路 1284 号
72	一君花艺	愚园路 1286－1288 号
73	中国工商银行	愚园路 1300 号
74	长宁金融园	愚园路 1320 号
75	ZUG	愚园路 1340 号
76	中信银行	愚园路 1360 号
77	Wildshadow 服饰	愚园路 1362 号
78	Akiki 美甲	愚园路 1364 号
79	The Island 集岛服饰	愚园路 1366 号
80	墨无界刺青	愚园路 1368 号
81	NOWWA 挪瓦咖啡	愚园路 1370 号
82	EasyAwesome 服饰日用	愚园路 1382 号
83	LOVERAMICS 陶瓷设计品	愚园路 1384 号
84	MTPT coffee 咖啡＋服饰	愚园路 1386 号
85	捷强烟酒专卖店	愚园路 1388 号
86	金诚福安广场	愚园路 1398 号

愚园公共市集商铺（愚园路 1088 弄内）

序号	商铺名称	地址
1	鸣空间手工坊	19 号
2	超贤造型理发店	21 号

续 表

序号	商铺名称	地址
3	永金专业美发造型	27 号
4	宏伟服装店	31 号
5	几何猫纹身	39 号
6	Lucky 19 日式美甲美睫	48 号
7	Grinder 绞肉机汉堡	48 号 101 室
8	Zester 泰醉	48 号 A 号楼 102 室
9	Onita 西餐	48 号 A 号楼 103 室
10	THE ConnieHe CAKE SHOP	48 号 105 室
11	顾爷叔开锁	48 号 106－1 室
12	小赵裁缝店	48 号 106－2 室
13	小吴鞋匠铺	48 号 106－3 室
14	三角关夕日料	48 号 107－1 室
15	K－STORE 茶饮	48 号 107－2 室
16	bo th by bo 独立设计师服装	48 号 109 室
17	LUNA DANCE STUDIO 舞蹈	48 号 201 室
18	龚琛晨国际精品钢琴艺术中心	48 号 202 室
19	粟上海社区美术馆	48 号 203 室

金诚福安广场商铺（愚园路 1398 号内）

序号	商铺名称	地址
1	育音堂音乐公园	B1－02、B1－04
2	浮生酒馆	B1－05
3	日月火音乐酒吧	B1
4	大肆撸串	L1
5	葡轩红酒吧	L1
6	超级猩猩健身	L2－08
7	鼎植口腔	L3

嘉春 753 园区商铺（愚园路 753 号内）

序号	商铺名称	地址
1	洛克菲勒公馆 苏浙菜	1 号楼
2	小猪意大利餐饮 西餐	B 栋 1 层
3	米椿小酒馆．753Bistro	C 栋 101 室
4	Specters 老卵俱乐部	D 栋 1 层
5	陆文忠口腔诊所	E 栋 101 室
6	锽佳高档时装女装	E 栋 102 室
7	Lilysilk 女士内衣	E 栋 201 室
8	CANDY&Co 珠宝	E 栋 702 室
9	BURTON 高级滑雪装备	E 栋 10 层
10	恩宜康健康管理	2 号楼 101 室

(此表由林楠帮助收集整理制作)

附录 2：
愚园路大事记

▪ 1843 年 11 月 17 日　上海正式开埠。1845 年 11 月 29 日《上海土地章程》订立。

▪ 1860 年　为对付太平军的进攻，上海道台允准在静安寺北面修筑了一条很短的军路，即现在愚园路最东侧的一段。尚未取名愚园路。早期为新闸路一段。

▪ 1864 年　英国兆丰洋行大班、跑马厅董事、地产商霍格（H. Fogg）将 1853 年以低价买进曹家渡以西千亩土地建成“霍格别业”，或称“兆丰花园”。

▪ 1881 年　静安寺重修后，浴佛节庙会年复一年定期举行，近悦远来，祭祀、烧香、游玩、购物，热闹非凡，至 20 世纪 30 年代达到鼎盛时期，“仿佛国货土产之展览会”。愚园路等马路的沿途人行道上，各种摊贩“设立殆遍”。1937 年“八一三事变”后日趋衰落。1949 年后得以延续举行，1963 年因影响交通结束。

▪ 1882 年　（清光绪八年），申园始建。位于静安寺西隅（后为愚园路 235 弄新华园），占地 12 亩，中构层楼，四围花木，右有堂榭，并凿方池，尚称宏敞，四周筑路，车马可直达园内，绕行一周而出。当时租界中尚无较胜之园林，得此园已觉别开生面。仓山园主有联语悬之楼上云："百尺旷襟怀，更饶他翠袖联云，香车流水；四时供啸傲，最好是夕阳西坠，明月东升。"祝听桐于此集同调诸君作琴会。申园是上海最早的经营性私园。开创时，按股份集资银 1.6 万两，故又称申园公司。

▪ 1890 年　（光绪十六年）7 月 25 日，申园因出租而停止开放，翌年 2 月 9 日继续对外开放。嗣为愚园所并。

▪ 1890 年　四明张氏创葺愚园。愚园位于静安寺东，近赫德路（今常德路）交汇处。本为镇海叶氏别墅，后为四明巨商张氏经营，经过修建，于光绪十六年落成，并于同年六月初五开园。光绪二十四年十月召卖，后改为和记愚园复开。嗣以营业不振，易主者五。

▪ 1896 年　静安寺路 1649 号（今静安公园）辟建外国公墓（俗称外国坟山），是上海公共租界当局处理外侨丧葬之所，内设教堂、礼堂、化骨炉及骨灰陈列室等。因具有欧美风格，幽美静谧，成为游览胜地。愚园路也随之渐受人关注。

▪ 1899 年　上海公共租界大规模拓展，越界筑路所涉区域几乎全部被划进了租界。愚园路最东侧军路至田鸡浜以东，包括今百乐门位置也划入界内。

▪ 1899 年　静安寺消防分处成立。

▪ 1900 年 7 月 26 日　唐才常、容闳等以挽救时局为名，约请章太炎等维新人士 80 余人在愚园南新厅举行会议，发起"中国国会”，并以无记名方式投票选举容闳、严复为正副会长，成为上海第一次具有反清性质的民间集会，在中国近代政治史和思想史上占有相当重要的地位。

▪ 1900 年前后　宏业花园所在地块始建，中西风格混杂，尚未命名。

▪ 1901 年　工部局为了进一步集中新界内的警权，向静安古寺以每亩 70 两的价格租用一块约八亩的土地，在愚园路 172 号设立了静安寺巡捕房。有二层高主楼一座，内设办公用房和西捕用房，含审讯室、牢房等，耗资 28690 两，辖区东以同孚路（今石门一路）、卡德路（今石门二路）、麦根路（今淮安路）为界，与新闸路捕房相连。

▪ 1903 年 3 月　章士钊等人在愚园为曾参加自立军、因在报纸上揭露《中俄密约》而被清政府逮捕杖杀的沈荩举行追悼会。

▪ 1905 年 2 月 27 日　邹容死于上海租界狱中，蔡元培与中国教育会同仁在愚园举行追悼会。

▪ 1906 年 9 月 15 日　江苏铁路公司在愚园召开股东大会，400 余人出席，决议招优先股 100 万。

▪ 1907 年 8 月 15 日　陈去病与吴梅、刘季平等 11 人于上海愚园集会，组织神交社。

▪ 1907 年　花园里弄京兆别墅（愚园路 996 弄）兴建，内有独立式假三层西式花园住宅 2 幢。业主建造别墅时，愚园路尚未辟筑，这里还是沟渠纵横，蛙声一片。

▪ 1908 年　光绪皇帝、慈禧太后双双病逝。上海公共租界有轨电车开始运营，是中国第一次在城市中通电车。

▪ 1909 年 11 月　柳亚子与陈去病、高旭等在苏州成立革命文学团体——南社。柳亚子、陈南巢、高天梅等同盟会员和南社成员共在愚园集会14次，愚园成为南社主要活动场所。

▪ 1910年前后　苏州贝氏建“久安公寓”，这幢五层公寓据传是上海这一区域最早建成的一幢住宅公寓楼，但年份未确考。

▪ 1911年　划入租界的军路以路东端赫德路（今常德路）口一座私人花园宅第——“愚园”命名，这是愚园路最初的来历。

▪ 1911—1912年　康贻公寓原址建筑、狄家花园、庆云里、平安南里、茂源新邨、和顺村、蝶邨、柳林别业等一批里弄或初始建筑相继在愚园路东部和中部落成。瑞兴坊、俭德坊等一批里弄或初始建筑在西面落成。

▪ 1911年1月15日　南社第四次雅集在愚园杏花村举行，到会34人，共议国事，午餐也由愚园餐厅供应。以后每年一两次的集会聚餐均在愚园。

▪ 1912—1913年　据1935年2月11日《大晚报》“上海越界筑路表”载：其时愚园路越界筑路部分已长达2378米。

▪ 1913年　公共租界当局越界筑路，把极司非尔路向西延筑至白利南路（今长宁路），将“兆丰花园”一劈为二。

▪ 1913年　中美英睦谊会庆贺美国承认民国大会在愚园举行。

▪ 1914年　极司非尔路以南部分，到今公园旱桥，由公共租界工部局收买，工部局还将旱桥以南直到白利南路，东到今兆丰别墅，西到苏家角的其他土地一并购进，在此开辟公园，名极司非尔公园，又名梵皇渡公园，国人称兆丰公园。公园当时占地320亩。建园初期，不准国人入内。

▪ 1916年4—7月间　孙中山携卫士时常在愚园路散步。

▪ 1916年　位于愚园路81号地块现为上海地下党斗争史料陈

列馆，始建，现所见是一幢四层砖木结构建筑物。

▪ 1917 至 1918 年间　愚园废弃。

▪ 1917 年 8 月 1 日　静安寺邮政支局在地处愚园路、海格路（今华山路）交叉口的愚园路 41 号（今 157 号）开设。邮局的设立，大大方便了静安寺地区居民邮寄信件包裹。

▪ 1918 年　公共租界当局又将愚园路道路拓宽。至此，愚园路基本形成现在的规模，跨静安、长宁两区，东起常德路，西迄长宁路。（据《上海通史・附录》）

▪ 1920 年　愚园路 684 弄的法国外廊式风格花园别墅建成，后为朱学仁兄弟住宅。愚园路 699 号北欧风格独立式花园别墅落成，花园面积达 4900 平方米，后为大隆机器厂老板严裕棠严庆祥父子拥有。愚园路 1027 弄、1203 弄卜内门洋行高级职员住宅落成。宏业花园北部 9 幢假三层花园住宅亦为 1920 年代所建。

▪ 1921 年　原第一师范学校“灰楼”开建。1923 年此址成为西童女公学总部。

▪ 1921 年　康有为建“游存庐”（在今愚园新村），至 1927 年，在此度过在沪最后六年。在“天游学院”和“游存庐”中，康有为与书画篆刻家吴昌硕、教育家蔡元培等海内外学者名士时相往来，画家徐悲鸿、刘海粟，女书法家刘缃、萧娴和后定居新加坡的李微尘，均是拜门弟子。

▪ 1922 年　在静安寺消防分处基础上建静安寺救火会，地址在愚园路、地丰路（乌鲁木齐北路）转角处，门牌为愚园路 348—356 号，乌鲁木齐北路 102 号。

▪ 1922 年 8 月 13 日　上海第一家公共汽车取道愚园路往返于兆丰公园和静安寺之间，全长 4 公里，共两辆进口长头式公共汽车（其实是德国“霍克”牌卡车改装成的客车），每车载客 30 人，每客取费 2 角，由中国宁波人董杏生首创的公利汽车公司承运。以后，1 路、9 路和 10 路双层公共汽车都从愚园路上经过。

▪ 1922 年（约）　皖系军阀卢永祥之子卢小嘉与黄金荣争坤伶露兰春。卢后与青岛美人袁慧燮隐居于愚园路 1396 号西园公寓。

▪ 1923 年　曾居愚园路的银行家陈光甫创办中国最早的旅行社。鲁迅小说集《呐喊》出版。中国第一座民办广播电台在上海开始播音。

▪ 1924 年　江浙战争爆发。瞿秋白与杨之华登报确立恋爱关系。

▪ 1925 年 1 月　愚园路 211 号宁波籍商人边瑞馨家发生绑孩杀人案。幼子被匪绑去，女佣抵抗被杀。

▪ 1925 年　愚园路 1320 弄新华村、愚园路 1376 弄亨昌里、愚园路 864 号百老汇花园住宅、愚园路 838 弄 7 号杨氏住宅相继落成。

▪ 1925—1931 年　岐山村陆续建成。

▪ 1926 年　联安坊建造，巴洛克风格，独立型花园住宅，前后各两幢，分列弄道两侧，为西区高级里坊。

▪ 1927 年　《布尔塞维克》编辑部在亨昌里设立，瞿秋白等共产党人在此活动，陈独秀曾在编辑部小住三天。

▪ 1928 年　愚园路东头连生里落成。西面愚园路 1112 弄蒋光鼐故居建筑落成。西园公寓建成。由俄商协隆洋行设计。高 42 米，大厦及附属建筑占地面积约 3000 平方米，总建筑面积 4835 平方米，落成后分套出租给外侨及富商。在 20 世纪 70 年代以前，是沪西地区最高的钢筋混凝土结构建筑。

▪ 1928 年　经斗争，兆丰公园向华人开放。

▪ 1929 年　居住在愚园路的中国国货银行总经理朱成章被绑架，赎票后不治身亡。

▪ 1929 年　愚园路 909 弄花园里弄藜照坊兴建，内有 14 幢三层中英式联合体住宅，传为外国建筑师的聚居之地。

▪ 1930 年前后　愚园新村、周作民故居、陈鹤琴旧居、唐晔如花园，749 弄内李士群、周佛海、吴四宝曾住过的 63、65、67 号原址建筑，云寿坊等一批住宅相继落成。

▪ 1930 年 3 月　中华基督教女青年会之家庭讨论会在愚园路 881 号荣宗敬之女荣卓霭夫人住宅内会集。

▪ 1930 年 7 月—1933 年 1 月　茅盾住连生里 18 支弄 3 号三楼厢房带一过街楼，在此期间创作了《子夜》（原名《夕阳》）、《春蚕》等中国现代文学史上的名作。瞿秋白曾临时借住并与茅盾促膝长谈。

▪ 1930 年 7 月下旬　由中共中央、中华全国总工会、共青团中央以及一些重要团体的代表在沪组成"苏准会"临时常委会，秘密办公处设在愚园路 259 弄庆云里一幢三层石库门房屋内。"苏准会"临时常委会的一项极重要的工作，就是起草宪法大纲和一系列法令草案，林育南与几位承担任务的同志在庆云里夜以继日地忙碌。1930 年 9 月至 10 月间，周恩来在此指导起草了《中华苏维埃共和国宪法大纲》《土地法》《劳动法》等法令，并亲自动手修改。这些文件在 1931 年 11 月由中华苏维埃第一次全国代表大会审议通过，在苏维埃政权的建设中发挥了重大作用。当时中共中央主要领导人瞿秋白、周恩来、任弼时、王稼祥、恽代英、罗章龙、向忠发等经常在里面以谈生意、贺寿等方式研究工作。

▪ 1930 年 8 月 19 日　由邓演达任总干事的中国国民党临时行动委员会（农工民主党前身）在愚园路愚园坊 20 号设机关总部。

▪ 中华苏维埃全国第一次代表大会准备会议，在愚园路庆云里中共中央机关召开。

▪ 1931 年　愚园路 754 号犹太建筑落成。

▪ 1931 年 8 月 17 日　国民党著名左派人士邓演达在愚园坊（今愚园路 483 弄 12 号）20 号对干部训练班做报告时，由于叛徒告密被捕，秘密转至南京关押后杀害。同时被捕的有 40 余人。

▪ 1932 年　中国商人顾联承投资 70 万两白银，购静安寺地营建百乐门，1933 年 12 月 14 日正式落成。上海市长吴铁城出席典礼。被誉为“远东第一乐府”。张学良、卓别林等都曾慕名前来跳舞。陈纳德、陈香梅在此订婚。

▪ 1933 年　愚谷邨一期竣工，整个项目建成后，成为愚园路 361 弄和南京西路 1892 弄相连的一条里弄，静安寺地区著名的新式里弄住宅群，占地 22.62 亩，有三层住房 120 余幢，沿街二层住房 30 余幢。整个产业的建筑面积 22579 平方米。锦园、梅邨等相继落成。

▪ 1933 年 9 月　王伯群住宅落成。它是国民政府交通部长王伯群为妻子大夏大学校花保志宁兴建的，俗称“小白楼”，哥特城堡风格，协隆洋行柳士英设计，辛丰记营造厂施工。10 月，王伯群保志宁阖府迁入。

▪ 1934 年 1 月 26 日　上海银行因愚园路一带离市廛较远，为便利附近居民，设愚园路分行，址在愚园路 232 号，百乐门饭店隔壁。

■ 1934 年 9 月　李鹤（李云古）在兆丰公园与中共地下党员碰头时，在公园附近遭特务逮捕。

■ 1935 年 10 月 22 日，《新闻报》刊有“标卖沪西愚园路贵重房地产的通告”。

■ 1935 年 11 月某日深夜　宋庆龄等在愚园路 1315 弄 4 号路易·艾黎旧居收听广播知道红军长征到达延安后举杯共庆。

■ 1936 年 4 月 11 日下午六时，大夏大学校董会假愚园路王伯群校长宅举行。

■ 1936 年 4 月 18 日下午六时半，王伯群校长邀请大夏大学全体导师在愚园路住宅叙餐，导师鲁省三先生等 26 人参加。

■ 1936 年　涌泉坊建成。全部建筑由著名建筑师杨润玉、杨元麟、周济之设计，久记营造厂营造，里弄总占地面积为 0.53 公顷，共有住宅 16 幢，建筑面积 6233 平方米。其中，15 幢为西班牙建筑风格的三层楼新式里弄住宅，一幢为西班牙式独立花园住宅。靠东面的愚园路 12 弄新和坊、愚园路 66 弄愚园弄、愚园路 520 弄现四明体育村等也相继落成。

■ 1936 年 3 月 23 日　实业部指令上海市社会局据中国实业银行股份有限公司呈请设立上海愚园路支店登记，查核尚合应予照准。

■ 1936 年 9 月 4 日《新闻报》刊有拍卖宏业花园的消息。其产业本为宏业地产公司，由祥茂洋行出价 59.1 万元买得。

■ 1936 年 11 月 23 日　李公朴在亨昌里 24 号，沈钧儒在愚园路桃源坊 51—53 号被捕，两人俱为七君子成员，后具保释放。

■ 1936 年　明星周璇由霞飞路尚贤坊迁至愚园路庆云里 1 号。

▪ 1937 年　申园所在地由新华银行改建为新式里弄住宅，易名为新华园。愚园路 611 弄 3—35 号和邨、愚园路 470 弄贤邻别墅落成。

▪ 1937 年　愚园路 1280 弄采芝邨地块出现初始建筑、愚园路 310 弄及 304—316 号静安商场、愚园路 488 弄兰畹等落成。

▪ 1937 年 3 月 11 日—18 日　因部分住户拒交工部局巡捕税和房捐，工部局设置路障，将愚谷邨三处出入口全部堵塞。舆论哗然，《申报》《事报》等各报纷纷报道，酿成关于路权之争的新闻事件。

▪ 1938 年 7 月 18 日—22 日　上海《新闻报》连续出现一则引人注目的广告：陈述昆、孙钟尧会计事务所信托部第一批代建洋房　地点：愚园路 608 弄（静安寺附近），环境绝佳，1 路、9 路公共汽车直达弄口。建筑：真西式构造，阔 14 尺，深 50 尺，花园、钢窗、卫生器具、冷热水管，一应俱全。造价：二层每宅 4100 元，计有大小房间 6 间；假三层每宅 4700 元，计有大小房间 8 间；三层每宅 5500 元，计有大小房间 9 间。特点：建筑期内由殷实银行保证交房；住满 20 年由著名银行保证还本；自来水免费供应。这是两个会计师和两个房地产掮客合伙开设、建华企业公司策划的“租地造房、分室出售、到期还本，屋归地主”的销售方式。后建成为田庄和农邨。

▪ 1938 年 11 月 2 日，上海特别市政府训令第四六号：令警察局为据西川秋次君函称愚园路住宅区近邻织布工厂日夜机音骚扰，居民不能安眠仰查明具报由。

▪ 1938 年 11 月 11 日　起造于愚园路地丰路（今乌鲁木齐北路）口的静安商场正式开幕。为响应“抗战不用敌货”的号召，纯粹销售国货。

■ 1938 年 12 月 6 日　常玉清在南京创立安清会。同日，上海分会帮众在愚园路 1136 弄 31 号，表面上是日人花野的住宅里举行聚会。

■ 1938 年　好莱坞游乐场在愚园路（现长宁区工人俱乐部和沪西别墅周围）开张。

■ 1939 年　愚园路 608 弄田庄（含愚园路 608 弄 113－121 号农邨）建成。

■ 1939 年 2 月 10 日　集资 200 万、占地 7 余亩，地处百乐门舞厅左侧，极司非尔路愚园路转角的百乐商场正式开张营业，当时的公共汽车 1 路、2 路、3 路、7 路、9 路及 12 路，电车 1 路、2 路、20 路，均可直达其门首。

■ 1939 年 2 月 19 日大年初一　伪政府外交部长陈箓在愚园路 668 弄 25 号自己的公馆内被军统暗杀。

■ 1939 年 2 月 28 日　据《申报》载：愚园路 749 弄 23 号前上海特别市长张定璠住宅突被日宪兵封闭，与此前王伯群住宅被占如出一辙。

■ 1939 年 5 月 29 日　工部局警务处在愚园路 864 号住宅门口安置铁丝网，进出人物均加严密盘诘，目的在于防止屋主开赌场。

■ 1939 年 5 月 20 日　武装日本宪兵携翻译人员至中实新邨和四明别墅，在铁门内悬挂木牌，于弄内墙上张贴告示，严禁居民迁移，违者以军律处分。

■ 1939 年 6 月 13 日　兆丰公园附近愚园路 1423 弄姚家角发生空前大火，肇因是愚园牛骨厂煎熬牛油，延烧公园别墅内洋房两幢及该处乔寿里附近大批厂家，大小房屋一百余间，损失估值数十万金，热闹之区，顷成瓦砾。

▪ 1939 年　百老汇游乐场在愚园路 864 号营业。

▪ 1939 年 7 月 9 日　汪精卫在王伯群住宅前发表了《我对于中日关系之根本观念及前进目标》的广播讲话，日本摄影师为之拍摄了新闻纪录片。

▪ 1939 年 8 月　汪精卫在王伯群住宅秘密召开伪国民党“六届一中全会”，自任“主席”，宣布“反共睦邻”的基本政策。

▪ 1939 年 9 月　潘汉年从香港来到上海，化名萧叔安，租用百乐门大饭店旅馆部的上等房间作为掩护其活动的地点。

▪ 1939 年 9 月 24 日　美国海军陆战队第四大队一名队员因在愚园路惠而康西菜社与人冲突而被 20 名左右“大道警察”带至警察分所，经公共租界警务处和美国海军陆战队交涉两小时方始释放。

▪ 1939 年 10 月 20 日　伪警察枪杀愚园路印籍巡捕。

▪ 1939 年 11 月 1 日　日方与汪伪组织间开始正式谈判。

▪ 1939 年 12 月 30 日　黄昏，汪日密约在愚园路 1136 弄 60 号陶希圣的住处完成签名。但陶希圣借口生病没有参加签字仪式，后与高宗武商议脱离汪精卫集团。1136 弄除 31 号为汪邸外，伪中央党部秘书厅、宣传部和组织部等机关分别设于 1136 弄周佛海、诸民谊、陈春圃等官员的住处。弄内各机关的安全由万航渡路“76 号”特工负责。

▪ 1939 年 12 月 24 日　一说为：圣诞夜 23 点，伪特工总部第一处长陈明楚、救国军第二路司令何行健进入愚园路 1401 号惠尔登舞厅娱乐，至翌日凌晨 4 点 35 分，两人出来在舞厅门口商量去哪里吃饭时，在重庆特派员吴安的指挥下，原军统上海区负责人王天木的保镖马河图、岳清江、丁宝龄3人迅速举枪射击，两人当场毙命。另一说为：替陈公博接风后，“76号”高级顾问王天木及下属到兆丰公园对面的兆丰夜总会跳舞，王天木的副官突然拔枪将王的下属何天风、陈明楚击毙后逃逸。后披露为军统安排，目的是警告汪伪特务。此事件被称为“兆丰夜总会的枪击事件”。两说中，何陈两人圣诞毙命应是基本事实。

▪ 1939年年末，汪精卫由愚园路宅邸迁至福履理路居住，计共汽车廿辆，党羽满布街头，借作护卫，并有日本浪人多人跟随左右。

▪ 1940年1月21日晚18点　汪伪特务谭文质与其妻谭淑仪及杨国栋3人在愚园路和邸（疑为“和郚”之误，愚园路611弄8号3楼）家中用餐，军统上海区第二行动队两名队员冲进其室内，以迅雷不及掩耳之势用利斧将谭文质等3人砍死。2006年后部分开放的英国档案显示愚园路611弄8号是汪伪特务机构“76号”的一个窝点。1940年曾发生内讧事件，互击中有4人死亡。可能是同一事件的不同叙述。

▪ 1940年2月25日深夜　百乐门舞厅红舞女陈曼丽被枪杀。《申报》连续两天报道，标题分别为《百乐门今晨血案陈曼丽受重伤 身中三弹生命异常危殆 两舞客受伤一凶手逃逸》和《百乐门血案 彭陈昨今殒命 陈曼丽割去腰子仍不救》。

▪ 1940年5月3日《新闻报》报道：南洋烟草公司两主任在愚园路被绑，匪徒5人预雇汽车。事发地点在愚园路432号泰昌木器公司制造所附近。

▪ 1940年5月30日　《申报》载：日方“赌场监督部”勒令沪西越界筑路地段各赌窟在31日中午12时前停闭，好莱坞29日即遭封闭，传将改为日本“警备司令部”。

▪ 1940 年　原兆丰花园附近的华华中学迁址。

▪ 1940 年 9 月 16 日　工部局警务处副处长兼特务股股长约克在离开愚园路的住宅时，遭到两名华人的枪击。

▪ 1940 年 10 月 18 日　一名日本宪兵在愚园路 608 弄被人击毙，该弄 19 日被日军封锁围困，禁止出入。21 日一度开放，嗣又续被封锁，据《大晚报》报道，至 24 日已有六天，封锁区内数千居民无法觅食，贫困居民中已有老妪及小孩在早晨饿毙。被封锁区域之路口，东为地丰路（今乌鲁木齐路）严家宅，西为忆定盘路开纳路，南为愚园路 688 弄及 608 弄、田庄等弄，北为极司非尔路马路桥口。每一口子，由日本宪兵一名及“警察”三名武装驻守。居民中亦有外侨，尤以南通织布厂内工人共 100 余人受困，饥饿情形最为严重。区内青菜贵至每斤一元二角。大饼售至半元一个。因导演吴村居住在封锁线内，连累周璇主演的《天涯歌女》停拍三天。

▪ 1940 年 11 月 30 日下午，愚园路一带突遭封锁，路口架起铁丝网，许多银行职工回不了宿舍，一路、二路、九路、十四路公共汽车到静安寺为终点，二十路无轨电车只到极司非尔路爱文义路为止。数日后方解禁。

▪ 1941 年 2 月 4 日　愚园路上的一幢房子里的赌场发生了激烈的枪战。日本赌徒认为自己陷入了骗局，于是打电话召来了伪警察，遂与赌场保安展开了枪战。30 多名赌徒捣毁了大门。3 人枪击中倒毙，不少人受伤。

▪ 1941 年 3 月 12 日　一名汉奸银行家与日本妻子所生的 23 岁的儿子吴孝安，在离开愚园路上的伊文泰夜总会时被绑架。

▪ 1941 年 3 月 16 日，苏浙皖统税署的首脑盛绶臣，被六名武装的特工开枪击倒在愚园路 611 弄家门前弄堂内的小车里。

▪ 1941 年 5 月 1 日　前南市警察，效力于汪伪政权的郭子元，在愚园路和爱多亚路附近被枪击致死。6 月 17 日，工部局警务处日人副处长赤木亲之离开愚园路上的家，带着妻子，驱车前往医院作常规治疗。当车子拐入地丰路时，两个枪手向他开火，赤木头部、手臂和背部被击中，送往宏恩医院，最终死在了医院的手术台上。

▪ 1941 年 5 月 19 日，中南银行愚园路支行因行址不敷办公，自静安寺愚园路口 224 号门牌原址，移至静安寺极司非而路口第 1 至 3 号门牌新址照常营业，改称静安寺支行。

▪ 1941 年 5 月 19 日，永大银行为扩充业务，特在愚园路设立分行。

▪ 1941 年 12 月　太平洋战争爆发，潘汉年经过反复考虑，决定亲自出面与李士群在其愚园路的家里碰头，这次碰面除李士群和太太叶吉卿外，还有“神秘人物”袁殊和潘李之间的联系人胡均鹤。1942 年 4 月和 9 月，潘汉年又两次在李士群家与其碰头，并引致 1943 年 4 月潘汉年由李士群和胡均鹤陪同不期在南京面见汪精卫。

▪ 1942 年　日本黑龙会魁首头山满在愚园路建立中华洪门协会总会，李炳青为主席，以统一占领区的洪帮组织。

▪ 1942 年 9 月 10 日，久安信托公司添设愚园路办事处，址在愚园路 226 号。

▪ 1943 年　为伪江西省李士群省长祝嘏，申城京剧名角在愚园路举行堂会。

▪ 1944年6月　汪伪政权时期，兆丰公园改名中山公园并沿用至今。

▪ 1945年　反德国法西斯战争胜利，苏联侨民假百乐门舞厅举行宴舞会欢庆胜利。

▪ 1945年　抗战胜利。黄慕兰与丈夫大律师陈志皋租赁1136弄31号王伯群住宅每周举行“隅园雅集”，田汉、洪深、梅兰芳、欧阳予倩等名流参加。

▪ 1945年　抗战胜利。军统少将邓葆光主持的东方经济图书馆在愚园路523弄5号挂牌。

▪ 1946年2月20日　民盟在沪中委和部分盟员在愚园路749弄31号举行茶会，民盟中央常委黄炎培宣布成立民盟上海市支部筹备委员会，推定沈志远、黄竞武为召集人。

▪ 1946年　据《党务月刊》报道，圣歌团每礼拜六改至愚园路庆云里29号郁府练习。

▪ 1946年5月　农工民主党的前身中华民族解放行动委员会由重庆迁沪，中央机关即设在愚园路联安坊11号。

▪ 1946年5月19日，全社假座愚园路668弄集英中小学举行活动。全社原为十人合组，故以全名，由胡山源夫人方培茵主其事，每星期日上午均有雅集，由张传芳压笛。

▪ 1946年8月24日，中旅社上海南京东路及愚园路办事处定期代售客票（京沪、沪杭两路各次车票）。

▪ 1947年1月6日至10日　中国民主同盟民盟一届二中全会在联安坊召开。张澜主持会议并致开幕词。出席会议的民盟中央委员有沈钧儒、黄炎培、章伯钧、罗隆基、史良等著名人士。

▪ 1947年2月　上海市政府决定，第十区区公所为静安区区公所，所址愚园路 792 号。

▪ 1947 年 2 月　天花流行。在愚园路 792 号成立静安区强迫种痘促进会。

▪ 1947 年 2 月 3 日　中华民族解放行动委员会在上海愚园路联安坊 11 号召开第四次全国干部会议。决定改名为中国农工民主党（简称农工党）。上海市党部成立于此，机关也设在这里。章伯钧居住于此。

▪ 1947 年左右　中共地下党吴克坚在新华村董竹君家密晤杨虎营救张澜、罗隆基。

▪ 1948 年　沪西别墅落成。同德会篮球场落成，环境优美。

▪ 1949 年 3 月初　已调任福建绥靖公署副主任，后被称为赴台“密使 1 号”的吴石将军风尘仆仆赶到愚园路俭德坊，把一组国民党军队长江江防兵力部署，包括沪宁、沪杭沿线军事部署图等绝密情报送至 2 号何遂将军、中共地下党员何康家。

▪ 1949 年 5 月 25 日　中国人民解放军第三野战军司令发动淞沪战役，第九兵团第 27 军沿虹桥路、愚园路等攻入上海苏州河以南市区，路境解放。5 月 26 日，陈毅等凌晨进驻圣约翰大学交谊楼，此楼因此成为解放上海的第一宿营地。

附录 3：
愚园路空间弄号分布与内涵表

名称	弄号	建筑年代	建筑状况和样式	归属及名人活动情况	备注
愚园(注：1)	2号	1890—1917年、1918年间存续。	占地 30 亩，私园。	容闳、严复、唐才常、章太炎等在此召开“中国国会”。民族文学团体南社骨干柳亚子等曾在此集会 14 次。	有传徐润曾居此，但未有确凿资料证明。可能因徐润字愚斋，并在珠海建有愚园之误。
常德路	近愚园路拐弯口即为张爱玲所居爱林登公寓，今名常德公寓。				
大丰布厂	2号				据 1939 年 11 月曹家渡镇工厂调查表（上海档案馆馆藏档案 R18－1－69）。下同。

续 表

名称	弄号	建筑年代	建筑状况和样式	归属及名人活动情况	备注
安甫布厂	4 号				据 1939 年 11 月曹家渡镇工厂调查表。
本源布厂	5 号				据 1939 年 11 月曹家渡镇工厂调查表。
继清布厂、鉴敏布厂	7 号				据 1939 年 11 月曹家渡镇工厂调查表。
子丰布厂	8 号				据 1939 年 11 月曹家渡镇工厂调查表。
康贻公寓（注 2）	11 号	1912 —1936 年间有拆除重建。	小型公寓里弄。混合三四层，4 幢，建筑面积 2026 平方米。	原址地块现为宏安瑞士大酒店。	已拆。《老上海百业指南》地图标示为康泰公寓（Conty Apts.）。《近代哲匠录》记载康贻公寓为信实营造厂营造，造价 43 万元，李锦沛设计。或有认为是愚园路住宅的起始门牌。

续 表

名称	弄号	建筑年代	建筑状况和样式	归属及名人活动情况	备注
新和坊	12弄	1936年	旧式里弄。砖木二三层3幢。		已拆。《老上海百业指南》地图标示内有安庆坊。
晶品商厦	22号			原市建四公司	
住宅	40号		洋房	据1945年《上海人名录》，此宅为上海商学院（国立），院长裴复恒。	已拆。
住宅	44号			据1947年中西女中校友录，此处登记者为毕业于1919年的蔡夫人施惠龄。	已拆。
住宅	50号				已拆。古典主义风格。山墙上采用装饰性图案。郑时龄先生《上海近代建筑风格》（1999年版）收有山墙和建筑全景照片两帧。曾为静安区法院，估计位置在今晶品商厦。

续 表

名称	弄号	建筑年代	建筑状况和样式	归属及名人活动情况	备注
淞庐	41 号	1925 年	二层半花园建筑	评弹名家张如君刘韵若夫妇居此。传为盛宣怀家业，曾为商业局幼儿园、上海友谊集团有限公司经营管理分公司、上海友谊集团置业公司等。	已拆。据原住居民回忆，此有老虎天窗的石材建筑曾有崧庐和荣庐标记。
洋房	48 弄		为 40 号和 50 号间的弄堂。内有三层洋房两幢。	作家程乃珊夫妇住弄底带小花园的 36 号。	已拆。
洋房	50 号		假三层楼房。	肺科医生朱尔梅。	已拆。
愚园弄	66 弄 21 - 35 号	1936 年	旧式里弄。砖木二层建筑 8 幢，建筑面积 1174 平方米。	早在 1926 年就有中国保险学会成立于该弄。弄内 25 号曾开设有邵静卿制药厂，31 号开设有大中国坤记灯光厂。	已拆。原称和泰坊（亦有写成合泰坊的），后改称愚园弄。据原住居民回忆：临街有一个几百平方米的空地，之后成为愚园路第四小学。

续　表

名称	弄号	建筑年代	建筑状况和样式	归属及名人活动情况	备注
东庙弄	67弄及81－99号	1936年	新式里弄。砖木二、三层。35幢。	郑振铎20世纪30—40年代和50年代返沪时短期居住在44号。54号主人为医学史家及著作家王吉民医师，其夫人苏梅英为中西女中1916年毕业生。	已拆。因和静安古寺相邻得名，弄堂像小马路一样南通南京西路。据居民回忆：弄口设有饮食摊，弄内有卖小商品的摊贩，热闹而杂乱，南京西路一侧有一排朝东简屋，原是汽车间。现步行街在原庙弄偏西处。
东南中学和大中中学	68号				已拆。据《上海人名录》(1941)登记信息。
西童女公学	70号				已拆。临时校址。《老上海百业指南》地图标示为东南中学。
源茂新村	78弄5－20号及80号	1912年	新式里弄。砖混二、三层11幢。		已拆。《老上海百业指南》地图有标示。
上海地下党斗争史料陈列馆	81号	1916年	砖木四层。	刘长胜、张承宗两家分居二、三楼。	建造久光百货时，被整体移至常德公寓西南隅，久光建成后，2001—2002年平移至原位置偏东。

续 表

名称	弄号	建筑年代	建筑状况和样式	归属及名人活动情况	备注
顾家弄	88弄1－33/4－10号	1912年	旧式里弄。砖木二层12幢。		已拆。愚园路上为数不多的石库门弄堂。2000年代整个赵家桥地区改造，原地建起宏安大酒店。
祥生汽车出租公司	108弄弄口				据《老上海百业指南》地图
胶州路					
住宅	123号			医师王完白住宅。王1909年在美国获得医学博士学位，研究细菌学。	已拆。据《环球中国人名录》(1944)
京沪铁路管理局上海客运营业所西区分所	130号			解放后仍为火车票售票处	
鸿泰照相	142号				据1939年11月曹家渡镇商号调查表

名称	弄号	建筑年代	建筑状况和样式	归属及名人活动情况	备注
十幢别墅	愚园路132－150（弄）号				已拆。据原住居民回忆为10幢带庭院的连体别墅。企业家邓仲和住宅为135弄14号。居民回忆最靠东一幢底层是火车票代售处。
静安寺	现151号、153号为该寺后门	始建于247年。1008年更名静安寺。1216年，寺从吴淞江畔迁入现址。			从1881年到1963年，每年农历的四月初八日前后都要举行几天的庙会（浴佛节）来庆祝佛祖释迦牟尼诞生日。庙会期间，静安寺附近的街道上满是帐篷和货摊。据报道，在一些年内每次庙会都能吸引20多万人。
上海佛学书局	154号				
上海邮政管理局静安寺支局	157号（原41号）	1917年8月1日		“文革”后邮局搬至胶州路，原地盖起仿古大楼，开有多家饭店。	据《大上海指南》1947年版，第235页。

续　表

名称	弄号	建筑年代	建筑状况和样式	归属及名人活动情况	备注
原公共租界静安寺巡捕房	172 号（原 7 号）	1901 年		公共租界静安寺巡捕房（1903—1943 年）。后曾为上海市警察局静安寺分局。据居民回忆：1949 年前曾为国民党兵营，1949 年后为武警摩托车队驻地，现为环球世界大厦。	据《大上海指南》1947 年版，第 10 页。工部局为了进一步集中新界内的警权，以每亩 70 两租金的价格向静安古寺租用一块约八亩的土地，在愚园路 172 号设立了静安寺巡捕房。有二层高主楼一座，内设办公用房和西捕用房，含审讯室、牢房等，耗资 28690 两，辖区东以同孚路（今石门一路）、卡德路（今石门二路）、麦根路（今淮安路）为界，与新闸路捕房相连。
路南街面建筑	217－233 号				万洲大药房静安寺支店（217 号）、静安笔店（219 号）、振亚大药房（221 号）、美林食品号（223/225 号）、沪西书局（227 号）、涤美洗染商店（229 号）、待考（231 号）、丽丽公司（233 号），均已拆。

续 表

名称	弄号	建筑年代	建筑状况和样式	归属及名人活动情况	备注
万航渡路华山路			大同布店旁有华四小学		
百乐门	218号	1932年开建，1933年开张。	建筑面积3800平方米左右，钢筋混凝土结构，“阿黛可”（ADECO）设计风格，是20世纪30年代建筑设计的新潮。	张学良、潘汉年、卓别林、陈纳德和陈香梅夫妇等曾在此活动。沿万航渡路一侧门面原有“大众”书店，后改开“永乐”调剂品商店。愚园路门面为“百乐”和“中华”顶级美容院。舞客进舞厅前在此打理。	设计师杨锡镠，大成股份有限公司运营，房主为南浔富商顾联承，同时参股大成公司，盛宣怀七女盛爱颐通过丈夫庄铸九也出面参股大成公司。后一度为百乐门大戏院、红都戏院、红都影剧院。
路北街面建筑	224-246号			沿街是一排带阁楼的老式四层公寓，狄家产业。百乐商场西侧小路可通。	永大银行（224号）、大生绒线（226号）、百乐门理发公司（230号）、上海商业储蓄银行（232-234号）、紫罗兰美容室（236号）、安琪（240号）等。均已拆。
沪西书店	227号				据《大上海指南》1947年版，第32页。

续 表

名称	弄号	建筑年代	建筑状况和样式	归属及名人活动情况	备注
百乐商场	愚园路上有出入口	1939 年			静安寺地区最大的商业中心。集资 200 万建造、占地 7 余亩，是由各种专营商店聚合而成的商业综合体。商场里有大中华橡胶厂、百新缎稠布局、泰康罐头食品公司、老松顺点心店、五福斋饭店等承租商铺，生活用品一应俱全。万航渡路 50 号为主要出入口，穿商店可以四通八达。1970 年代末，百乐商场拆除改造，在原地建起 4 幢高楼，一、二层裙房就是当时的上海市第九百货公司。原处据云是田鸡浜流经地。
新华园	235 弄及 219－241 号	1937 年	新式里弄。砖木二、三层。30 幢。	中西医药研究会、福哑学校先后设于 33 号。林世煦医师曾居此。	已拆。当年是申园所在地。位于静安寺西隅。1890 年（光绪十六年）7 月 25 日，申园因出租而停止开放，翌年

续　表

名称	弄号	建筑年代	建筑状况和样式	归属及名人活动情况	备注
					2月9日继续对外开放。嗣为愚园所并。1937年由新华银行改建为新式里弄住宅，易名为新华园。是老大房、新元泰的后弄堂。现址为中华企业大厦所在。据原住居民回忆：拆除时曾被动迁到愚谷邨临时搭建的简易房过渡。
路南街面建筑	237－241号				已拆。1949年前为老聚兴水果店（237号）、天华药房（239号）、宝兴文具社（241号）。
和平路（弄）			简屋		已拆。紧邻新华园的小路，向南直通南京西路1738弄，两端各有一个点心店，沿路是简屋。据原住居民回忆：沿路东侧是剃头摊、皮鞋摊、修伞摊等服务性摊位，西侧是一排低矮潮湿的简屋。

续　表

名称	弄号	建筑年代	建筑状况和样式	归属及名人活动情况	备注
路南街面建筑	245－255 号				香港商店（245 号）、上海市银行第一办事处（247 号）、盛如绍酒庄（251 号）、源丰恒南货号（255 号）。均已拆。据原住居民回忆：后曾为科艺照相材料店、红波无线电商店、粤东熟食店、源源药房等
狄家花园	246 弄 37 号、51 号	1911 年	新式里弄。砖木二、三层建筑 2 幢。百乐商场西侧有小路可通。	民国著名报人狄平子住宅。狄娶英国妻子，后辈混血。	已拆。现为国际丽都公寓。园子里曾树木扶疏，有假山池塘。
路北街面建筑	252－270 号		原住居民回忆是一排带阁楼的老式四层楼房。传为狄家产业。		中华美发公司（252/254 号）、中国理发公司（256/258 号）、大美理发公司（262/264 号）、湘铭美发厅（268 号）。其他据《老上海百业指南》地图标示往西还有艺美、福禄书店，美华皮鞋商店，九星皮鞋商店，老大房等商铺。

续 表

名称	弄号	建筑年代	建筑状况和样式	归属及名人活动情况	备注
愚园公寓	258－300号	1936年前建成		20世纪30—40年代272号为匈牙利餐馆（夜总会），284号为the book Mart书店，老板希尔曼曾是一位耶稣会教士，与匈牙利风琴手斯黛拉·季美同居开设。	匈牙利夜总会餐厅歇业时曾用匈牙利语刊登广告云：再见上海！在我们启程去青岛的前夕，我们将举办一个欢送晚会，tQ我们的赞助人、艺人：卡拉索、夏皮罗、巴兰和哈特曼的吉卜赛摇摆乐队。
庆云里	259弄1－15号	1912年	旧式里弄。砖木三层。22幢。	周恩来、瞿秋白、李维汉、任弼时、恽代英、王稼祥、罗章龙、向忠发、林育南等早期共产党人曾活动于31号（后改为15号）。 中华全国苏维埃第一届代表大会准备会议旧址。	已拆。

续 表

名称	弄号	建筑年代	建筑状况和样式	归属及名人活动情况	备注
连生里	259弄18支弄1-7号	1928年	旧式里弄。砖木三层。13幢。	据1936年11月13日《电声电影周刊》、1937年3月5日《青春电影》报道，周璇1930年代住连生里1号。茅盾住18支弄3号三楼，在此创作《子夜》。书法家白蕉也曾住3号。	已拆。从庆云里绕入，茅盾误忆为树德里。据施蛰存先生回忆：附近原有一加油站。现为愚园路1788广场和静安高和大厦。
路南街面建筑	261-275号A				大同建筑粉刷行（261号）、恒余当（263号）、三谊洋服号（265号）、张裕隆成衣铺（267号）、源丰恒货栈（271号）、瑞丰煤炭（275A）。
地丰里	25弄（号），可能是愚园支路门牌		新式里弄。	何振梁曾居。	已拆。地处愚园支路南面。
大沪电影院	308弄内			308弄D20号曾为光明大戏院。可能即后来的大沪电影院地址。	已拆。据《大上海指南》1947年版。

续 表

名称	弄号	建筑年代	建筑状况和样式	归属及名人活动情况	备注
住宅	307 号		三层洋房。		据原住居民回忆：此住宅连同一排木板房曾是向群中学的校办工厂。底楼曾住有向群中学的教师。三楼有动物标本室。
住宅	309 号、311 号、乌鲁木齐北路 171 号		三层洋房。	309 号新中国成立后为轻工业部玻璃搪瓷研究所职工宿舍，后杂居。311 号曾为愚园路房管所。	愚园路 309 号和 311 号大门紧靠，内竹篱笆相隔。311 号与乌鲁木齐北路 171 号为联体住宅。1995 年被动迁。现紫安大楼位置。
静安商场	310 弄及 304—316 号		旧式里弄。砖木二层 47 幢。	据《大上海指南》1947 年版，第 19 页记载：静安商场 D5 号曾有大同书社。内还曾有刊售旧书的抱经堂书局，不知是否为一家。	已拆。作为静安商场于 1937 年落成，1938 年 11 月 11 日正式开张。开幕时为响应“抗战不用敌货”的号召，纯粹销售国货。和百乐商场相比，静安商场要小很多，到 20 世纪 50 年代中后期，静安商场逐渐萧条。

续 表

名称	弄号	建筑年代	建筑状况和样式	归属及名人活动情况	备注
乌鲁木齐北路					梵皇渡路乌鲁木齐北路（迪化路）口沿线交汇处原有觉民小学。太平洋战争爆发后，附近有联合总会、华人总会，新中国成立后，这一带有纺织系统剧场，但是否和联合总会一处待考。
静安寺救火会大楼	348－356号，乌鲁木齐北路102号	1922年	为平面呈“口”字形，与“八”字形的建筑连接构成的周边式大楼。原楼高为三层，底层为车库、补给库等，现已加建至七层。二、三楼为办公区域，眺望塔位于北侧。整幢建筑系砖混结构，平屋顶。		静安寺救火会是在静安寺消防分处基础上兴建的，地址在愚园路、地丰路（乌鲁木齐北路）转角处，故有两处门牌。
惠临大药房	353号				据《上海人名录》（1941）登记信息

续表

名称	弄号	建筑年代	建筑状况和样式	归属及名人活动情况	备注
愚谷邨	愚园路361弄，南京西路1892弄	1933—1934年	新式里弄。砖木二、三层127幢。28629平方米。	陶亢德主持的西风社是民国时期上海一个有着相当影响的翻译出版机构。社址设在弄内20号。林语堂曾入股并为其提供译稿。弄内37号曾住过著名画家应野平；65号先后住过作家魏金枝、唐克新和茹志鹃夫妇；中共地下党进化药厂厂址设在弄内121号。抗战胜利后停办。著名歌舞明星黎明晖、足球名将陆钟恩夫妇，著名电影表演艺术家沙莉和凌之浩夫妇也先后在121号居住过。中国最早的两栖明星周璇1936年与严华结合之初也曾居住此弄。	由东陆经租账房陈楚南投资建造。华信建筑事务所杨润玉、杨元麟设计。顾炳记营造厂承造。《上海住宅建筑志》《上海历史风貌区》和弄口所挂历史保护建筑石牌标示“1927年竣工”。但据1933年《中国建筑》第1卷第2期报道，已见“沪西愚园路愚谷邨”第一部工程完竣照片及介绍，并说明“第二部工程，正在招标估价，即将兴建中”，可见其建筑一期年代为1933年较确。1927年可能其地块有初始建筑。通南京西路。曾通涌泉坊。1994年被上海市政府列为优秀历史建筑。

续 表

名称	弄号	建筑年代	建筑状况和样式	归属及名人活动情况	备注
同丰嗣记米号	377 号			据《上海人名录》（1941）登记人为曹嗣寅。	
涌泉坊	395 弄	1936 年	新式里弄。总弄宽 6.5 米，占地约 5300 平方米，建筑面积约 6000 余平方米，西班牙式建筑风格住宅 16 幢。	美丽牌香烟老板陈楚湘曾居弄底 24 号西班牙风格花园住宅。	由华成烟草公司总经理陈楚湘投资建造。华信建筑事务所杨润玉、杨元麟、周济之等设计。久记营造厂施工。为上海较著名的新式里弄。
市西中学	404 号	1934 年，现“红砖楼”（传家楼）原址建筑建成。		该处校舍先后为西童男小学、西区西童公学、汉璧礼西童高级公学、初级公学、公立暨汉璧礼侨童男、女中所用。1946 年夏，侨校停办，市西中学正式创办（该址校舍门牌曾为地丰路 10 号、迪化路 10 号、迪化北路 10 号，现乌鲁木齐北路 98 号，原门仍存），但当时的师生们均从愚园路 404 号进	1943 年 1 月，日本总领事馆强征愚园路 404 号、地丰路（今乌鲁木齐北路）8A 号、10 号的整个区域为盟国侨民集中营（日文为“上海敌国人集团生活所”，英文为“Shanghai Civil Assembly Center”）沪西第一集中营。两年间，共关押 877 人（其中英联邦人士 842 位）。

续 表

名称	弄号	建筑年代	建筑状况和样式	归属及名人活动情况	备注
				出，是实际的通行大门，贴邻两校曾为进出之门延续了8年纷争，直至1954年9月两校完全用篱笆墙隔开方息争。现市西中学高中和初中又打通共享校园。教育家赵传家曾活动于此。	
市西初级中学	460号	1921年“灰楼”开建，1922年建成。		1945年11月，上海市教育局委派陈鹤琴为上海市立幼稚师范学校校长，兼办附小及幼稚园，校址即在此。	1923年西童女公学总部（后为公立暨汉璧礼侨童女校）入驻当时愚园路18B此址。1924年改为愚园路70号，后又改为愚园路404号，现为愚园路460号。抗战胜利后，其址为上海市立幼稚师范学校校舍，兼办附小及幼儿园。1947年改名为上海市立女子师范学校，1949年合并上海女子师范学校和新陆师范学校为上海市立师范学

续 表

名称	弄号	建筑年代	建筑状况和样式	归属及名人活动情况	备注
					校，1953年更名为上海市第一师范学校。“文革”中停办，1973年恢复上海幼儿师范，1976年正式挂牌，1993年始办“5年制师范”专科，1997年并入华师大相关专业。上海市师资培训中心1990年代也曾在此址挂牌办公。
十样景	419弄	20世纪30年代中期	10幢西式英国乡村别墅风格的洋房，分布在主弄两侧，每侧五幢，每一幢都自带近300平方米的院落，建筑密度较低。	中国妇产科学奠基人王淑贞在弄口第一幢洋房（门牌411号）开设妇科诊所。永安公司老板郭棣活居弄内12号。	由犹太地产大亨沙逊投资建造。
静安设集中心	433弄2-44号				对外开放，内有咖啡馆。
李伯龙故居	457弄		中西合璧风格。	李伯龙为源生牧场（俗称牛奶棚）经理。李曾编辑《剧场艺术》，参加开国大典，新中国成立后任上海电影工作者协会秘书长。	1号为李伯龙故居，为上海市不可移动文物，传黄宗英曾借居此楼。弄内有中国新闻社。源生牧场原在其住宅南面。

续　表

名称	弄号	建筑年代	建筑状况和样式	归属及名人活动情况	备注
原人民沪剧团所在地	469 号		内有白色小洋楼。	曾为人民沪剧团和上海市沪剧院所在地。现为某家族企业所有。	1941 年上海人名录登记人为王乐平。原主人为 Wong Tong Yue，身份是当时的“中汉玻璃厂”厂长。传曾为孔祥熙产业，孔宋成婚于此。录以备考。
贤邻别墅	470 弄 3－23 号	1937 年	新式里弄。砖木三层 7 幢。建筑面积 2749 平方米。		东邻市西中学。其中 9 号、15 号、19 号住宅登记为上海市第三次全国文物普查不可移动文物，9—19 号列入上海市第五批优秀历史建筑名单。
愚园坊	483 弄	1927 年	新式里弄。砖木三层 47 幢。	12 号（原 20 号）为民主人士邓演达被捕处。	1998 年经过住房成套改造，增加一层。
兰畹	488 弄	1937 年	新式里弄。砖木三层 6 幢。	据当年报道：闻名远东的游泳名将（美人鱼）杨秀琼曾寓居于此弄。	
小弄堂	490 弄				

续　表

名称	弄号	建筑年代	建筑状况和样式	归属及名人活动情况	备注
愚园中学	500 号	1921 年	中西合璧的大宅院。	“文革”期间，这里曾是愚园中学所在地。	据知情者说：愚园路 500 号和 507 号为王和兴住过的别墅，王和兴和其兄王财兴一起在南京路上创建了红帮名店王兴昌西服店。录以备考。
静安区牙防所	507 号		花园别墅		《老上海百业指南》地图标示此处曾为四季花园。《上海人名录》多次标示此号码为威海五金橡胶行。
四明体育村	520 弄	1936 年	新式里弄。三至四层多栋花园楼房，黄墙拱门窗，红瓦带老虎窗，略有西班牙建筑风格。	南洋归国华侨协会设于 24 号。连环画家顾炳鑫旧居 27 号。	四明体育村作为以群众全民健身活动为特色的居民小区，创始于 20 世纪 90 年代初。弄内的灰色砖铺地面上画着一些跳房子、跑道之类的线条，墙上还有体育图案。

续 表

名称	弄号	建筑年代	建筑状况和样式	归属及名人活动情况	备注
东方经济图书馆	现在523弄弄内，挂521号门牌			军统少将邓葆光负责的东方经济图书馆设在原523弄5号。据邓回忆：此处原为汪伪时期上海警察局长卢英住所。	此弄左边挂523弄1－15号门牌，右边挂541弄2－30号门牌。《老上海百业指南》地图标志此处为中国经济通讯社总社资料室。有资料显示汪伪时期上海警察局长卢英住所在523弄1号。不知是邓的回忆有误，还是门牌号抗战胜利后有改动。
住宅	528号			主人为留美博士、律师黄宇平。	据《环球中国名人传略》（1944）登记信息。
柳林别业	532弄1－85号	1912年	新式里弄。砖木三层18幢。9420平方米。	弄底51号日伪时期曾为供日本人专用的甜甜斯俱乐部。54号曾是工读学校，后为青锋中学。据原住居民回忆：市西小学、十八中学据说也曾在内设学，是否一处待考。	

名称	弄号	建筑年代	建筑状况和样式	归属及名人活动情况	备注
				67号为中华民国陆军一级上将陈调元旧居。据《都市印记·静安区建筑文化撷英》：弄内55号为曾任河北省政府主席、33集团军总司令、1948年任京沪杭警备副总司令的国民党将领冯志安旧居。香港电影明星利智1979年毕业于弄内青锋中学。	
李氏住宅	541弄2号	1912年	花园别墅。	中华劝工银行董事长李咏裳住宅。闻名上海的小港李家之一支。	《老上海百业指南》地图标志此处曾有一大网球场。从留存照片中可见当时的李宅有很大的草坪花园，李咏裳家族直至解放初曾多次在此处留下合家欢。
和顺村	541弄20－30号	1912年	新式里弄。砖木平房、二层6幢。		

续 表

名称	弄号	建筑年代	建筑状况和样式	归属及名人活动情况	备注
孙衡甫旧居	546号	1920年代	有前后花园的两幢联体欧式别墅	四明银行董事长兼总经理孙衡甫20世纪20年代中后期从外国人手中购置。花园深处有一可钓鱼的池塘。“文革”前为长江光学仪器厂。后为上海计算机研究所使用。新近由创邑园区招商。	又称“孙家花园”。有记载十大元帅之一的刘伯承曾于1930—1931年间住此号码，从事翻译工作。
沿街公寓	571号				
四明别墅	576弄	建于1932—1933年	新式里弄。砖木三层，有6条支弄40幢楼。	弄口有林元英医师诊所。43号为电影明星黎明晖和丈夫陆钟恩住所，其父黎锦晖1950—1967年一家居此。“中国社会党”头目江亢虎1939—1940年曾卜居57号。	由四明银行投资建造。上海凯泰建筑事务所黄元吉设计。合记新营造厂承造。《上海住宅建筑志》记载建筑年代为1912年，张伟群先生《上海弄堂元气》是一部专门研究四明别墅的著作，此处从张说。

续表

名称	弄号	建筑年代	建筑状况和样式	归属及名人活动情况	备注
中实新邨	579 弄	20 世纪 30 年代	新式里弄。砖木二、五层 45 幢。砖混结构，毗连式，红瓦四坡顶，红砖清水面和水泥砂浆粉刷面相拼外墙；钢制矩形门窗。	辛亥革命先驱、后任国民政府立法院代理院长的覃振曾居 28 号，历史学家翦伯赞 1946 年 6 月租住 28 号“覃公馆”三楼。44 号曾为从事贸易的中共地下党员卢绪章居所，后为刘晓旧居。林伯渠曾住 57 号。画家申石伽也曾居此弄。	1912 年起此地块有初始建筑。上海市城市建设档案馆编《城市的记忆·上海市历史风貌区（中心城区）》（下简称《历史风貌区》）一书标注愚园路 581－589 号及 579 弄建造年代为 1930 年代。
孙曜东住宅	601 号		花园别墅	孙曜东为银行家，汪伪时期曾任周佛海机要秘书、复兴银行行长，后与军统和中共均有联系，因潘杨案入狱 20 年。电影演员张瑞芳、音乐家吕其明亦曾住过此宅。	
文元坊（含农邨和田庄）	608 弄 82－190、123－145 号为田庄；608 弄 113－121 号为农邨	1938 年（田庄）1939 年（农邨）	新式里弄。砖木三层。农邨 6 幢。田庄 55 幢。	丹阳旅沪同乡会在 38 号。81 号为连环画家华三川旧居。“鸳鸯蝴蝶派”主将周瘦鹃曾居 94 号，太平洋战争爆发后方回苏州居住。国民党将军唐生智曾居此弄，	文元坊原为愚园路 668 弄靠近愚园路的一部分，北面是同益坊。现以 608 弄门牌标示。田庄由中国垦业银行老板王伯元与建华地产公司高管联合投资兴建，

续 表

名称	弄号	建筑年代	建筑状况和样式	归属及名人活动情况	备注
				张治中曾借住唐宅。传解放前夕吴晗曾居此弄。20世纪50年代弄内有私立协和学校，愚园路派出所和办事处。	以“一次收取20年房租，到期退房还本”的形式租赁给住户。田庄和文元坊的土地据徐葆润《记愚园路田庄租地造屋的经过》一文所叙：均为中国垦业银行董事长王伯元所有。此弄可通镇宁路。
和邨	611弄3－35号	1937年前后	新式里弄。砖木二、三层12幢。	弄内现有国际丽都置业有限公司、达亚资产评估事务所等。	据原住居民回忆：马海洋行是参与设计建造的监督方之一，顾氏买办拥有其中三幢产权。
平安南里	621弄	1912年	旧式里弄。砖木平房6幢。		
泰森号	628号				据《上海人名录》（1941）登记信息
新安里	627弄4－28号				

续 表

名称	弄号	建筑年代	建筑状况和样式	归属及名人活动情况	备注
蝶邨	641弄2－38号	1912年	新式里弄。二层房屋11幢，平房8幢。	1935年黎锦晖和徐来曾居36号花园小洋房。现为上海轻工物业管理有限公司。据1935年6月7日《电声电影周刊》报道：胡蝶亦曾寓居于此。但史料还不够充分。	大部分已改建，现门口为振鼎鸡快餐店。
强氏合计修理汽车行	647号				据《上海人名录》（1941）登记信息
住宅	657号	1921年			文物保护点。
同益坊	668弄		4号是一幢主体为二层，局部为三层的西班牙式独立花园住宅。	内有愚园中学。25号为维新政府外交部长陈箓住宅。汉奸梅思平、缪斌居此弄。据传段祺瑞遗孀祖孙三代及袁世凯的两个孙女曾居住于此。大英轮船公司买办李述初曾住101号洋房。136号曾为以马内利孤儿院。两度出任中国银行总裁的冯耿光也曾居此弄内静园路23号。冯为梅兰芳的坚实后援，	1953年，被辟宽为镇宁路，668弄不复存在，原门牌改为镇宁路，如作家孙树芬家四分之三花园筑为马路，花园大门也被拆除，门牌改为镇宁路367号（据孙著《歹土风雨》）。

名称	弄号	建筑年代	建筑状况和样式	归属及名人活动情况	备注
				被称为一号梅党。百乐门设计者杨锡镠住311号。	
镇宁路					
渔光邨	669弄82－180号	1938年前后，一说1934年		为中南银行职工及家属住宅。上海滩七大歌后之一的姚莉与丈夫、扬子舞厅少东家亦住渔光村一带。	据原住居民陈述：渔光邨最初为愚园路669弄（当时尚无镇宁路）。118号为段祺瑞孙子住所。郑时龄《上海近代建筑风格》标注设计师为李英年。
新安里	愚园路677弄4－28号	1912年	旧式里弄，砖木一、三层15幢，建筑面积1043平方米		
朱学仁住宅	684号	1920年	是一栋三层法国外廊式风格花园别墅。占地1984平方米。建筑面积870平方米。红平瓦陡坡屋面。底层南侧是都铎式拱廊。二层有外走廊，做宝瓶栏杆。建筑外墙面系仿新古典主义建筑的砌面饰面。	上海美伦毛纺厂厂主朱学仁购入。曾为长宁区委党校，长宁区法院办公，现为星火公司办公地。	因镇宁路拓路和增建房屋，原有花园缩小很多。据朱家后辈介绍，美伦毛纺厂时为其祖父经营，住房是其祖父于1938年购得，朱学仁后去台湾，解放后公私合营，该住宅成为合营和国营后工厂的职工宿舍。录以备考。

续 表

名称	弄号	建筑年代	建筑状况和样式	归属及名人活动情况	备注
严家花园	699号	1920年	花园面积达4900平方米，占地面积约5416平方米，建筑面积约1407平方米，平面呈矩形，砖木结构假三层北欧风格独立式花园住宅。	大隆机器厂老板严裕棠、严庆祥父子，及其后裔上海水彩画研究会会长严德泰曾居。曾为某企业家私宅。现为某明星私宅。	德国犹太医生博罗建造。
林氏住宅	714号	1936年	花园住宅。占地面积1214平方米，建筑面积约500平方米，砖木结构假三层，坐北朝南。	现属台湾某大电脑生产企业老板林某私宅。	在建筑后面有一大花园，花园内花草丛生，树木枝繁叶茂，是愚园路上保护得较好的近代花园住宅之一。为上海市优秀历史建筑。
德必公司	716号			德必公司修缮后以“愚园1890”名义出租办公，内有芊荷画廊。	
云寿坊	718弄1－15号、17－27号	1930年	新式里弄。含西式联排式高级住宅楼房22幢，坐北朝南，砖木结构三层。前后共三排。占地面积1265平方米，每幢建筑面积约210平方米。每		因愚园路拓宽，拆除沿街一排。

续 表

名称	弄号	建筑年代	建筑状况和样式	归属及名人活动情况	备注
			幢铁护栏小阳台，红砖清水外墙，窗户围水泥边框。坡顶红瓦屋面，屋檐下饰连续小三角花边。		
侯御之旧居	719 号			侯御之为著名民主人士杜重远夫人，著名法学家。	
基督教毕士大福音堂	729 号				现改建成希腊风格建筑“希华馆”。
住宅	732 号			主人为留美法学博士马君硕。	据《上海百业人才小史》信息。
弄堂	738 弄			据 20 世纪 90 年代《团结报》杨润林文章，转引自张伟群《四明别墅对照记》：1939 年 3 月，汪精卫初到上海时曾在此弄居住。上海红十字会医院院长、上海救主堂董事长刁信德医师曾居 738 号，但弄号并不一致。	
弄堂	744 弄				有窄口通东西向镇宁路 405 弄。

续 表

名称	弄号	建筑年代	建筑状况和样式	归属及名人活动情况	备注
住宅	745 弄 65 号				第四批优秀历史建筑。
泰尼公寓	745 号				据《大上海指南》1947 年版，第 113 页。
长宁区中心医院急诊室弄堂	749 弄	1930 年		国民政府驻菲律宾大使陈质平住 22 号。1927 年任上海市特别市长的张定璠住 23 号。27 号现为某电影明星夫妇私宅。30 号为席氏家族所居。民主人士黄炎培、汪伪打手吴四宝佘爱珍夫妇曾居 31 号。李士群、周佛海、吴四宝曾居 63、65、67 号。	俗称“汉奸弄”。传国民党宣传部长张道藩曾住 23 号，未确，可能为上海市特别市长张定璠所误。传电影明星金焰曾居此弄，与孙瑜、王人美曾在弄内楼前留有合影。《历史风貌区》一书记载建筑年代为 1935 年。
愚园新村	750 弄	1930 年	新式里弄。共有砖木三层建筑 29 幢，由浙江兴业银行投资建造。	康有为“游存庐”旧址。11 号曾为沈钧儒旧居，其长子沈谦在此处行医。12 号为中华儿童教育社。国民党将领李弥姨太太、电影导演傅奇和电影明星石慧等曾居此弄。另据原住居民回忆，曾为李鸿章贴身保镖	750 弄后墙曾有门通镇宁路，正对现镇宁路 67 号大中华橡胶厂老板余芝卿花园住宅。

续　表

名称	弄号	建筑年代	建筑状况和样式	归属及名人活动情况	备注
				之一的谢帮清遗孀以15根金条价格第一个买进愚园新邨，4号为上海四大名医顾筱岩所居，8号为蒋介石私人摄影师蒋炳南所居，14号为大夏大学教授董任坚所居，其大女儿董光光是工部局华人钢琴家，儿子董麟是最早获得世界声誉的华人指挥家。	
江宁大楼	753号	1930年	5500平方米的英式八层公寓。		据《大上海指南》1947年版，第113页。原地块为中国商人边瑞馨家族居住，1930年建成八层公寓（原门牌211号），据可靠资料，图纸上有艾略特·哈沙德建筑事务所签名。曾名海上大楼和江上大楼，英文名为Rivers Court Estatesld。

续 表

名称	弄号	建筑年代	建筑状况和样式	归属及名人活动情况	备注
洛公馆	769弄		建筑面积为1059平方米的西式二层楼房。	传先后为美国投资家私人会所、国民政府军营、空军飞行员俱乐部、南京路上好八连连部。后一建筑传为军阀孙传芳手下旅长颜景崇曾居。现为对外开放的高级餐饮会所。	传由洛克菲勒投资建造，著名建筑师沙利文设计，1911—1913年建造（原门牌215号），但疑点多多，无法确证。后一直为托益家族居住经营。英文名Rosebery Court。
犹太建筑	754号	1931年建	房屋1栋，占地面积210平方米，建筑面积420平方米。	现为同仁医院使用。	由英籍犹太人Roseberry建造。传国民党军统戴笠与胡蝶居住于此。新中国成立后为警备区使用，后与同仁医院置换，因地铁建设，整体移位至750弄内，由原来的南北走向改为东西走向，建筑现在同仁医院内。

续表

名称	弄号	建筑年代	建筑状况和样式	归属及名人活动情况	备注
同仁医院	786号			现为长宁区妇幼保健院。	同仁医院创建于1866年，是上海地区成立最早的近代医院之一，为美国圣公会所办的教会医院，曾经是圣约翰大学医学院的附属教学医院。1880年医院定名为同仁医院，后几度迁址，1947年9月，定址今万航渡路1561号。1955年，上海市人民政府卫生局正式接管该院，定名为上海同仁医院。1957年，该院划归长宁区政府领导，改名为上海市长宁区同仁医院。1966年“文革”期间，更名为东方医院。1977年，医院迁址愚园路786号，1979年恢复同仁医院院名至今。

续 表

名称	弄号	建筑年代	建筑状况和样式	归属及名人活动情况	备注
住宅	789弄91号—03号				第五批优秀历史保护建筑。
华乐饭店（Hwa Loh）	792号			1947年2月，上海市政府决定第十区区公所为静安区区公所，所址即在792号。	估计在同仁医院旁停车弄位置。
2号线地铁站口	816号			曾为戏剧学院宿舍，原住居民记忆中有一大花园。	
锦园	805弄	1933年	新式里弄。砖木三层32幢。	荣氏企业高级管理人员居住。	原为荣氏企业网球场。中国设计师赵琛设计。
住宅	817号				地铁入口旁，窄弄可通诸安浜路。
住宅	832号	1945年前			据《上海百业人才小史》（1945）登记信息，主人为信益药房和五味斋经理鲍琴轩。

续　表

名称	弄号	建筑年代	建筑状况和样式	归属及名人活动情况	备注
杨氏花园	838弄7号	1923年	花园住宅一栋。三层欧式砖木混合结构建筑，占地面积2040平方米，建筑面积约924平方米。	现为悦子阁高级会所。	由上海久元实业有限公司设计。原由838弄进。 郑时龄《近代上海建筑风格》标注建筑年代为1923年。《历史风貌区》一书标注建筑年代为1930年。据曾任怡和洋行买办罗布洲的后裔称此宅是罗氏公馆。1940年代左右转手此物业给外国人。据可靠档案资料，838弄7号房屋原属杨树勋（杨氏药厂）私有房屋，1956年后，杨氏药厂将所有资产、设备、房屋作价一百万元上交给市轻工业局，后由轻工业局调拨给市医药工业公司，后又全部调拨给医药工业研究所。

续 表

名称	弄号	建筑年代	建筑状况和样式	归属及名人活动情况	备注
盛氏住宅	838 弄 10 号	1933 年前建成		据“大成股份有限公司百乐门饭店”列名董事调查表附表：董事庄铸九之妻、百乐门出资人盛宣怀第七女盛爱颐住 838 弄 10 号。	
唐氏花园	838 弄 20－22 号 30－32 号	1930 年	新古典主义双联式房屋两栋。位于长宁区愚园路 838 弄 20－22 号、30－32 号，占地面积 2100 平方米，建筑面积每栋约 850 平方米，共计 1710 平方米。前后排列，间距约 18 米。	上海元丰毛纺厂董事长，无锡人唐晔如建造自住。	
花园别墅	843 号	1941 年前	门口有“Kd”标示。	据《上海人名录》登记信息为辉光地产公司经理黄荣辉。中西女中校友录登记人为黄美娴（1932）、黄美娟（1940）。	此处多人登记电话均为 20332，应为一家人。

续 表

名称	弄号	建筑年代	建筑状况和样式	归属及名人活动情况	备注
陈鹤琴旧居	851号	1930年	欧式独立花园别墅。	陈鹤琴为儿童教育家、儿童心理学家、教授，中国现代幼儿教育的奠基人，1945年至1950年曾在此居住。	抗战时曾为汉璧礼侨童男校小学部临时校址。
百老汇	864号	1935年	为欧式独立花园别墅，具有简约的新古典主义特点。南立面有四根科林斯巨柱支撑起一高大的门廊，东西两侧窗有壁柱装饰，上有巴洛克风格花饰。东侧有一门廊，檐部有几何形状的花纹。	原为银行董事何谷声宅，后在1939年以7.2万元三年为期出租空地建赌场。公益纱厂经理秦德芳曾居。现为长宁区教育学院。	曾为雷锋小学。
汪宝山宅	865号	1933年			据《上海近代建筑风格》记载。

续　表

名称	弄号	建筑年代	建筑状况和样式	归属及名人活动情况	备注
愚五幼儿园弄堂	865 弄 2－36 号	1930 年	独立式花园别墅群，隐在弄堂深处，斑马纹的贴面装饰和繁复的屋顶结构，是非常典型的英式乡村建筑风格。砖木结构，屋顶坡度较大，底层为清水红砖墙面，二层为浅色粉刷墙面并露明深色木构架，入口门洞为仿石面装饰。	32 号为黄贻钧故居。31 号为教育家蔡光天故居。	弄口所挂历史保护建筑石牌标“约 1920 年代建”。可能为初始建筑。
住宅	871 号				《老上海百业指南》地图标示原有草地，应为花园住宅。
花园洋房	881 号			荣宗敬女儿荣卓霭与王云程夫妇曾购住此宅。	
住宅	883 号，885 号乙				

续表

名称	弄号	建筑年代	建筑状况和样式	归属及名人活动情况	备注
蔡元培寓居	884号	1937年建成		隶属长宁区教育学院。蔡元培及夫人周峻1928年8月自北平南下定居上海。其间在上海租房五处：慕尔鸣路升平街243号、极司非尔路49号、静安寺路静安别墅54号、愚园路884号、海格路175号。	已拆。改建成新办公楼，门牌号已失。
住宅	885号、887号				《老上海百业指南》地图标示原有草地，应为花园住宅。
畅园	888号		新建高层。		旁长巷可通江苏路。
新利商务中心	905－907号				
藜照坊	909弄6－32号	1930年	花园里弄，砖木三层中英式联合体住宅14幢。	据传当年是外国建筑师的聚居之地，现弄口为江苏街道办事处。	

续 表

名称	弄号	建筑年代	建筑状况和样式	归属及名人活动情况	备注
工厂	910 号			董事长、厂长周定一	据《上海百业人才小史》(1945)，此址为定一化学公司厂址。
住宅	930 号				中西女中校友录出现此门牌，张履鳌夫人陆秀珍为中西女中 1904 年毕业生。
念主布道所	955 号				《老上海百业指南》地图标示草地。
天寿堂国药	958 号				据 1939 年 11 月曹家渡商号调查表（资料来源上海档案馆藏档案 R18-1-69）。
采芝斋食品糖果	970 号				据 1939 年 11 月曹家渡商号调查表（资料来源上海档案馆藏档案 R18-1-69）。
信泰水果	973 号				据 1939 年 11 月曹家渡商号调查表（资料来源上海档案馆藏档案 R18-1-69）。

续 表

名称	弄号	建筑年代	建筑状况和样式	归属及名人活动情况	备注
味珍腊味	976 号				据 1939 年 11 月曹家渡商号调查表（资料来源上海档案馆藏档案 R18-1-69）。
德昌车行	977 号				据 1939 年 11 月曹家渡商号调查表（资料来源上海档案馆藏档案 R18-1-69）。
东华坊	983 弄	1935 年	新式里弄砖木三层 12 幢。		据《上海住宅建设志》第 533 页，据《大上海指南》1947 年版，第 317 页。
上海银行旁弄堂	993 号 995 号		新工房。		
京兆别墅	996-1008 号	1907 年	花园里弄。独立式假三层西式花园住宅 2 幢。		由吴兴宋某建造，址在田鸡浜西北侧。当年业主建造别墅时，愚园路尚未辟筑，这里还是沟渠纵横，蛙声一片。
丁默邨住宅	1010 号		花园住宅。		

续 表

名称	弄号	建筑年代	建筑状况和样式	归属及名人活动情况	备注
周作民住宅	1015号	1930年	花园住宅一栋。占地面积1106平方米，建筑面积1335平方米。为西班牙式建筑风格。从外表看为混合结构假四层，有大弧度半圆阳台与矩形阳台组合成贯通的几何块面，有圆拱形的门廊或窗户，简洁而明快，阳台上均镶嵌圆杆铁栅栏，利落而干脆。屋后有大花园。	为银行家周作民住宅。钱大魁，国家副主席李济深、国民党将军杜聿明曾居。新中国成立后，这栋小洋房由中国人民解放军上海警备区通讯部接管，先后为中国民主建国会上海市长宁区委员会、长宁区工商联办公场所，现内有福餐厅。	据《中国银行董事住址电话一览表》等史料记载：原屋主人为银行家周作民。《历史风貌区》一书亦标注此宅为周氏住宅，中西女中的校友录登记周氏女性也用此址。
江苏路口					
施蛰存住宅	1018号	1925年后		三楼为文化老人施蛰存北山楼所在。	
岐山村（东苑别业）	1032弄	1924年（东苑别业）1925—1931年（岐山村）	东苑别业5幢，公寓里弄，砖木三层。岐山村为新式里弄，砖木混合结构的中西式联体三层花园住宅70幢。建筑墙面有清水砖墙和水泥拉毛两种，室内布置考究，洋松打蜡地板，壁炉、卫生设施皆有。	钱学森1929年在上海交通大学求学期间常居111号，民主人士杜重远、电影明星祝希娟曾居25号。辛亥老人、两广总督岑春煊之子岑德广20世纪30年代购下54号入住，抗战胜利后迁出，为接管上	《历史风貌区》一书标注建筑年代为1925到1930年间。由美商中国营业公司、中央信托局和一些富商分别投资建造。可通宏业花园和江苏路。据郑时龄先生《上海近代建筑风格》：岐山邨/东苑别

续　表

名称	弄号	建筑年代	建筑状况和样式	归属及名人活动情况	备注
				海的94军中将军长牟廷芳所居。上海华商证券交易所创始人和理事长范季美病逝于4号。据《上海人名录（1941）》记录：严同春宅（现《解放日报》社所在优秀历史建筑）设计师林瑞骥住弄内140号（登记公司为泰记贸易公司，职业为建筑部主任）。另据原住居民回忆：香港笑星沈殿霞（艺名肥肥）曾居15号二楼，电影演员殷婷如居129号。	业建筑为著名设计师庄俊设计。钱学森故居现对外开放。
冠村糖果食品	1034号				据1939年11月曹家渡镇商号调查表。
明生糖果食品	1036号				据1939年11月曹家渡镇商号调查表
鸿翔电料	1054号				据1939年11月曹家渡镇商号调查表

续 表

名称	弄号	建筑年代	建筑状况和样式	归属及名人活动情况	备注
美林木器	1058号				据1939年11月曹家渡镇商号调查表。
住宅	1039号		花园住宅。	弄口建筑现开设福1039餐厅。	为第五批优秀历史建筑。弄通诸安浜路，弄内有长宁温水游泳池。
洋服店	1042号	1941年前			据《上海人名录》（1941）登记信息。
久安坊	1050弄1-61号	清末民初（待考）	旧式里弄，内有砖木三层住宅12幢。		建造年代可能为初始建筑。
久安公寓	1054号		建筑为五层混合结构，外立面清水墙，该楼建筑面积855平方米，底层为临街敷面，二层以上为两户居室的套间，内部钢窗蜡地，柳安木护壁，有煤卫等设施，每层分东西两部，各为设备齐全的两套间。		传由苏州富户贝氏建造。这幢五层公寓据说是西区甚至整个上海最早建造的一幢公寓住宅楼（待考）。今仍存有螺旋式消防逃生铁梯。

续　表

名称	弄号	建筑年代	建筑状况和样式	归属及名人活动情况	备注
花园别墅	1055号			上海科技大学和上海大学名誉校长、中国科学院党组书记、副院长，材料科学奠基人严东生，“两弹一星”功勋奖章获得者，物理冶金科学家吴自良曾居此。	第五批长宁区优秀历史建筑。
小弄堂	1060弄5－11号				
名人历史陈列	1065号				江苏路街道负责。
陈光甫住宅	1075号			陈光甫为银行家，曾任上海银行公会会长，为上海商业储蓄银行、中国旅行社创始人。现为愚园雅集文创中心所在。	
江苏路地段医院	1076—1086号		花园住宅。	曾为牙防所。现底楼出租给一红酒庄，楼上为住户。	

续 表

名称	弄号	建筑年代	建筑状况和样式	归属及名人活动情况	备注
宏业花园	1088弄	1900年前后始建，20年代建北部9幢	花园式里弄，联列式假三层。间杂有早期石库门建筑，共70幢。	牛兰夫妇1930年初到上海居宏业花园74号。顾圣婴曾居103号。教育家吴瑞年长期寓居4号。	由多家富商分别兴建。北部有9幢联列式假三层花园洋房。弄内曾有江苏路第五小学和东海中学（后并入市三女中）。
弘基创邑国际园	1107弄				原长征制药厂。8号9号楼为优秀历史保护建筑。
蒋光鼐旧居	1112弄	1928年	房屋两栋。占地面积700平方米，总建筑面积956平方米。均坐北朝南，砖混结构三层，意大利巴洛克风格建筑。	第十九路军总指挥兼淞沪警备司令蒋光鼐曾居4号至1953年前。	
长宁区少年宫弄堂	1136弄	1934年	别墅里弄。拐弯侧弄有59号和61号。内牌坊通道旁为51号，弄底为60号和62号，少年宫附属建筑为57号。	汪伪时期，汪精卫的追随者周佛海、陈公博、褚民谊、梅思平、陈春圃、罗君强、林柏生、陶希圣等一并迁至弄内。	据《汉奸丑史》报道，16号为汉奸顾继武居住，32号为陈春圃居住，解放前后为电影局宿舍，黄宗英金焰等居住过。34号为卫士大队长张鲁及部下居住（后为长宁区老干部

续 表

名称	弄号	建筑年代	建筑状况和样式	归属及名人活动情况	备注
					活动室），51号为汉奸梁秀予居住，1940年Shanghai Office of the International Publicity Board办公场所，57号为罗君强居住。60号原为陶希圣暂居，陶出走后为周佛海所占，据《上海百业人才小史》（1945）登记：鸳鸯蝴蝶派作家天虚我生陈蝶仙之子，女画家陈小翠之兄陈小蝶（陈定山）可能也曾居此号。后为长宁区政协，该住宅为长宁区第五批优秀历史建筑。61号汪伪时期为梅思平岳父所居，后改59号，为从工商银行后董竹君故居调配至此的《解放日报》员工居住。弄内门牌多有调整。

续　表

名称	弄号	建筑年代	建筑状况和样式	归属及名人活动情况	备注
沈镇旧居	1136弄30号	20世纪30年代	主建筑是一幢砖木结构的二层独立式花园住宅，属西洋现代式塔形建筑，建筑造型别致，建筑外墙鹅卵石饰面，总面积661平方米，南侧有400多平方米的花园。	曾为伪驻沪外交特派员吴某居住。茶商沈镇旧居。	建筑内有曾经被用作红酒酒窖和摄影暗房的地下室等，保留了建筑初期的风貌。
王伯群住宅	1136弄31号	1933年春落成	英国维多利亚时代哥特式城堡建筑，局部有西班牙建筑装饰。主建筑2158.8平方米。四层钢筋混凝土结构，各种大小厅室共32间，楼内通道迂回，上下贯通，房厅、客堂均用东方传统艺术装饰，室内配以彩绘壁画，门窗拉手也全用紫铜开模制作，空铸梅花窗栏。主楼南面有花园草坪1.3公顷，园内绿树葱郁、绿草如茵，有水池、小桥、假山、花坛，园中百花四季吐艳。	先后为王伯群保志宁夫妇、汪精卫陈璧君夫妇、陈志皋黄慕兰夫妇居住，后为英国领事馆文化处租赁，现为长宁区少年宫。	由辛丰记营造厂施工建造。协隆洋行柳士英设计。亦称汪邸、汪公馆。当时可谓上海滩少有的豪宅。现少年宫围墙内西侧有两幢优秀历史保护建筑。

续 表

名称	弄号	建筑年代	建筑状况和样式	归属及名人活动情况	备注
弄堂	1125弄				据《上海人名录》登记信息，此处有德华皂厂、志昌翻砂厂等众多企业入驻，疑为当年的一个厂区。
金城银行宿舍	1155号				据《老上海百业指南》地图所标。
原长宁区公安局	1171号			据《上海百业人才小史（1945年）》：此处登记为世界红十字会上海医院（内设精神神经病治疗院）。现为江苏路派出所。	现沿马路改建成工房，后部看守所造有愚园公馆商品房，门牌为1155弄。沿街有飞哟画廊。
福新花园	1176号				据《老上海百业指南》地图所标。
顾准住宅	1182号			顾准解放初任上海市财政局局长时组织分配的住房，原为国民党徐姓财政部副部长住宅。	其址附近曾为长宁区武装部（“文革”时为民兵指挥部），现为少年儿童图书馆。顾准所住为现长宁区少年宫内西侧优秀历史建筑。

续　表

名称	弄号	建筑年代	建筑状况和样式	归属及名人活动情况	备注
卜内门洋行高级职员住宅	1203弄	1930年	房屋7栋。位于长宁区愚园路1203弄1号、3号、5号、7号、9号、15号、17号、19号、21号、23号，占地面积约32000平方米，建筑面积约5200平方米。每栋建筑面积有550平方米左右，是多幢体形较大、平面自由的假三层砖木结构建筑。	其中一栋曾为印度领事馆。中共地下党上海市委书记张承宗曾居7号。	旁为福世花园，故又称此为福世花园西侧。据原住居民回忆：安化路当时曾有徐巷浜和曹洪浜，宣化路曾是西浜，当时要进入福世花园必须从愚园路拐进来，穿过峨眉月路，翻过西浜上的桥，才到正门。当时的门牌号码是愚园路1203弄，此号码今仍沿用，西浜1949年后才填没。安化路两浜填没后，福世花园方可从安化路200号进去。有记载建造年代为1920年，疑为初始建筑。《历史风貌区》一书标注建筑年代为1930年。

续 表

名称	弄号	建筑年代	建筑状况和样式	归属及名人活动情况	备注
安息会宿舍	1207弄内，现为峨眉月路	清末民初	花园里弄砖木假三层6幢，1140平方米。		施塔福1932—1934年居愚园路1207号，从其住宅照片看，戗篱笆建筑极似幼时经常走过的安息会宿舍。施塔福为美国摄影师，其拍摄的珍贵照片由其后代提供给上海市历史博物馆，出版了《20世纪初的中国印象》。
峨眉月路	弄口公寓现标示为1203号，沿马路建筑标示为1213号，再往西小弄标示为1221弄1-9号				路西侧原为4幢带300平方米花园的二层别墅，据当地居民回忆和《老上海百业指南》地图标示：此处曾为四修女所居，可能即为安息会宿舍，现拆建成新别墅。其中两幢现为某明星夫妇私宅。位置在峨眉月路和1221弄之间。

续　表

名称	弄号	建筑年代	建筑状况和样式	归属及名人活动情况	备注
沪西别墅	1210弄东侧	1948年	公寓里弄。砖木三层26幢。		由上海真裕地产股份有限公司投资建造。黄迈士建筑师事务所设计。内曾有新宁中学，现有愚园路第一小学分部。
四幢住宅	1221弄内		小花园别墅。		4、6、10、14号为长宁区第五批优秀历史建筑。据当地居民介绍：原为百乐门经理为其四个女儿所建，每人一栋。
上海防痨协会第二肺病医院	1223号			原为济良疗养院，1942年由上海防痨协会接办，设立收费床位46张，称为上海防痨协会第二肺病医院。1947年因房主收回上层自用，撤销病床，改为第二肺病诊疗所，所长章臣桐，1950年迁至延庆路。	从《老上海百业指南》地图分析，肺病医院标示为临马路建筑。弄号可能有变动。

续　表

名称	弄号	建筑年代	建筑状况和样式	归属及名人活动情况	备注
长宁区工人俱乐部	1240号	1937年后逐步扩建		北洋汽车行老板方某在该址开办“好莱坞游乐场”，建造小剧场一座。汪伪时期，改名为“好莱坞俱乐部”，是沪西闻名的大赌场。1939年，改为“伊文泰舞厅”，1945年又改为“华美联谊社”，是上海声名狼藉的色情场所。1953年改建为上海市总工会长宁区工人俱乐部，1955年建成。现为长宁区工人文化宫。	好莱坞赌场兼舞厅门牌有标为愚园路1204号的，是否为当时门牌待考。《老上海百业指南》地图标示此处抗战胜利后为中纺公司宿舍、球场及愚园咖啡馆，门口有警卫室和万祥煤号。
丰田纱厂干部宿舍	1249弄	1921年后	日式建筑。	1945年日本侵华战争失败，工厂作为敌产由国民党中国纺织建设公司接管，新中国成立后由纺织局职工居住。现为普通市民住宅。	日本人丰田佐吉在中山西路苏州河畔所建上海丰田纱厂的干部住宅。2017年诺贝尔文学奖得主石黑一雄（著有《上海孤儿》）的祖父上世纪30年代代表伊藤忠公司前往青岛开设首家

续 表

名称	弄号	建筑年代	建筑状况和样式	归属及名人活动情况	备注
					在华企业，后来沪辅佐丰田先生创办丰田纺纱公司，在上海生下了石黑一雄的父亲，曾居于此弄。
愚园邨（新愚邨）	1263 弄	1934 年前后	新式里弄。	市西中学校长赵家传居住 3 号。	“楼景村”是否此处别名待考。安西路拓通后改为安西路门牌号码
安西路					
原杨氏药厂车间	1265 号			曾为长征制药厂分部。杨氏化学治疗研究所和杨树勋住址登记分别为 1267 号和 1265 号。杨树勋曾留学美国，获哲学博士学位，自制治梅毒的“新惜花散”。曾任信谊化学制药厂厂长，与密西根大学医学院医学博士张菊珍结为伉俪，行婚于芝加哥，后回国。	

续 表

名称	弄号	建筑年代	建筑状况和样式	归属及名人活动情况	备注
万祥煤炭	1270号				据1939年11月曹家渡镇商号调查表。
弄堂	1277弄	1928年左右			1933年房地产档案图中已有地面建筑。据弄内标志推测，可能为1928年建造。投资者为葡萄牙人杨安迪等三人。
采芝邨（兴德邨）	1280弄	1937年—1948年		沿街面建筑有燧大煤炭、和泰米号、华大烟行、大众无线电公司等商铺。弄内有彼得小学。1949后先后改为东辉小学，愚园路第二小学，并附设有幼儿园，现为愚园路第一幼儿园。	《上海住宅建设志》标示采芝邨建造年代为1948年（第536页）。现弄口标示有“采芝邨1937”字样，可能此年代起有初始建筑兴建。1947年出版的《老上海百业指南》地图上标示此处沿街为兴德邨。却未标示采芝邨，且未见大部分现有建筑。

续　表

名称	弄号	建筑年代	建筑状况和样式	归属及名人活动情况	备注
公寓（注 3）	1281－1283 号	1928 年左右	三层公寓，后加为四层。		1935—1940 年曾设《天下》英文月刊编辑部。林语堂曾任该刊编辑。俗称“天堂间”。
瑞昌祥酱油	1287 号				据 1939 年 11 月曹家渡镇商号调查表。
桃源坊	1292 弄	1938 年	新式里弄住宅。由一幢简约欧式风格独立的花园别墅和三排联列式建筑组成。占地面积 1862 平方米，总建筑面积约 4000 平方米。	京沪沪杭局铁路总务处处长许元方住 49 号。沈钧儒曾住 51 号、53 号、企业家周景胡住 65 号。	
俭德坊	1293 弄	1912 年前后地块有始建建筑	新式里弄。砖木三层 10 幢	同盟会元老，曾任国民军空军司令、黄埔军校“代校务”、国民政府立法院军事委员会委员长何遂和其子、中共地下党员，曾任中央委员和农业部部长	据《近代哲匠录》记载：弄内张惠长三层洋房 1930 年冬由联新元记营造厂营造，李锦沛设计。

名称	弄号	建筑年代	建筑状况和样式	归属及名人活动情况	备注
				的何康曾居2号。弄内有汉奸流氓组织安清会头目常玉清的秘密房产。	
工商银行营业部	1294号				内藏锦江饭店创始人董竹君旧居（1948年迁入），原属新华村1号（后改为18号）。
住宅	1305弄		花园洋房。	曾为愚园路派出所。	至20世纪80年代院内尚有荒芜花园和圆拱门汽车通道。
瑞兴坊	1315弄	1912年地块有始建建筑，但现存建筑建造年代应较晚。	新式里弄。砖木三层3幢，每幢住宅前均有小花园。该弄于1974年加为四层楼。	国际友人路易·艾黎曾居4号。据原住居民回忆：弄底花园住宅主人为永安公司经理人凌锡昌。	《上海住宅建设志》标示为1912年建。
新华村	1320弄	1925年	英国式独立大花园洋房5幢，其中一幢四层，余皆假四层。占地11500平方米。	11—15号楼为英国式独立别墅，民国时期是外国侨民的聚居处。原系外侨私人产业，1954年2月由长宁区房地局代管。曾为中共长宁区委机关办公地，现为长宁金融园。	《上海住宅建设志》标示为1912年建。但据铸铁水管斗上的“1925”标注年份推测，建造年代为1925年。

续　表

名称	弄号	建筑年代	建筑状况和样式	归属及名人活动情况	备注
大德厂	1337弄、1339弄（现1341号）		校舍、厂房、平房	弄内原有大德印染厂、同丰印染公司和皇家旅社。现为上海纺织新联坊进出口公司和创意园。据《上海人名录》：同丰印染公司为韩长生所创设。地块内曾有留美海归民办的华华中学，1928年建成颇为气派的新校舍，1937年1月，学校由进步团体“上海大学留沪同学会”接办，做过支援地下党的工作，曾任上海市长的曹荻秋来此活动过。林均、高尔柏、高尔松、许德良、孔另境等知名人士都曾在此校任职。	已拆。桃源食品店后弄堂，小业主集聚。
愚公食品	1344号				据1939年11月曹家渡镇商号调查表。

续 表

名称	弄号	建筑年代	建筑状况和样式	归属及名人活动情况	备注
联安坊	1352弄	1926年	花园式里弄。巴洛克风格的独立型花园住宅（原门牌号为10、11、20、21号），前后各两幢，分列弄道两侧。前排（今5号、6号楼）每幢建筑面积为288平方米，后排（7、8号楼）每幢建筑面积为396平方米，总建筑面积1428平方米左右。均为坡瓦屋顶、清水墙面假4层楼房，除正门以外并有侧门。楼前辟有庭院，弄底则砌有花坛，花木山石点缀其间。解放前的联安坊，可以称得上是愚园路西段的高级里坊之一。	章伯钧曾居11号。张澜、沈钧儒、黄炎培曾在此开会。	11号俗称“民盟楼”。1947年1月6日至10日召开的中国民主同盟一届二中全会旧址，农工民主党第四次全国干部会议会址。

续 表

名称	弄号	建筑年代	建筑状况和样式	归属及名人活动情况	备注
兆丰邨	1355弄	1937年	新式里弄。砖木二、三层3幢，后增建多幢建筑。	9号曾开设兆丰中学、小学等。第一条支弄弄底建筑曾为愚园路第一小学校址。弄底花园洋房20世纪50年代为长宁区法院，60年代为长宁区党校。盛宣怀外孙，日伪时曾任苏浙皖税务总局局长，后投奔新四军的邵式军曾居23号。民法专家徐开墅住33号。美味斋菜馆创办人陈炳坤住73号。据传，其承租的部分房屋曾转租给顾圣婴母亲家，顾父母结婚后居此，1958年方搬往宏业花园。另有一说顾家原住兆丰别墅，但兆丰别墅在长宁路上，与一些文献回忆原住愚园路的说法无法对应，可能兆丰邨知名度不及兆丰别墅，故有此误。电影演员尤嘉、林彬也曾居此弄。	

续　表

名称	弄号	建筑年代	建筑状况和样式	归属及名人活动情况	备注
王家花园	1361号		独立二层花园别墅。	曾为轻工技工学校和华阳房管所。	
亨昌里	1376弄	1925年	里弄住宅。每栋房屋占地面积75平方米，建筑面积224平方米。	民主人士李公朴曾居24号，1932年冬，周巍峙曾任李的秘书，到此上班。科普作家高士其曾在李家中休养写作。34号为中共《布尔塞维克》编辑部。	由永安、先施两大公司合资兴建。据《历史风貌区》一书标注建筑年代为1927年。其建于联安坊，前经多方考证有误。
有屋顶花园和露天平台的奇特建筑	1385号	1937年前		1937年曾为著名白俄传奇歌唱家Vertinsky（阿历克山大·维京斯基）开的栀子花（Gardenia）歌舞厅夜总会地址。夜总会大门上的“A V”即是Alexander Vertinsky的姓名首字母。开业3个月后，夜总会即因负债暂停营业。	夜总会拥有当时上海最好的爵士乐队，并有墨西哥舞者的演出，以及挪威姐妹的杂技二人组。建筑设计灵感来自航海主题。每天晚上，Vertinsky亲自在门口迎接客人。夏季来临，演出在屋顶和露天平台开展。另据《上海百业人才小史（1945）》记载：55岁的宁波人林笙甫曾于1931年在

续 表

名称	弄号	建筑年代	建筑状况和样式	归属及名人活动情况	备注
					此开设天心糖果厂并任总经理，其后林梅斌任天星糖果饼干厂经理，未知是否亲戚关系。新中国成立后曾为上海市糖业烟酒公司长宁区批发部、捷强烟杂公司等。建筑今修缮后仍存，从事餐饮业。
西园公寓	1396号	1928年完成	共九层，地面八层，地下一层（可住人），一梯二户，16家。有电梯。现代风格，局部有简洁的装饰，屋顶有棚架，五开间平面。建筑面积2384平方米。	企业家邓仲和曾居。曾吊打黄金荣的民国四公子之一（有不同版本）浙江督军卢永祥之子卢小嘉和"青岛美人"袁慧燮曾隐居4楼8室，京剧演员童芷苓童祥苓曾居顶楼5号。	由俄商协隆洋行俄国军事工程师亚龙（一译耶朗）设计。20世纪70年代以前，是沪西地区最高的大楼，俗称"九层头"。
兆丰乐府	1401号				已拆。当年通宵营业，号称远东唯一高尚乐府。

续　表

名称	弄号	建筑年代	建筑状况和样式	归属及名人活动情况	备注
延陵村	1407弄	1928年	新式里弄。砖木三层4幢。		曾通姚家角。著名新闻人曹聚仁常携曹雷、曹景行等子女探望居住在此弄的母亲。华盖建筑事务所创办人陈植也曾住过此弄。
新邨	1412弄	1928年	新式里弄。砖木假三层15幢。	王个簃曾居此弄30号三楼。"文革"后搬离。	已拆。1997年建造地铁二号线时与长宁电影院一起拆除。
长宁电影院	1418号	1952年	建筑占地面积3972平方米。	原址新建大楼曾为百安居、百思买等。现为米域办公。	已拆。1997年建造地铁二号线时拆除。长宁电影院为合作股份投资形态。
梅邨、云邨、和邨、公园别墅	1423弄内支弄	梅邨建于1933年。云邨建于1934年。和邨建于1940年。公园别墅建于1937年。	梅邨为旧式里弄。砖木二层4幢。云邨为旧里弄。砖木三层2幢。和邨为旧式里弄。砖木二层12幢。公园别墅为花园里弄。砖木三层10幢。		已拆。在俗称姚家角地块内。

续 表

名称	弄号	建筑年代	建筑状况和样式	归属及名人活动情况	备注
万荣邨	1439弄				已拆。卓文扬设计。
定西路					
钮乔克酒吧	1445号	1940年代			已拆。据《舞厅·市政——上海百年娱乐生活的一页》内引1948年上海警察局名单。
惠而康娱乐场	1457号				已拆。据原住居民回忆和《总汇报》报道。
花园邨饭店	1473弄				已拆。
工厂	1479号			美华汽水厂股份两合公司	已拆。据《上海人名录》（1941）登记信息，经理为张定远。
钟表元件厂	1485号	1928年		该地块曾有派拉蒙金笔厂。	已拆。

名称	弄号	建筑年代	建筑状况和样式	归属及名人活动情况	备注
义利洋行	1489号			1910年代曾为苏格兰人詹姆斯·尼尔创立的生产西点、面包、糖果食品的义利洋行，后转卖给犹太人维克，上海沦陷后，日军强占为军需食品厂。1946年转卖给上海一实业家集团，1950年冬从上海迁至北京，改名后迄今仍存。	已拆
祥生汽车十三分站	1493号				已拆
中山新邨	1497弄	1948年	花园里弄。砖木三层7幢。	胡厥文之弟曾居。	已拆。《老上海百业指南》地图标示此处原为一小菜场。
中山公园		1914年建园		原名兆丰公园。	1928年向华人开发，1944年改名中山公园。1940年代，附近曾有夜巴黎咖啡馆，影视明星李丽华是股东之一。

续 表

名称	弄号	建筑年代	建筑状况和样式	归属及名人活动情况	备注
长宁路					愚园路底，接长宁路处，有国立中央研究院理工实验馆，抗战期间曾为同仁医院难民部所在。后为中国科学院上海硅酸盐研究所和上海冶金研究所所在地。现为微系统与信息技术研究所（长宁路865号）。弄内迄今仍存有文保点蒋家花园住宅。

注1：许多建筑的建造年份标示很早，虽有依据，但从建筑样貌上分析，与今天留存建筑所示年代感明显不符，很可能只是指此地块上的初始建筑建造年份，但之后地块有过多次重新拆建，康贻公寓、新华村、愚园新邨、中实新邨等都是例证。另一种可能是一个地块上建筑建造年代有先有后，如岐山邨、宏业花园均属此类，敬请读者留意。

注2：康贻公寓所列信息均据《上海住宅建筑志》，当地原住居民也均称此处为康贻公寓，但在《上海百业指南》（1937年后）地图中，此处英文标示为Conty Apts，中文为康泰公寓。但另据一张照片观察，与建于1936年的爱林登公寓并排的此位置是一幢4层中西合璧风格坐南朝北住宅，却并非原住居民改革开放后拆除时所见更高质量坐北朝南的康贻公寓。很可能此地块有过变迁。照片所见建筑有可能是最初四幢建筑之一，后被拆除（是否四幢一起遭拆不得而知）。而据考，由曾经设计中山陵和华业公寓等著名建筑的中国设计师李锦沛设计，建于1941年的康贻公寓，则可能藏在其后毗邻往西方向的地块，康贻公寓再往西则为《上海百业指南》地图中所见之淞庐，据原住居民记忆此处两层半的建筑原有崧庐和荣庐标记。此处1949年后曾有眼防所、商业局全托幼儿园等机构。以上只是据现有史料的初步推测，并不作最后定论。

注3：天堂间公寓1281—1283号，在长宁区房地局档案信息中心1933年前的资料中

已出现，推测与1277弄的新里弄堂为同一开发商，同时建造。1935—1940年，英文月刊《天下》编辑部曾在1283号办公。林语堂1936年离开上海前曾在《天下》月刊担任编辑工作，当时许多报道称林语堂的家在愚园路。但据考：林语堂的家确切位置在靠近愚园路的忆定盘路（江苏路）四十三甲。林往返于住所和愚园路上的办公室，对愚园路附近相当熟稔，曾写有《愚园路所见之万象》一文。相对于虹口的左翼革命文学和留日海归居多。西区这一带则欧美海归居多，文学也相对中庸闲适。林语堂等林派势力、周瘦鹃、张爱玲、施蛰存及《紫罗兰》《天下》《现代》《西风》等文学刊物均与此地有关。

附录 4:
1947—1949 年愚园路沿路行号图表

门牌	名　　称
14	亚东煤号
16	新昌服洋号
32	竹栈、顾永泰省*、文胜烟号
40	复兴泰营造厂
68	东南中学
75	花园
130	京沪铁路管理局上海客运营业所西区分所
138	菲列宾烟行
154	佛学书局，佛教公墓办事处
158	郭迪医师
172	上海市警察局静安寺分局

续 表

门牌	名　称
185	大同公司
217	五洲大药房静安寺支店
218	百乐门大饭店
219	静安笔店
221	振亚大药房
224	永大银行（1941 年曾为中南银行营业部）
223—225	美林食品号
226	大生绒线公司（1942 年曾为久安信托公司）
227	沪西书局
229	涤美洗染商店
230	百乐理发公司
231	龙门联合书局，＊＊新记书店
232—233	上海商业储蓄银行
233	丽丽公司
236	紫罗兰美容室
237	老聚兴水果店
239	天华药房
240	安琪华兴百货
241	宝兴文具社
245	香港商店
247	上海市银行第一办事处
251	盛和绍酒庄
252	中华美发公司

续 表

门牌	名　称
255	源丰恒南货号
256	中国理发公司
259	庆云里弄口糖果店
260	大美理发公司
261	大同建筑粉刷工程社
263	恒余当
265	三谊洋服号
266	马义记珠宝店
267	张裕隆成衣铺
268	湘铭美发厅
271	源丰恒货栈
272	HUNGARIA CSARDA
275A	瑞丰煤炭号
275	空地
282	艺美
286	福禄书店
290	美华皮鞋商店
296—300	九星皮鞋商店
304	荣泰皮鞋商店
303	立兴花店
306	一棠服装号
308	老大房
312	大华绒线

门牌	名　称
321	九星成衣
339	仁康食品
341	康纳商店
343—347	西星农业社
349	不同鞋店
350	救火会
351	森利沙发
353	惠福药房
354	森幻坊
355	震威号
357—359	陈汇大
365	惠民书社
366	中华理发公司
367	摩登＊＊
369—371	立成商店
373	乐华
375	义利
377—379	宏盛泰号
381—383	兴吕/昌土木
404	上海市国民教育实验区 上海市立市西中学 上海市立女子师范学校暨附属小学幼稚园 国立幼稚师范专修科
430	陈记

续 表

门牌	名　称
443 第一〇〇图为 443，第一〇一图为 433	大中华火柴栈
457	源生牧场
459	陈德记油漆
461	大＊皮鞋店，林奉西服
463	祥泰木作
465	契昌土木　耀众水电
469	空地、草地
472	江山皮鞋公司
474	金门美发厅
476	阿利重乐夜总会
480	义和烟号
482	未详
484	唐纳咖啡室
486	大华食品公司
491	威海汽车行
493	未详
495	陈裕记
496	孔雀皮鞋
497	义源勤
499	合兴＊庄
501	林朔＊＊
520	饼店

续　表

门牌	名　　称
523	中国经济通讯社总社资料室、花园
541	网球场
546	草地
548	草地
567	美丽理发室
575	康美食品公司
580	林元英医师
581	信胜食品公司
589	信胜号*行
601	花园
605	泰山祥、张永昌
609	盛盛银行
615	大盛祥
617	新声
619	大饼店
623	森泰木器
624	金协记
626	顾庆记
628	丽华水电
629	广东饼家
630	福泰建筑
631	永昌电料
632	杨兴记

续　表

门牌	名　　称
634	百乐门
633	复源昌
635—637	老镇和号
636	和记车行
638	徐兴利号饼店
639	家乡土产公司
640	汇康制衣
642	林记时装
644	源泰兴
646	正大什货
647	丽华电线厂
648	丽安 * *
650	蝶园照相
652	同宝康
653	华中机器瓷电公司、堆栈
654	三民木器
656	海昌水电
658—660	钱万德煤号
662	仁德当
664	北同泰
666	黑白干洗
670	長生堂
699	花园

续 表

门牌	名 称
729	福音堂
745	沪江女子中小学校
751	乔盛典号
769	花园
784—832	空场
832 角落	糖果店
854	中国军事科学编译社
864	亚美斯吉香料厂
871	草地
881	草地
885	草地
904	义茂熟货店、上海藤柳草品
928	油站
931	草地
935	草地、念主布道所
942	油站
945	五丰酱园
960	天寿堂
962—964	美康公司
966—968	五星荤素伙食店
969	毛源泰
970	采芝园
971	圣乔治

续　表

门牌	名　　称
972—974	瑞丰煤号
973	信泰行
975	美 *
976	味珍号
977	德昌
978	新星烟号
979	[龙] 星
980	大永茶庄
1034	万利号
1038	永丰当
1042	董林 [谓]
1044	正泰皮鞋
1046	大荣华
1052	大同食品公司
1056	[顺] 泰水电行
1058	金城公司
x	人顺冰号
1118	四海电池厂
1220	空地
1238	愚园咖啡馆
1244	中纺公司宿舍、中纺公司合作社、中纺公司第六子弟学校、球场
1249	愚园村、肺病第二医院
1258	万祥煤号

续 表

门牌	名　　称
1264	兴和＊＊
1266—1268	和泰米号
1270	新典器号
1272	华大烟行
1276	新华酒行
1278	华丰酱
1279	＊＊食品＊＊
1282—1284	燧大煤号
1286	瑞昌祥香烛号
1287—1289	瑞昌祥酱园酒行
1288	大公无线电公司
1325	余利车行
1327—1329	梅雪坞菜馆
1331	万泰和商行
1335	＊太和＊＊
1343	张＊泰建筑装潢
1344	唐＊记水木＊＊卫生材料＊
1345	美美理发公司
1347	万泰和南货号
1348	福明电器行
1350	大章干洗商店
1354	马利伟多
1357	华大食品公司

续　表

门牌	名　　称
1360	长宁区卫生事务所
1361	长丰米号
1395	裕东烟厂
1404	满记理发店
1415	PASSY CAFÉ
1418	协记新柴炭行
1421	愚园照相
1424	银色汽车站
1457	惠尔康
1471	梵皇渡茶室
1473	美园酒家
1475	老正兴菜馆
1477	姚［有］记烟行
1479	华康汽车公司
1485	兴和新烟行
1488	义利洋行
1493	祥生汽车十二分站

【题名】上海市行号路图录，一名商用地图
【著者】张震西监制
【出版】上海：福利营业股份有限公司，民国三十六年十月至三十八年三月［1947. 10—1949. 3］发行
【载体形态】上下册（464—488 页）；27×21cm
注：［ ］号为无法确认处
*号为无法辨认处

参考书目
（按书名拼音首字母排列）

B

［美］迈克·戴维斯著. 布满贫民窟的星球. 潘纯琳译. 北京：中信出版社，2017 年.

［美］大卫·哈维著. 巴黎城记——现代性之都的诞生. 黄煜文译. 桂林：广西师范大学出版社，2010 年.

［英］安德鲁·哈塞著. 巴黎秘史. 邢利娜译. 北京：商务印书馆，2012 年.

［美］布赖恩·贝利著. 比较城市化：20 世纪的不同道路. 顾朝林译. 北京：商务印书馆，2008 年.

［英］罗里·麦克林著. 柏林：一座城市的肖像. 傅敬民译. 上海：上海文艺出版社，2017 年.

侯仁之、邓辉等著. 北平历史地理. 北京：外语教学与研究出版社，2014 年.

C

［美］迈克尔·斯彭斯、帕特里夏·克拉克·安妮兹、罗伯特·M. 巴克利著. 城镇化与增长. 陈新译. 北京：中国人民大学出版社，

2016 年.
[英] 伊恩・道格拉斯著. 城市环境史. 孙民乐译. 南京: 江苏凤凰教育出版社, 2016 年.
[美] 约瑟夫・里克沃特著. 城之理念: 有关罗马、意大利及古代世界的城市形态人类学的新描述. 刘东洋译. 北京: 中国建筑工业出版社, 2006 年.
[美] 斯皮罗・科斯托夫著. 城市的组合: 历史进程中的城市形态的元素. 邓东译. 北京: 中国建筑工业出版社, 2008 年.
[美] 约翰・伦德・寇耿著. 城市营造: 21 世纪城市设计的九项原则. 赵瑾译. 南京: 江苏人民出版社, 2013 年.
[挪] 诺伯舒兹著. 场所精神: 迈向建筑现象学. 施植明译. 武汉: 华中科技大学出版社, 2010 年.
[英] 迪耶・萨迪奇著. 城市的语言. 张孝铎译. 北京: 东方出版社, 2020 年.
[美] 斯皮罗・科斯托夫著. 城市的形成: 历史进程中的城市模式和城市意义. 单皓译. 北京: 中国建筑工业出版社, 2005 年.
[美] 杰拉德・弗拉格、大卫・巴伦著. 城市的界限: 创新是如何被扼杀的. 蒋子翘译. 上海: 上海译文出版社, 2020 年.
[英] 康泽恩著. 城镇平面格局分析: 诺森伯兰郡安尼克案例研究. 宋峰、许立言等译. 北京: 中国建筑工业出版社, 2011 年.
[英] 埃蒙・坎尼夫著. 城市伦理: 当代城市设计. 秦红岭、赵文通译. 北京: 中国建筑工业出版社, 2013 年.
[美] 威廉・H: 怀特著. 城市: 重新发现市中心. 叶齐茂、倪晓晖译. 上海: 上海译文出版社, 2020 年.
[加] 杰布・布鲁格曼著. 城变: 城市如何改变世界. 董云峰译. 北京: 中国人民大学出版社, 2011 年.
[英] 约翰・里德著. 城市的故事. 郝笑丛译. 北京: 生活・读书・新知三联书店, 2016 年.
[美] 罗伯特・布鲁格曼著. 城市蔓延简史. 北京: 中国电力出版社, 2009 年.
[英] A: E: J: 莫里斯著. 城市形态史: 英国工业革命以前(上下册). 成一农、王雪梅等译. 北京: 商务印书馆, 2011 年.
[美] 格雷厄姆・郝吉思著. 出租车! 纽约市出租车司机社会史. 王旭译. 北京: 商务印书馆, 2010 年.

[英] 阿什·阿明著. 城市的视角. 川江译. 南京：译林出版社，2018年.
[澳] 阿德里安·富兰克林著. 城市生活. 何文郁译. 南京：江苏凤凰教育出版社，2013年.
[美] 芭芭拉·门奈尔著. 城市和电影. 陆晓译. 南京：江苏凤凰教育出版社，2016年.
[美] 马克·戈特迪纳、[英] 莱斯利·马德著. 城市研究核心概念. 邵文实译. 南京：江苏教育出版社，2013年.
[加] 简·雅各布斯著. 城市经济. 项婷婷译. 北京：中信出版社，2018年.
[美] 刘易斯·芒福德著. 城市文化. 宋俊岭、李翔宁译. 北京：中国建筑工业出版社，2009年.
[英] 约翰·伦尼·肖特著. 城市秩序：城市、文化与权力导论. 郑娟、梁捷译. 上海：上海人民出版社，2011年.
周繁文著. 长安城与罗马城：东西方两大文明都城模式的比较研究（全2册）. 北京：社会科学文献出版社，2017年.
王军著. 城记. 上海：生活·读书·新知三联书店，2003年.
鲁西奇著. 城墙内外. 北京：中华书局，2011年.
王建国著. 城市设计. 南京：东南大学出版社，2011年.
[美] 刘易斯·芒福德著. 城市发展史：起源、演变与前景. 宋俊岭、宋一然译. 上海：三联出版社，2018年.
[英] 艾伦·哈丁. 泰尔加·布劳克兰德著. 城市理论. 王岩译. 北京：社会科学院出版社，2016年.
[英] 加里·布里奇、索菲·沃森编. 城市概论. 陈剑峰、袁胜育等译. 桂林：漓江出版社，2015年.
[美] 凯文·林奇著. 城市意象. 方益萍、何晓军译. 华夏出版社 2017年.
[加] 丹尼尔·亚伦·西尔 [美] 特里·尼科尔斯·克拉克著. 场景：空间品质如何塑造社会生活. 北京：社会科学文献出版社，2019年.
汪民安、陈永国、马海良主编. 城市文化读本. 北京：北京大学出版社 2008年.
[美] R. E. 帕克、E. N. 伯吉斯、R. D. 麦肯齐著. 城市社会学——芝加哥学派城市研究. 宋俊岭、郑也夫译. 北京：商务印书馆，2012年.

秦虹、苏鑫著．城市更新．北京：中信出版社，2018 年．
［美］欧内斯特・O．霍塞著．出卖上海滩．周育民译．上海：上海书店出版社，2019 年．
［英］史蒂文・蒂耶斯德尔、蒂姆・希思（土）塔内尔・厄奇著．城市历史街区的复兴．张玫英、董卫译．北京：中国建筑工业出版社，2006 年．

D

［美］阿瑟・格蒂斯、朱迪丝・格蒂斯等著．地理学与生活．黄润华、韩慕康等译．北京：北京联合出版公司，2018 年．
［英］托马斯・阿罗姆绘、李天纲编著．大清帝国城市印象：19 世纪英国铜版画．上海：上海古籍出版社，2002 年．
陆铭、陈钊等著．大国治理：发展与平衡的空间政治经济学．上海：上海人民出版社，2021 年．
［美］保罗・霍恩伯格、林恩・霍伦・利斯著．都市欧洲的形成：1000—1994 年．阮岳湘译．北京：商务印书馆，2009 年．
［加］简・雅各布斯著．帝国的边缘：后殖民主义与城市．何文郁译．南京：江苏凤凰教育出版社，2016 年．
［美］林达・约翰逊著．帝国晚期的江南城市．成一农译．上海：上海人民出版社，2005 年．
上海图书馆文献提供中心著．迪士尼上海往事．上海：上海科学技术文献出版社，2016 年．
郭璐著．地区设计：秦汉隋唐长安地区区域空间秩序营建．北京：中国建筑工业出版社，2019 年．
魏坚著．东北亚古代聚落与城市考古国际学术研讨会论文集．北京：人民出版社，2014 年．
［法］亨利・列斐伏尔著．都市革命．刘怀玉、张笑夷、郑劲超译．北京：首都师范大学出版社，2018 年．
章君榖著．陆京士校订著．杜月笙传．北京：中国大百科全书出版社，2011 年．

E

［法］波德莱尔著．恶之花：巴黎的忧郁．郭宏安译．上海：上海人民出版社，2008 年．

F

［德］马克斯·韦伯著. 法律社会学：非正当性的支配. 康乐、简惠美译. 上海：上海三联书店，2021 年.

G

［英］彼得·霍尔著. 更好的城市：寻找欧洲失落的城市生活艺术. 袁媛译. 南京：江苏教育出版社，2015 年.

［法］菲斯泰尔·德·古朗士著. 古代城市：希腊罗马宗教、法律及制度研究. 吴晓群译. 上海：上海人民出版社，2012 年.

［英］克拉克、斯莱克著. 过渡期的英国城市：1500—1700 年. 薛国中译. 武汉：武汉大学出版社，1992 年.

［法］库朗热著. 古代城邦：古希腊罗马祭祀权利和政制研究. 谭立铸译. 上海：华东师范大学出版社，2006 年.

［英］奥斯温·默里、西蒙·普赖斯著. 古希腊城市：从荷马到亚历山大. 李光华、解光云译. 北京：商务印书馆，2015 年.

［英］彼得·纽曼、安迪·索恩利著. 规划世界城市. 刘晔、汪洋俊等译. 上海：上海人民出版社，2012 年.

王其钧著. 古建筑日读. 北京：中华书局，2017 年.

曲英杰著. 古代城市. 北京：文物出版社，2006 年.

刘建国著. 古城三部曲：镇江城市考古. 南京：江苏古籍出版社，1995 年.

谢正义著. 公园城市. 南京：江苏人民出版社，2018 年.

H

中国社会科学院考古研究所著. 汉代城市和聚落考古与汉文化. 北京：科学出版社，2012 年.

刘瑞著. 汉长安城的朝向、轴线与南郊礼制建筑. 北京：中国社会科学出版社，2011 年.

周长山著. 汉代城市研究. 北京：人民出版社，2001 年.

包亚明主编. 后现代性与地理学的政治. 上海：上海教育出版社，2001 年.

徐锦江、郑崇选等著. 海派文化新论. 上海：上海人民出版社、上海远东出版社，2021 年.

黄慕兰著．黄慕兰自传．北京：中国大百科全书出版社，2012 年．

J

［美］刘易斯·芒福德著．机器的神话：技术与人类进化．宋俊岭译．北京：中国建筑工业出版社，2015 年．
［美］刘易斯·芒福德著．技术与文明．陈允明、王克仁译．北京：中国建筑工业出版社，2009 年．
复旦大学历史学系、上海社会科学院历史研究所著．旧稿拾遗：上海工厂史料两种．陈雁、马军整理．北京：线装书局，2019 年．
钟翀著．旧城胜景：日绘近代中国都市鸟瞰地图．上海：上海书画出版社，2018 年．
王守中、郭大松著．近代山东城市变迁史．济南：山东教育出版社，2001 年．
徐新、范明林著．紧凑城市：宜居、多样和可持续的城市发展．上海：格致出版社，2010 年．
郭骥著．近代上海的海派文化．上海：上海人民出版社，2020 年 1 月第 1 版．
［法］居伊·德波著．景观社会．张新木译．南京：南京大学出版社，2017 年．

K

［法］加斯东·巴什拉著．空间的诗学．张逸婧译．上海：上海译文出版社，2013 年．
［英］卡尔·波普尔著．开放社会及其敌人（共二卷）．陆衡等译．北京：中国社会科学出版社，1999 年．
程子良、李清银著．开封城市史．北京：社会科学文献出版社，1993 年．
［意］伊塔洛·卡尔维诺著．看不见的城市．南京：译林出版社，2019 年 8 月第 1 版．
［法］亨利·列斐伏尔著．空间与政治（第二版）．李春译．上海：上海人民出版社，2015 年 8 月第 2 版．
［法］亨利·列斐伏尔著．空间的生产（第二版）．刘怀玉等译．北京：商务印书馆，2021 年 10 月．

L

［加］道格·桑德斯著．落脚城市：最后的人类大迁徙与我们的未来．陈信宏译．上海：上海译文出版社，2012 年．

［瑞士］W·博奥席耶、O·斯通诺霍著．勒·柯布西耶全集·第 1 卷·1910—1929．牛燕芳、程超译．北京：中国建筑工业出版社，2005 年．

［美］段义孚著．恋地情结：对环境感知、态度与价值．志丞、刘苏译．北京：商务印书馆，2018 年．

［古希腊］柏拉图著．理想国．郭斌和、张竹明译．北京：商务印书馆，2018 年．

［英］马修·格林著．伦敦六百年．刘耘、陈冰译．海口：南海出版公司，2020 年．

［澳］罗伯特·休斯著．罗马：永恒之城．朱天宁译．上海：上海文艺出版社，2021 年．

［英］彼得·阿克罗伊德著．伦敦传．翁海贞译．南京：译林出版社，2016 年．

郑祖安著．老上海十字街头．上海：上海文艺出版社，2004 年．

姚旭峰著．梨园海上花．上海：上海人民出版社，2003 年．

马国亮著．良友忆旧．上海：三联书店，2002 年．

徐苹芳著．辽金蒙古时期燕京史料编年元大都创建史料编年．北京：北京联合出版公司，2017 年．

刘涤宇、常青著．历代《清明上河图》．上海：同济大学出版社，2014 年．

［美］莎伦·佐金著．裸城．上海：上海人民出版社，2015 年 8 月第 1 版．

李孝聪著．历史城市地理，济南：山东教育出版社，2007 年 11 月第 1 版．

M

［英］埃比尼泽·霍华德著．明日的田园城市．金经元译．北京：商务印书馆，2010 年．

［澳］斯科特·麦奎尔著．媒体城市：媒体、建筑与都市空间．邵文实译．南京：江苏教育出版社，2013 年．

[美] 戴维·鲁斯克著．没有郊区的城市．王英、郑德高译．上海：上海人民出版社，2011 年.
[美] 约翰·汉涅根著．梦幻之城．张怡译．上海：上海书店出版社，2011 年.
[印] 苏科图·梅塔著．孟买：欲望丛林．金天译．上海：上海文艺出版社，2020 年.
[美] 戴维·古德菲尔德主编．美国城市史百科全书．上海：上海三联书店，2018 年.
郭建英绘著．摩登上海．桂林：广西师范大学出版社，2001 年.
史红帅著．明清时期西安城市地理研究．北京：中国社会科学出版社，2008 年.
[加] 简·雅各布斯著．美国大城市的死与生．金衡山译．南京：译林出版社，2006 年 8 月第 2 版.
刘建辉著．魔都上海—日本知识人的“近代”体验．甘慧杰译．上海：古籍出版社，2003 年 10 月.
承载、吴健熙编选著．老上海百业指南——道路机构厂商住宅分布图（增订版)．上海：社会科学院出版社，2016 年.
[美] 哈雷特·阿班著．民国采访战．杨植峰译．桂林：广西师范大学出版社，2008 年.

N

[英] 彼得·克拉克著．牛津世界城市史研究．陈恒、屈伯义等译．上海：上海三联书店，2020 年.
林正秋著．南宋都城临安研究．北京：中国文史出版社，2006 年.

O

[美] 弗里斯著．欧洲的城市化：1500—1800．朱明译．北京：商务印书馆，2015 年.
[英] 彼得·克拉克著．欧洲城镇史：400—2000 年．宋一然、郑昱译．北京：商务印书馆，2015 年.
卢汉超著．霓虹灯外——20 世纪初日常生活中的上海．段炼、吴敏、子羽译．上海：古籍出版社，2004.

P

[美] 柯林·罗著．拼贴城市．童明译．北京：中国建筑工业出版社，

2003 年.
[美] 戴维·哈维著. 叛逆的城市：从城市权利到城市革命. 叶齐茂、倪晓晖译. 北京：商务印书馆，2014 年.

Q

[美] 曼纽尔·卡斯特著. 千年终结. 夏铸九译. 北京：社会科学文献出版社，2006 年.
上海市历史博物馆著. 青岛旧影. 上海：上海古籍出版社，2007 年.
[美] 乔尔·科特金著. 全球城市史. 王旭等译. 北京：社会科学文献出版社，2014 年 1 月第 1 版.
[美] 贾雷德·戴蒙德著. 枪炮、病菌与钢铁：人类社会的命运. 上海：上海世纪出版集团译文出版社，2006 年 4 月第 1 版.

R

[美] 曼纽尔·卡斯特著. 认同的力量. 曹荣湘译. 北京：社会科学文献出版社，2006 年.
徐苏斌著. 日本对中国城市与建筑的研究. 北京：中国水利水电出版社，1999 年.
[以色列] 尤瓦尔·赫拉利著. 人类简史. 林俊宏译. 北京：中信出版社，2014 年 11 月.
汤涛编著. 人生事 总堪伤. 上海：上海书店出版社，2018 年.

S

[美] 迈克·戴维斯著. 死城. 李均译. 上海：上海书店出版社，2011 年.
[美] 罗兹·墨菲著. 上海—现代中国的钥匙. 上海社会科学院历史研究所编译. 上海：上海人民出版社，1986 年.
李欧梵著. 上海摩登——一种新都市文化在中国. 毛尖译. 杭州：浙江大学出版社，2017 年.
[英] 克里斯多福·纽著. 上海. 唐凤楼等译. 上海：学林出版社，1987 年.
[日] 妹尾达彦著. 隋唐长安与东亚比较都城史. 高兵兵、郭雪妮译. 西安：西北大学出版社，2019 年.
[美] 卡尔·休斯克著. 世纪末的维也纳. 李锋译. 南京：江苏人民出

版社，2013 年.
熊月之主编. 上海通史（共 15 册）. 上海：上海人民出版社，1999 年.
张震西监制《上海市行号路图录》（一名商用地图）. 上海：福利营业股份有限公司，民国三十六年十月至三十八年三月（1947 年 10 月—1949 年 3 月）发行.
马军、蒋杰著. 上海法租界史研究. 上海：上海社会科学院出版社，2016 年.
熊月之著. 上海人解析. 上海：上海教育出版社，2019 年.
谯枢铭著. 上海史研究. 上海：学林出版社，1984 年.
褚半农著. 上海西南方言词典. 上海：上海人民出版社，2006 年.
上海市城市建设档案馆编. 上海市历史文化风貌区：浦东新区及郊区. 上海：上海人民美术出版社，2018 年.
上海市城市建设档案馆编. 上海市历史文化风貌区：中心城区. 上海：上海人民文学出版社，2014 年.
马丁著. 上海青帮. 上海：上海三联书店，2002 年.
辛德勇著. 隋唐两京丛考. 西安：三秦出版社，2006 年.
久保和男著. 宋代开封研究. 上海：上海古籍出版社，2010 年.
包伟民著. 宋代城市研究. 北京：中华书局，2014 年.
张海林著. 苏州早期城市现代化研究. 南京：南京大学出版社，1999 年.
袁琳著. 宋代城市形态和官署建筑制度研究. 北京：中国建筑工业出版社，2013 年.
[英] 赫·乔·韦尔斯著. 世界史纲：生物和人类的简明史. 北京：人民出版社，1982 年 10 月第 1 版.
[德] 齐美尔著. 社会是如何可能的——齐美尔社会学文选. 林荣远编选. 桂林：广西师范大学出版社，2002 年 12 月第 1 版.
[法] 米歇尔·德·塞都、吕斯·贾尔、皮埃尔·梅约尔著. 日常生活实践 2. 居住与烹饪. 冷碧莹译. 南京：南京大学出版社，2014 年.
[美] 约瑟夫·奈著. 软实力. 马娟娟译. 北京：中信出版社，2013 年.

T

[英] 彼得·阿克罗伊德著. 泰晤士：大河大城. 任明译. 上海：上海文艺出版社，2020 年。张筱强. 图片中国百年史. 济南：山东画报

出版社，1994 年.
宁欣著. 唐宋都城社会结构研究. 北京：商务印书馆，2009 年.
程存洁著. 唐代城市史研究初篇. 北京：中华书局，2002 年.
[英] 弗里德里希·奥古斯特·冯·哈耶克著. 通往奴役之路. 王明毅、冯兴元等译. 北京：中国社会科学出版社，2016 年.
陶菊隐著. 天亮前的孤岛. 中华书局，民国三十六年（1947 年）.

W

[英] 彼得·霍尔著. 文明中的城市. 王志章译. 北京：商务印书馆，2016 年.
[美] 奥利弗·吉勒姆著. 无边的城市：论战城市蔓延. 叶齐茂、倪晓晖译. 北京：中国建筑工业出版社，2007 年.
[英] 彼得·柏克著. 威尼斯与阿姆斯特丹：十七世纪城市精英研究. 刘君译. 北京：商务印书馆，2014 年.
[美] 戴安娜·克兰著. 文化生产：媒体与都市艺术. 赵国新译. 南京：译林出版社，2001 年.
[美] 理查德·利罕著. 文学中的城市：知识与文化的历史. 吴子枫译. 上海：上海人民出版社，2009 年.
[美] 爱德华·W·苏贾著. 我的洛杉矶：从都市重组到区域城市化. 强乃社译. 上海：上海人民出版社，2010 年.
[英] 彼得·阿克罗伊德著. 威尼斯：晨昏岛屿的集市. 朱天宁译. 上海：上海文艺出版社，2018 年.
[以色列] 阿里·沙维特著. 我的应许之地：以色列的荣耀与悲情. 简扬译. 北京：中信出版社，2016 年.
李长莉著. 晚清上海社会的变迁. 天津：天津人民出版社，2002 年.
宿白著. 魏晋南北朝唐宋考古文稿辑丛. 北京：文物出版社，2011 年.
上海市历史博物馆著. 武汉旧影. 上海：上海古籍出版社，2007 年.
梅新林、葛永海著. 文学地理学原理（上下卷）. 北京：中国社会科学出版社，2017 年.
[英] 迈克·克朗著. 文化地理学. 杨淑华、宋慧敏译. 南京：南京大学出版社，2005 年 8 月第 2 版.
[美] 曼纽尔·卡斯特著. 网络社会的崛起. 夏铸九、王志弘等译. 北京：社会科学文献出版社，2006 年.
董竹君著. 我的一个世纪. 北京：三联书店，2013 年.

X

［美］罗伯特・H・福格尔森著. 下城：1880—1950年间的兴衰. 周尚意、志丞等译. 上海：上海人民出版社，2010年.

［英］雷蒙・威廉斯著. 乡村与城市. 韩子满、刘戈等译. 北京：商务印书馆，2013年.

［美］罗伯特・阿尔特著. 想象的城市. 邵文实译. 南京：江苏教育出版社，2013年.

［英］斯蒂芬・迈尔斯著. 消费空间. 孙民乐译. 南京：江苏教育出版社，2013年.

陈惠芬著. 现代性的姿容. 天津：南开大学出版社，2013年.

上海市历史博物馆著. 厦门旧影. 上海：上海古籍出版社，2007年.

伊永文著. 行走在宋代的城市. 北京：中华书局，2005年.

阳建强、吴明伟著. 现代城市更新. 南京：东南大学出版社，1999年.

薛毅主编. 西方都市文化研究读本（共四册）. 桂林：广西师范大学出版社，2008年.

鲁金著. 香港西区街道故事. 三联书店（香港）有限公司，2021年.

Y

［英］大卫・路、尼古拉斯・福克著. 营造21世纪的家园：可持续的城市邻里社区. 王健虎、单燕华译. 北京：中国建筑工业出版社，2005年.

［美］万斯著. 延伸的城市：西方文明中的城市形态学. 凌霓、潘荣译. 北京：中国建筑工业出版社，2007年.

［土］埃布鲁・宝雅、［英］凯特・弗利特著. 伊斯坦布尔：面纱下的七丘之城. 于国宽、巩咏梅译. 上海：上海文艺出版社，2018年.

［日］布野修司主编. 亚州城市建筑史. 胡惠琴、沈瑶译. 北京：中国建筑工业出版社，2010年.

陈高华、史卫民著. 元大都元上都研究. 北京：中国社会科学出版社，2020年.

陈宗藩著. 燕都丛考. 北京：北京古籍出版社，1991年.

徐锦江编著. 愚园路. 上海：上海书画出版社，2017年.

［英］尼格尔・泰勒著. 1945年后西方城市规划理论的流变. 李白玉、陈贞译. 北京：中国建筑工业出版社，2006年.

陈存仁著．银元时代生活史．上海：上海人民出版社，2000 年．

Z

[英] 大卫·哈维著．资本的城市化：资本主义城市化的历史与理论研究．董慧译．苏州：苏州大学出版社，2017 年．

[美] 戴维·哈维著．正义、自然和差异地理学．胡大平译．上海：上海人民出版社，2011 年．

[比利时] 亨利·皮雷纳著．中世纪的城市．陈国樑译．北京：商务印书馆，2006 年．

[英] 斯蒂夫·派尔著．真实城市：现代性、空间与城市生活的魅影．孙民乐译．南京：江苏教育出版社，2014 年．

[美] 卡洛琳·加拉尔、德里克·麦考马克等著．政治地理学核心概念．邵文实译．南京：江苏教育出版社，2013 年．

[美] 威廉·朱利叶斯·威尔逊著．真正的穷人：内城区、底层阶级和公共政策．成伯清、鲍磊等译．上海：上海人民出版社，2008 年．

[日] 斯波义信著．中国都市史．布和译．北京：北京大学出版社，2013 年．

[日] 中村圭尔著．中日古代城市研究．辛德勇编．北京：中国社会科学出版社，2004 年．

孙逊、吴孟庆、沈祖炜著．中国地域文化通览·上海卷．北京：中华书局，2013 年．

王晓琨著．战国至秦汉时期河套地区古代城址研究．北京：社会科学文献出版社，2014 年．

田银生著．走向开放的城市．上海：生活·读书·新知三联书店，2011 年．

夏炎著．中古中国的都市与社会．上海：中西书局，2019 年．

陈正祥著．中国文化地理．上海：生活·读书·新知三联书店，1983 年．

傅熹年著．中国古代城市规划建筑群布局及建筑设计方法研究（上下册）．北京：中国建筑工业出版社，2001 年．

何一民著．中国城市史．武汉：武汉大学出版社，2012 年．

[美] 施坚雅主编．中华帝国晚期的城市．叶光庭等译．陈桥驿校．中华书局出版发行，2000 年 12 月第 1 版．

张树年著．张元济往事．北京：东方出版社，2015 年．